JN346468

기독교문서선교회

Christian Literature Crusade
983-2, PANGBAE-DONG SOCHO-KU SEOUL, KOREA

한 걸음 더

조니 에릭슨 타다 · 스티브 에스트 공저
한 명 우 옮김

기독교문서선교회

A STEP FURTHER

By
Joni Eareckson Tada · Steve Estes

Translated by
Myung-Woo Han

Copyright © 1978, 1990, 2001 by Joni Eareckson Tada
Originally published in English under the title
as *A Step Further* by Joni Eareckson Tada & Steve Estes
Translated by permission of Zondervan,
Grand Rapids, Michigan 49530
All rights reserved.

Korean Edition
Copyright © 2002 by Christian Literature Crusade
Seoul, Korea

골드 메달리온상 수상 작품
엔젤상 수상 작품

"화창한 봄 햇살이 감도는 작품. 광채로 빛나는 작품... 기쁨이 흘러 넘치는 그녀의 삶을 함께 나눈 소중한 책. 꼭 읽어봐야 할 책."

J. I. 패커

"『한 걸음 더』는 살아서 역사하시는 하나님을 내 마음 깊이 깨닫게 하였고, 새로운 시각으로 고통을 바라보게 해 주었다. 여러분들에게 이 책을 진심으로 추천한다. 고통 받는 수많은 사람들을 돕는 참으로 귀중한 그릇으로 그녀를 택하신 하나님의 역사가 그저 놀라울 뿐이다."

마가렛 존슨

"심오한 영적 진리가 이 책에 있다. 이 책에는 용광로와 같이 강렬한 삶의 체험을 통해 저자가 터득한 진리가 있고, 고통의 삶을 승리의 삶으로 전환시킨 성령의 역사가 있다... 성경적이고, 실제적이고, 사실적인 책... 고통 받는 사람들뿐만 아니라 모든 기독교인이 꼭 읽어야 할 책이며, 기독교인의 고통을 결정적으로 해명해 준 책이다."

마가렛 클락슨

"결코 감상적이지 않은 이 책은 조니의 후속 편이며, 휠체어에 갇혀 사는 조니가 하나님과 벌이는 싸움이다. 그녀는 심오한 고통의 신학을 하나님과 결부시켜 간결하게 전개시키고 있다."

데일 샌더스

4_ 한 걸음 더

"고통이나 상처 받은 사람들을 사역하는데 엄청난 도움을 주는 탁월한 책. 그녀의 첫 번째 책 『조니』(Joni)와 마찬가지로 사람들이 괴로워하며 질문 하는 문제들에 대해 그녀의 깊은 생각을 나누고 있는 책."

케네스 벤켄 목사

"보통 저자들 같으면 움찔하고 한 발 뒤로 물러 설 것 같은 주제들에 대해서도 회피하지 않고 정면으로 대응한 책. 따뜻함. 연민, 충만한 소망과 믿음으로 가득찬 책. 고통을 당한 사람들과 그들을 돌보는 사역자들에게 강력히 추천하는 책."

지평선

"마음에 상처 받은 자, 육체적 정신적으로 고통 받고 있는 자 누구에게든지 호소력이 있는 책."

리구어리아 사람들

"대단히 감동적이고 감화력이 있는 책."

재활 소식

"기독교인의 서재에 한 자리 차지하게 되길 간절히 바라는 책."

칼빈주의자 친교회

"개인이 처한 상황과 사건을 하나님이 어떻게 사용하셔서 하나님 자신을 조니에게 더 드러나게 하셨고, 어떻게 더 주님을 닮아가게 하시는 지에 관해 진지하고 솔직하게 밝힌 개인적인 이야기."

새 심령

"그녀는 독자로 하여금 하나님을 더 깊이 인식하게 하고 기쁜 마음으로 천국을 깨닫게 한다."

국제 기독 학교 연합

하나님과 주위 사람들을 위해
언제나 헌신하는 버나에게,
당신을 사랑합니다. 존경합니다.

한·걸·음·더 한·걸·음·더 한·걸·음·더

감사의 말씀

제이이 • 책을 가능케 하는데 한 몫을 담당해 주신 것에 감사 드립니다.

버나 • 동부에서 가장 빠른 타이핑 솜씨로 원고를 작성해 주셔서 고맙습니다.

쥬디 마크햄 • 탁월한 능력으로 이 책을 위시하여 많은 책을 편집해 주신 것에 감사드립니다.

엘리자베스 엘리옷 및 마가렛 클락슨 • 본을 보여 우리를 가르쳐 주신 것에 감사드립니다.

리차드 그라핀 박사 및 조지 쉘젤 박사 • 여러 가지 제안과 격려를 주셔서 고맙습니다.

스티브 에스트 목사 교회의 성도분들 • 스티브가 집필할 수 있는 여유를 주셔서 감사합니다.

이 책이 출간되기까지 기도로 성원해 주신 모든 분들에게 특별한 감사를 드립니다.

차 례

- 감사의 말씀 7
- 독자 여러분에게 11
- 서 론 15

제1장 고통이라는 수수께끼를 다 모아서   17

1 우리 모두 함께 · 19
2 지체를 일으켜 세우기 · 30
3 아무니를 위해 이렇게 하지는 않으리! · 40
4 연약한 성도 같지만! · 49
5 하나님의 진열장 · 57
6 아무도 지켜봐 주지 않을 때 · 64
7 우리를 깨뜨리소서, 만드소서 · 71

제2장 고통이라는 수수께끼를 풀 때   89

1 신뢰와 순종 · 91
2 비교 대신 나눔을 · 104
3 기다림 · 112

제3장 치유: 하나의 수수께끼?   139

1 나를 고쳐주신다면 · 141
2 나는 왜 고침을 받지 못했나? · 148
3 사탄의 책략, 하나님의 구원 · 161
4 기도와 약속 · 175

제4장 고통이라는 수수께끼가 풀릴 것 같지 않을 때   189

    1 하나님이 하나님이시도록 · 191

제5장 고통이라는 수수께끼가 풀렸을 때   205

    1 천국 · 207

- 끝맺는 말 219

- 인용출처 및 추가언급 221
- 기타 도움이 될 도서들 225
- 저자들 소개 228
- 한 걸음 씩 계속되는 선교 229
- 번역후기 238

한·걸·음·더 한·걸·음·더 한·걸·음·더

독자 여러분에게...

실제로는 50대였으나 족히 70세는 되어 보이는 헨릭씨는 어두컴컴한 방 안에 등받이가 곧게 선 의자에 앉아 있었습니다. 그는 내 눈을 똑바로 바라보며 서툰 영어로 말하기 시작했습니다.

"당신을 수 년 전부터 알고 있었는데, 오늘에서야 만나 뵙게 되었습니다. 이곳의 모든 사람들이 당신의 이야기를 알고 있습니다. 당신은 많은 사람들에게 큰 도움을 주셨습니다." 헨릭씨는 낡고 닳아서 너덜너덜해진 표지를 손으로 문지르면서 반쯤만 알아볼 수 있는 책 한 권을 건네주었습니다. 『크록 달레즈』(*Krok Dalej*)라는 폴란드어 제목으로 번역된 내 책 『한 걸음 더』였습니다. 폴란드어로 번역된 내 책을 보기는 처음이었습니다.

"당신이 우리나라를 방문해 주셔서 정말 감사합니다. 지난 수십 년 동안 우리는 믿음의 시련을 겪었습니다"(공산주의 정권 통치하의 시절을 뜻함, 번역자 주).

압제 정권 하에서 수십 년을 지내 온 이 폴란드 성직자와 신체마비 장애인인 내가 서로 공유할 수 있는 것은 무엇입니까? 여러분이 이 분과 공유할 수 있는 것은 무엇인가요? 플로리다의 한 양로원에서 길고 지루한 나날을 의미 없이 보내고 있는 90세 노파와 여러분의 경우는 어떻습니까? 나오지 않는 젖을 빨리며 굶어 죽어가는 자식을 껴 앉고 있는 이디오피아 여인들과 여러분과는 어떤 공통점을 갖고 있는 것입니까? 아니면, 멋진 옷을 입고 BMW 자동차를 몰고 다니지만 엉망이 된 자신의 결혼생활을 괴로워하며 매니큐어 칠한 손톱을 물어 뜯고 있는 남부 캘리포니아의 한 여인과 여러분은 어떤 공통점을 나누어 가질 수 있습니까?

전 인류를 한 가족으로 묶어 주는 공통점이 있습니다. 그것은 바로 "고통"이라는 것과 "고통은 왜"라는 의문입니다. 바로 이것 때문에 나는 첫 번째 책 『조니』(Joni)를 1976년에 쓸 수밖에 없었습니다. 신체 마비라는 나의 고통을 인정하고, 휠체어에 갇힌 생활을 하나님께서 내게 미리 예정하신 삶으로 받아들이기까지 내가 겪은 영적인 여정을 『조니』에서 조목조목 정리해 보여 주고 있습니다.

그렇지만 『조니』는 시작에 불과했습니다. 나의 친구이자 영적인 스승인 스티브 에스트와 나는 수백 통의 팬레터에서 제기된 고통에 관한 수많은 질문들에 대한 해답을 모색하기 위해 1978년에 『한 걸음 더』를 썼습니다. 하나님께서 『한 걸음 더』의 선교 역사를 미국 내 수많은 분들, 병원, 재활센터에 파급되게 하셨을 뿐만 아니라, 수십 개의 다른 나라에까지 전파하실 줄은 상상조차 못했습니다. 실제로 『한 걸음 더』가 30여개 국 언어로 번역되어 250만 부 이상 출판되었다고 존더반 출판사가 우리에게 알려 주었을 때 스티브와 나는 그저 놀랄 뿐이었습니다.

우리는 무릎을 꿇을 뿐입니다. 물론 저는 상상으로 무릎을 꿇을 뿐이지만 스티브의 경우는 글자 그대로 무릎을 꿇습니다! 하나님께서 스티브에게는 신학적인 지식을, 나에게는 휠체어라는 생활체험을 각각 선물로 주셨고, 이 선물을 잘 활용하게 하셔서 모든 형태의 고통을 겪고 있는 많은 분들을 위로하고 격려하게 하셨습니다.

『한 걸음 더』의 선교 역사는 지금도 계속되고 있습니다. 존더반 출판사에서 자신들의 표현으로 일종의 "고전"이 된 『한 걸음 더』를 수정하여 재 출간하자고 나와 스티브에게 요구해왔을 때, 우리는 신이 나기도 했지만 망설이기도 했습니다. 한편으로 우리는 소매를 걷어 올리고 문체도 수정하고, 사진도 바꾸고, 신학적인 통찰을 확장하면서 전반적으로 손질하였습니다. 그러나 또 한편으로는 세월이 흘렀지만 고전이 된 초판과 조금도 다름없이 하나님께서 『한 걸음 더』를 사용해 오신 것을 우리는 알 수 있었습니다.

　시련속에 하나님의 뜻이 있다는 기본 원리는 아무리 세월이 흘러도 조금도 변하지 않았습니다. 이 원리는 이번 수정본에도 잘 살아 있습니다. 세월이 흘러서 초판 출간 당시 청소년이었던 스티브는 지금 펜실바니아주 한 농촌 마을에서 성장하는 한 교회의 담임 목사가 되었고 여덟 명의 자녀를 거느리는 가장이 되었습니다. 나도 켄 타다씨와 결혼을 하여 아내가 되었고, 그림 그리는 일, 저술활동, 장애인 해외 선교사업 등을 하고 있습니다. 그렇습니다. 나도 변했고 스티브도 변했습니다. 그러나, 이 귀중한 책의 내용에 관한한 우리는 한 가지도 변화시킬 수가 없는 것입니다.

　다른 것들도 변하지 않았습니다. 제5장 "1.천국"은 여전히 내가 좋아하는 장입니다. 내가 갈 곳에 대한 즐거움으로 빛이 나는 장입니다. 제4장 "1.하나님이 하나님이시도록"은 여전히 가장 중요한 장이라고 생각합니다. 왜냐하면, 하나님을 바로 알기 시작했을 때만이 비로소 내가 나의 장애를 감내할 수 있었기 때문입니다. 그리고 신유의 치유에 대해 여러분들이 내게 여러 가지 질문을 하신다면, 제3장 "치유: 하나의 수수께끼?"를 읽어보시라고 권유하고 싶습니다.

　변하지 않은 마지막 한 가지가 또 있습니다. 아픔에 관한 여러분들의 질문에 대하여 만족할 만한 해답을 이 책에서 만나게 될 뿐만 아니라 자비와 사랑의 하나님도 만나게 되시기를 스티브와 내가 여전히 기도 드린다는 것입니다. 결국, 하나님은 우리의 고통을 알고 계십니다. 왜냐하면 하나님은 자신의 외아들에게 엄청난 시련을 겪도록 하신 분이시기 때문입니다. . .

예수님 때문에
조니

한·걸·음·더 한·걸·음·더 한·걸·음·더

서론

　다시 한번, 나는 결사적으로 자살을 원했다. 누에고치처럼 나는 캔버스에 꽁꽁 묶여 뉘어져 있었다. 머리를 제외하고는 내 몸 어느 부분도 움직일 수가 없었다. 육체적으로 나는 송장이나 다름이 없었다. 다시 걷게 되리라는 희망은 없었다. 결코 정상적인 삶을 영위할 수도 없었고 나의 남자 친구 딕하고 결혼할 수도 없었다. **아니 결혼은 고사하고 그는 나를 영원히 떠나가 버릴 것이다**라고 나는 결론을 내렸다. 하루 하루를 그저 연명하는 나의 생활에서 기상, 식사, TV 시청, 그리고 수면 어떻게 삶의 목적과 의미를 찾을 수 있을 것인지 나는 도저히 알 수가 없었다.
　도대체 사람이 왜 이렇게 답답한 상태로 억지로 살아야 한단 말인가? 어떻게 기도하면 내가 죽을 수 있는 사고나 기적이 일어나겠는가? 육체적인 고통만큼이나 정신적이고 영적인 고통도 견디기 어려웠다.
　그러나, 다시 말하지만 내가 자살을 감행할 길은 없었다. 이 좌절 또한 견딜 수 없었다. 나는 낙담했고, 나의 무력감에 분노했다. **내 인생을 끝장내게 해 줄** 어떤 일이던 할 수 있을 만큼의 힘이 내 손가락에 생겨 움직거릴 수 있기를 얼마나 갈구했던가.
　　　　　　　　　(1967년 12월 나의 첫 번째 책 『조니』에서)

　나는 지금 우리집 뒷마당에 앉아서 쌘 훼르난도 밸리를 내려다보면서 아름다운 여름날의 향기와 소리를 접하고 있습니다. 이런 절망적인 생각을 했었다는 것이 믿어지지 않습니다. 아니, 어떤 감정으로 그렇게까지 갔는지 나는 지금 거의 기억조차 할 수 없습니다. 오, 거의 35년이 지났지만 나는 여전히 마비된 상태입니다. 여전히 걸을 수 없고, 여전히 누군가가 목욕시켜 주어야 하고 옷을 입혀 주어야 합니다. 하지만 나는 더 이상 자살 충동을 느끼는 우울에 빠져있지 않습니다. 그리고 더 솔직히 말씀드리자면, 내게 일어난 일에 대해 나는 기뻐한다고 까지 말씀드릴 수 있습니다.

기뻐한다? 어떻게 그럴 수가? 무엇이 이런 변화를 가져 다 주었습니까? 입에 붓을 물고 그림을 그리는 일, 그리고 가족과 친구들이 도와줌으로 나를 우울에서 빠져 나오게 했습니다. 그리고 내 남편 켄 타다가 벌써 20여년 동안 나의 수족이 되어 나를 도와주고 있습니다. 그러나 휠체어에 갇힌 내 삶에 대해 내가 마음 속으로부터 감사함을 느끼는 것은 오로지 하나님과 하나님 말씀에 의해서만 가능했습니다. 하나님과 하나님 말씀이 이 엄청난 혼란으로부터 나를 해방시켜 주었습니다. 혼란이 해답으로 바뀌는 데는 탐구와 조사가 필요했습니다. 하지만 지금에 와서 되돌아보니, 이것은 내 노력이 아니라 주님의 사랑이었습니다. 사지마비 장애인이 되는 시련을 당했지만 주님의 사랑으로 격려와 영감을 받았다고 나는 확신합니다. 나는 미로에 갇힌 다람쥐도 아니었고, 신랄하게 신성을 모독하는 냉소주의자의 웃음거리가 될 수도 없었습니다. 내 고통의 이면에는 하나님의 뜻이 계셨습니다. 그리고 그 뜻의 일부분을 깨달음으로 나는 전혀 다른 세계와 만나게 되었습니다. 여러분의 고통에도 역시 주님께서 뜻을 갖고 계십니다.

조니 에릭슨 타다
캘리포니아주 칼바사스시에서
2001년 여름에

제1장
고통이라는 수수께끼를 다 모아서

한·걸·음·더 한·걸·음·더 한·걸·음·더

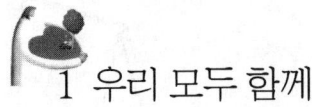

1 우리 모두 함께

　사지마비로 인해 생긴 모든 변화에 적응하면서 이런 생각이 들었습니다. 내 운명은 참으로 기구하구나. 제 몸을 남이 씻겨줘야만 하는 수모를 겪는 사람이 얼마나 될까? 대소변을 남에게 의지해야 하는 수치는? 어깨를 긁거나 머리 빗는 일조차 혼자 못하는 사람들이 얼마나 되겠는가?
　물론, 이런 생각은 곧 사라졌습니다. 나와 같은 장애를 가진 사람, 아니 나보다 더 심한 장애를 가진 사람들이 많이 있다는 사실을 나 스스로가 시인할 수밖에 없었기 때문이었습니다. 전세계 병원에서, 요양원에서 수많은 사람들이 매일같이 목욕과 용변 보는 일을 남에게 의존하고 있습니다. 나보다 훨씬 더 거동이 어려운 신체 장애자들이 많이 있습니다. 수족을 다 잃어버린 사람도 있고 심하게 신체가 기형으로 된 사람도 있습니다. 시한부 인생을 살고 있는 사람도 있습니다. 게다가 이런 사람들 상당수가 가정 형편이 여의치 않아서 집에서 편안하게 요양을 받지 못하고 있습니다. 가족이 있다는 것만으로도 다행인 장애자가 상당수입니다.
　결국 정도 차이라고 생각합니다. 이 세상 모든 사람이 크건 작건 나름대로 고통을 갖고 있습니다. 우리가 겪는 고통이 어느 정도이던, 얼마나 참아 낼 수 있는 것이던 간에 항상 우리보다 덜한 고통을 겪는 사람들이 있는가 하면, 더한 고통을 겪는 사람들도 있습니다. 문제는 고통을 우리보다 덜 겪는 사람들에게 우리 자신을 흔히 비교한다는 데 있습니다. 이렇게 해서 우리 자

20_ 한 걸음 더

신을 불쌍히 여기고, 마치 우리가 가장 큰 고통을 겪는 것으로 착각합니다. 그러나 우리가 현실을 직시하고 우리보다 더한 고통을 겪는 사람들 곁에 서 보면, 우리 인내심의 훈장이 별로 빛을 발하지 못함을 알게 됩니다.

    나는 볼티모어에서 자라났는데, 우리집에서 1.5 km 정도 떨어진 아주 가까운 곳에 넓은 잔디밭과 커다란 느릅나무들 속에 아름다운 어린이 병원이 자리잡고 있었습니다. 나는 그 병원에 있는 어린이들은 생각도 하지 않은 채, 학교 수업이 끝나면 병원쪽으로 가끔 자전거를 타고 가기도 했고, 가을철 오후에는 아름다운 병원 주변을 덮은 낙엽을 밟으며 걷기도 했습니다. 나 자신을 병원 안에 있는 어린이들과 비교해본 적이 결코 없었습니다. 학교에서 나보다 예쁜 아이와 비교해본 적은 있었지만, 비교할수록 그 애를 미워하는 감정만 더 생겼습니다. 감수성이 예민한 고등학교 1학년생이었기에, 내 문제만 중요했지 저 어린이 병원에 갇혀서 수년을 지내고 있는 아이들의 문제에는 관심도 없었습니다. 누가 저 장애 어린이들을 돌보나? 아니면 어머니가 저녁식사 때 해주시던 인도 어린이들의 이야기를 들으며, 그 기아에 허덕이는 어린이들은 누가 돌보나? 이런 문제들은 전혀 내 관심의 대상이 아니었습니다. 내가 신경 써야 할 중요한 문제들은 데이트, 친구, 필드하키 시합 같은 것이었습니다!

그러나, 내가 사고를 당한 후에 이 어린이 병원에서 수주일 간의 수술을 받게 되었습니다. 하나님께서 내 고통의 정도를 몇 단계 높이셨을 때, 아— 이 모든 것은 전혀 다른 이야기가 되어 버렸습니다. 소독약 냄새와 병동에 갇힌 고독감이 TV에서 본 병원 드라마와는 전혀 비교할 수 없는 정도가 되어버렸습니다. 전혀 새로운 세계가 내 앞에 전개되었고, 이 불쾌한 세계에 내가 실제로 존재하게 되어 버렸던 것입니다.

하나님께서 우리에게 시련의 강도를 높이시는 의도 중에 하나는 그렇게 안 하셨더라면 우리가 관심 조차 주지 않았을 사람들에게 좀더 세심한 배려를 하라는 것이라고 나는 결론을 내렸습니다.

어째서 이 결론이 매우 중요한지 그 이유 한가지를 말씀드리겠습니다. 인생을 순탄하게 살아온 기독교인의 근사한 간증들이 때로는 심한 고통을 겪는 사람들에게 역효과를 주는 경우가 있습니다. 만약에 여러분이 중병으로 임종을 기다리며 병상에서 하릴없이 TV를 보고 있다고 가정해 봅시다. 그런데 모든 것이 순탄해 보이고 매력적이고 재능 많아 보이는 한 젊은 기독교인이 TV에 나와서 예수님이 시련을 어떻게 극복하게 해 주시는지 이야기한다고 하면, 여러분은 이 젊은이를 어떻게 생각하겠습니까? 아마도 이런 생각을 할 것입니다: 저 친구가 인생을 얼마나 안다고? 고통 받는 것이 정말로 무엇인지 감히 상상도 못해본 사람이… 아마 저 친구가 내 입장이 된다면, 그 환한 웃음으로 "예수님은 여러분께 기쁨을 주십니다"라는 상투적인 말은 하지 못할걸…

기독교 메시지를 듣는 사람들이 그 말씀 그대로 받아들이든지 거부한다든지 한다면 좋을 것입니다. 그러나, 보통은 그렇지 못한 것이 사실입니다. 물건과 그 물건을 파는 사람과는 아무 상관도 없는데, 이 둘을 분리시켜 생각하는 사람들은 많지 않습니다.

그렇다고 우리의 간증이 잘 전달되기 위해 우리의 목을 다치게 해서 휠체어에 앉은 장애인이 되어야 한다는 말은 결코 아닙니다! 사지마비 장애자가 된 내가 고통에 대해 이야기해도 여전히 듣지 않는 사람들을 보았으니까요. 오히려 저들은 자신이 나보다 더 불우한 점만 비교하려고 했습니다. 저들의 고질적인 질병에 비해 나는 건강하다고, 저들은 갇혀 지내는데 나는 강연 여행을 하며 돌아다닌다고, 저들의 가정은 파괴되었는데 나는 돌보아 주는 가정이 있다고 생각했습니다.

어떤 사람을 위로해 주기 위해서는 종종 그 사람과 비슷한 처지에 있는 사람이 필요하다고 봅니다. 한 사람이 모든 사람들에게 다가갈 수는 없습니다. 나는 팔 다리 장애자에게 전문적인 상담을 해 줄 수 있을 것입니다. 아마도 여러분은 그렇게 못하겠지요. 그러나 여러분은 경험하였지만 나는 경험하지 못한 문제들에 대해서 여러분은 내게 상담을 줄 수 있을 것입니다. 예컨대 결혼생활의 불화 같은 문제들에 대해서... 기독교인인 우리들이 가장 잘 다가갈 수 있는 사람들은 우리들보다 고통을 덜 받고 있거나 비슷하게 받고 있는 자들일 것이며, 더 심하게 받고 있는 자들은 아닐 것입니다. 하나님께서는 그의 기쁘신 뜻으로 우리 개개인에게 우리가 받을 고통의 정도를 정해 주셨습니다. 그러나 언제든지 하나님께서 고통의 정도를 더하든지 덜하든지 하실 수 있다는 점을 잊지 말아야 할 것입니다. 이러한 하나님의 선택은 우리의 사역 범위를 넓히는데 그 뜻이 있습니다.

이년 전에 펜실바니아주 남쪽 한 시골 교회에서 나는 간증할 기회가 있었습니다. 예배 후 교인들과 친교 시간을 갖고 있을 때, 훤칠한 키에 잘생긴 한 남자가 가족들과 함께 뒤편에 서있는 것이 자꾸 눈에 띄었습니다. 마침내 그는 내 휠체어로 다가와 말을 걸었습니다. "잠깐만, 조니, 나는 더그 소르자노라고 합니다. 당신께 한 말씀드리고 싶습니다. 당신이 겪고 있는 고통을 내가 진심으로 이해할 수 있기를 바라지만 그것이 어렵습니다. 신체마비가 어떤 것인지 심한 사고를 당한다는 것이 어떤 것인지 나는 모르지 않습니까. 여기 사랑하는 나의 아내와 귀여운 애들이 있습니다. 저들을 당신께 소개해 드리지요."

식구들을 소개하면서 나의 간증과 친교 대화로부터 깊은 인상과 감동을 받았다는 점을 나에게 전해주려고 그는 애를 썼습니다. 또한 내가 경험한 모든 것을 완전히 이해할 수 없다는 점을 솔직히 표현했습니다. 그는 "당신이 어떤 심정인지 나는 잘 알고 있습니다"라고 이야기 할 수 있는 부류의 사람이 아니었습니다.

그날 저녁 늦게 집으로 돌아오는 승합차 안에서 나는 여행하는 동료들과 함께 기도를 드렸습니다. 내가 간증한 것이 사람들에게 도움이 되도록 하나님께서 역사하여 달라고 우리는 기도 드렸습니다.

그림 그리는 일, 독서, 그리고 틈틈이 일정에 잡힌 강연 등으로 바쁘게 지내면서 수주일이 흘렀습니다.

아마도 한 달 정도가 지난 어느 날 오후였습니다. 일전에 펜실바니아 집회에 참석하였던 소르자노씨 가족의 이웃인 한 여인으로부터 전화가 왔습니다. "매우 안 좋은 일이 생겨서요, 전화로 알려 드립니다." 그녀는 말을 이었습니다.

"조니, 지난 토요일이었습니다. 소르자노씨는 오토바이 광이어서 틈나는 대로 즐겨 탔지요. 당신께 분명히 말씀드릴 수 있지만 그는 좋은 사람이에요. 그런데, 이번에 그는 친구들과 안 가본 숲 속 길을 달려 보기로 한 거죠."

"그래서요? 계속 말씀해 보세요," 나는 다그쳤습니다.

"그런데 글쎄 우리가 들은 바에 의하면, 급 커브진 길이 있었다지 뭡니까. 갑자기 나타난 통나무에 앞바퀴가 부딪히면서 그만 소르자노씨가 튕겨져 나가고 말았답니다."

나는 온 정신을 차리고 들었지만, 나는 이미 내 귀가 듣고 있는 내용을 앞질러서 상상하고 있었습니다. 무서워서 더 이상 묻고 싶지 않았지만, 알아야 겠다는 생각에 그녀의 말을 가로채고 질문을 던졌습니다.

"그는… 어… 그러니까… 그가…"

내 생각을 알아채고, 그녀는 내 말 중간에 대답을 해버렸습니다.

"목을 다쳤습니다."

어색한 침묵이 흘렀습니다.

24_ 한걸음 더

　이 소식은 내 귓전을 맴돌며 나를 매우 놀라게 했습니다. 눈물로 가득찬 내 눈과 당혹감으로 붉게 달아오른 내 얼굴을 그녀가 볼 수 없었던 것이 다행이었습니다. 정신을 차리고 말을 하려고 했지만 정확히 무슨 말을 해야 할지 몰랐습니다. 내가 곧바로 그의 가족에게 전화나 편지로 연락을 드리겠다는 것과 이렇게 어려운 시기에 가족을 위해 기도하겠다는 것을 그들에게 전해 달라고 부탁하는 것 외에는 달리 그녀에게 해 줄 말이 없었습니다.
　전화를 끊고 나서, 나는 소르자노씨와 짧은 대화를 나누었던 그 날 저녁의 기억을 맹렬히 더듬어 보려고 애썼습니다. "조니, 나는 정말로 심한 사고를 당한 적이 없습니다...사랑하는 나의 아내와 귀여운 아이들이 있습... 당신이 겪고 있는 고통을 내가 진심으로 이해할 수 있기를 바라지만 그것이..."
　내가 나중에 알게 되었지만 소르자노씨는 혼돈과 당혹 속에 결국 어깨 아래 전신이 마비되었다고 합니다.
　내 언니 제이가 종이와 펜을 들고 소르자노씨와 그의 가족에게 편지 쓰는 것을 도우러 방으로 들어왔습니다. 그렇지만 이제막 불구의 몸이 된 사람에게 무슨 말을 쓸 수 있겠습니까? 조언을 해 준다고요? 아니죠, 아직은 아니죠. 성경 말씀을 함께 나눈다고요? 좋습니다마는, 좀 더 친밀한 사적인 이야기를 할 수 있다면 좋을 것입니다. 다친 사람이 정말로 원하는 것이 무엇이겠습니까? 아마도 그가 원하는 것은 사랑... 그리고 정신적인 평안이 아닐까요. 그렇습니다. 그가 지금 겪고 있는 것이 무엇인지 이해할 수 있도록 누군가가 도와 주기를 바라는 바로 그것입니다. 그리고 나는 그 일을 할 수 있습니다.
　내가 소르자노씨에게 편지를 쓸 때 혼신의 마음으로 그를 위로할 수 있었다는 것이 기뻤습니다. 내 자신이 어깨아래 전신 마비자이었기에 그의 입장이 되어 주고, 그가 보는 관점으로 사물을 보아줄 수 있었습니다. 그에게 진솔하게 말할 수 있었던 것이죠, "당신이 정확히 어떤 심정인지 나는 알죠" 라고요.
　이렇게 말해주는 것은 아픔을 달래주는데 효과가 있지만, 이것이 가능하려면 우리의 말이 쓰라린 경험을 통해 우러 나오는 위로라는 것을 상대방이 인정해 주어야 할 것입니다. 상대방은 우리 생애를 꽤 뚫어 보고 우리가 깊은 고뇌를 겪었는지 아닌지 알아낼 수 있습니다. 만일 우리가 "당신이 어떤 심정인지 나는 압니다"라고 빈말로 해댄다면, 우리의 말은 상대방에게 공허한 헛소리로 들릴 뿐입니다. 우리가 이 말을 진실되게 할 수 있을 경우에만 위로가 될 수 있습니다.

휘황찬란한 천국에서 오신 예수가 인류의 고통을 알 리가 없다는 주장에 대해 답변하시기 위해 예수님께서 몸소 이땅에 오신 측면도 있습니다. "자기가 시험을 받아 고난을 당하셨은즉 시험받는 자들을 능히 도우시느니라... 우리에게 있는 대제사장은 우리 연약함을 체휼(마음으로 깊이 이해)해 주신다"(히 2:18, 4:15). 고통 받는 자들과 함께하시기 위해 예수님 자신이 고초를 견뎌내셨기에, 우리에게도 다소 할 일이 기대되어 집니다. 따라서, 내가 목을 다친 것은 나와 비슷한 처지에 있는 사람들에게 나를 통해 그들을 위로해 주라는 하나님의 특별한 섭리라고 나는 깨닫게 되었습니다.*

우리들의 고통보다 더 심한 고통을 감당해야만 하는 어려움들을 가진 사람들과 우리를 연결시키는 문제에 대해 지금까지 이야기하였습니다. 직면한 임종, 신체마비, 파산 등등의 어려움을 가진 사람들의 경우일 것입니다. 그렇지만 이것이 이야기의 전부는 아닙니다.

내가 사고를 당하고 몇 달 후, 나의 친구들이나 친족들이 겪는 일상의 작은 어려움들, 부러진 손톱, 치과 진료 비용 청구서, 꽃가루 열병, 접촉 사고로 찌그러진 자동차, 내가 스스로 몸을 움직이지 못하는 것이 사실이듯 일상의 이런 어려움들도 그들 모두에게 각각 사실이라는 것을 나는 주목하게 되었습니다. 고통에는 보편적인 그 무엇이 있다는 생각이 들기 시작했습니다. 우선, 모든 사람들이 고통을 경험한다는 것입니다. 여기에는 아무도 예외가 없습니다. 그 다음에 떠오른 생각은 심한 고통이던 약한 고통이던 간에, 모

---

* 이 책이 출판될 때에, 소르자노씨는 신체마비에 놀라울 정도로 잘 적응하게 되었습니다. 그가 자신의 믿음을 자신과 비슷한 처지의 사람들에게 나눠주고 있다는 것을 그와 전화 통화를 통해서 나는 알게 되었습니다. 소르자노씨 가족은 펜실바니아주 케넷 스퀘어 마을에 살고 있으며, 윌로우 데일 채플 교회에 출석하고 있습니다.

26_ 한 걸음 더

든 사람들이 고통을 불쾌한 것으로 여긴다는 것입니다. 귀찮게 달라붙는 파리 한 마리가 기부스한 다리 못지않게 한 사람의 모든 즐거움을 잠시 동안 빼앗을 수 있는 것입니다.

모든 사람은 아픔이 어떤 것인지 어느 정도 알고 있습니다. 따라서 우리의 고통이 크고 작음에 관계없이 성경이 고통에 관하여 이야기할 때 그것은 우리 모두에게 이야기하는 것이라고 우리는 확신하게 됩니다. 신체마비자를 하나님의 은총으로 위로해 줄 수 있는 것과 마찬가지로 야구팀에 들어가지 못한 소년을 하나님이 위로해 줄 수 있습니다. 백혈병으로 죽어가는 환자에게 하나님의 위안이 필요한 것과 마찬가지로 케이크를 망친 주부의 상한 심정을 달래주기 위해서도 하나님의 위안이 필요한 것입니다.

이 모든 것은 고통 겪는 사람들을 돕는 것이 중요한 일임을 우리에게 시사해 줍니다. 우리가 다른 사람들과 똑같은 어려움을 갖고 있으면서 그들을 위로해 줄 수 있다면, 우리가 그들과 하나된 느낌을 갖는데 더할 나위 없이 좋을 것입니다. 그러나, 우리보다 더 큰 고통을 겪는 사람들에게도 우리는 여전히 엄청난 격려를 줄 수 있습니다. 왜냐하면, 그들의 큰 문제들을 다루는 데나 우리의 작은 문제들을 다루는 데나 똑같이 하나님의 은총을 필요로 하기 때문입니다. 이것에 대한 좋은 예를 하나 소개하겠습니다.

잔디밭과 초장으로 둘러싸인 중부 메릴랜드주의 아름다운 농장에서 나는 살았습니다. 내가 사는 농촌에는 낡고 오래된 마구간, 헛간 등이 펼쳐져 있었습니다.

솜씨 좋은 네델란드계 건축업자들이 오래 전에 지은 아름다운 마구간이 우리 집에도 있었습니다. 이 마구간은 수많은 폭풍우에 풍상을 겪었고 몇 세대가 오고 가는 것을 지켜 보았습니다. 나의 아버지는 이 낡은 마구간을 소중히 여기셨으며, 이곳에서 목재, 가죽, 금속 등을 가지고 여러 가지 물건들을 만드는 작업을 하시기도 했습니다.

그런데, 약 5년 전 어느 여름 금요일 밤에 이 모든 것을 변화시킨 사건이 발생했습니다. 내 동생 캐씨 부부와 나는 저녁식사 후 한참 동안 식탁에 앉아서 이야기를 하면서 시간을 보내고 있었습니다. 동생 남편이 기타를 치는 동안 우리는 이따금 열린 창문 너머로 별들을 보곤 했습니다. 밖에서는 벌레 우는 소리 이외에 특별히 큰 소리는 없었습니다. 우리 집 앞 구부러진 좁은 길에서 자동차가 급정거 할 때 나는 타이어 소리가 들렸는데도 우리는 별로 주의를 기울이지 않았습니다. 젊은이들이 종종 이 길에서 자동차 질주를 하니까요.

그러나 이날 밤 급정거 소리를 낸 자동차는 우리집 앞을 질주하여 사라져 간 것이 아니라 우리 집 마구간 앞 풀밭에 완전히 멈춰 섰던 것입니다. 사방이 갑자기 조용해지는 바람에 동생 남편은 이상한 표정을 지었고, 우리는 잠시 서로 눈을 마주보며 수상한 기분이 들었습니다. 기타 소리는 멈춰졌고 동생은 창쪽으로 걸어가 깜깜한 창 밖을 휙 내다보았습니다. 램프 주위를 펄럭거리는 나방 한 마리만 보일 뿐이었습니다.

그 순간 급정거 소리를 냈던 자동차가 급 발진하여 내달리는 소리가 들렸습니다.

그리고 곧 동생이 불꽃 같은 것 하나를 본 것 같다고…그리고 또 하나의 불꽃이…

"조니 언니, 여보!" 동생이 갑자기 소리쳤습니다. "마구간이 불타고 있어요!"

동생 남편은 전화기로 달려가 소방서 번호를 찾으려고 전화번호부를 급하게 들추고 있었습니다. 동생이 밖으로 뛰쳐나가 풀밭 건너편 마구간으로 달려가는 것을 나는 물론 멍하니 지켜볼 수밖에 없었습니다. 전화를 끊고 동생 남편도 곧바로 따라 나갔습니다.

이미 사나운 기세로 타오르는 불길은 마구간 전체를 불덩이로 만들고 있었습니다. 오래된 천장 위로 검은 연기가 피어오르고 있었습니다. 소방차가 도착했을 때에는 이미 모든 것이 너무 늦은 때였습니다. 한 시간도 못 되 마구간은 재 더미로 변해버렸습니다.

그 다음날 연기가 여전히 모락모락 피어오르는 잔해를 들추고 계신 아버지를 지켜보는 것은 정말로 슬픈 일이었습니다. 72살이신 아버지는 작은 키에 관절염을 앓고 계셨습니다. 숯으로 변해버린 물건들을 툭툭 차내시며 아버지가 수년간 아껴온 골동품과 연장들 중에 혹시나 구해낼 물건이 없을까 뒤적이고 계셨습니다. 하지만 유일하게 수거할 수 있었던 것은 마구간을 받친 주춧돌 뿐이었습니다. 최소한 이 기초석 만큼은 그 잔인했던 시련을 버텨 냈던 것입니다.

하지만 자신의 아름다운 마구간이 흔적도 없이 불타버렸다고 해서 아버지는 불평하거나 실의에 빠지지 않으셨습니다. 오히려 아버지는 곧바로 다시 짓기 시작하셨습니다. 하나님의 의도에 대한 의구심이나 불평도 없이 2달만에 마구간을 다시 만드셨습니다. 불평 없이 믿음을 지키신 아버지의 모습은 참된 간증의 상징이었습니다.

믿어지지 않으시겠지만, 그로부터 2년 후 우리 가족은 똑 같은 시련을 이겨내야만 했습니다. 여름밤에 또 한번의 화재! 이번에는 화재의 원인을 알 수 없었지만, 결과는 마찬가지였습니다. 다시 한번 불자동차가 왔고, 다시 한번 동네 이웃 사람들은 공포에 질린 자기집 말들이 마구간에서 뛰쳐나오지 못하도록 붙잡아 주어야 했습니다. 다시 한번 뜨거운 불기운 때문에 구경꾼들은 멀리 서 쳐다만 봐야 했고, 주변에 나뭇잎들은 그을렸습니다. 그리고 다시 한번 아버지께서는 하나님의 섭리를 굳게 의지하며 불탄 잔해를 정리하고 처음부터 다시 시작하셔야 했습니다.

하나님을 의지하는 아버지의 신앙심에 나와 동생은 그저 놀랄 뿐이었습니다. 아버지의 강인함에 특별히 나는 배운 바가 많았습니다. 내게 큰 격려가 된 아버지의 불굴의 정신은 우리 모두에게 무엇인가 일깨워 주는 것이 있었습니다. 그가 입은 경제적 피해와 마음의 상처는 참으로 실제적인 것이었지만 내 목을 다쳤을 때 내가 겪은 고통보다는 적은 것이었습니다(여러분 중에 이것을 의심하는 분이 계시다면, 그분은 자신 스스로에게 물어보시기 바랍니다, "상당한 경제적 피해와 마음의 상처를 받는 것이 나은가, 아니면 목을 다쳐서 평생 신체마비가 되는 것이 나은가!"). 아버지께서는 마비가 되신 적이 없으셨습니다. 따라서, 나에게 "나는 네가 지금 어떤 고통을 겪고 있는지 안다"라고 말씀하실 수 없었습니다. 아버지의 시련은 내 것에 비하면 작은 것이었습니다. 하지만 시련에 대응하시는 아버지의 태도는 나에게 많은 것을 가르쳐주었습니다. 하나님께 불평과 분노를 결코 나타내시지 않은 아버지의 태도는 나에게 한 가지 확신을 주었습니다: 한 성도가 동료 성도들을 진실로 도와주고 싶다고 해서 그들과 똑같은 방식과 똑같은 정도로 고통을 겪을 필요는 없다는 것입니다. 작은 고통을 가진 성도라도 큰 고통을 가진 성도를 도울 수 있는 것입니다!

아버지가 잿더미를 한번 더 들추시고 마구간을 다시 지으시는 모습을 먼 발치에서 휠체어에 앉아 지켜보면서 나는 또 한번 우리 모두는 크고 작은 고통으로 얽혀져 있는 존재들이라는 사실을 확인하였습니다. 하나님께서는 실제로 어떤 사람들에게 특별히 힘든 짐을 지게 하셨고, 그래서 그들은 같은 처지에 있는 다른 사람들에게 "여러분의 심정이 어떠한지 나는 압니다"라고 솔직하게 말할 수 있는 것입니다. 반대로 우리의 시련이 좀 약한 경우라도 하나님께 항상 신실함으로써 우리보다 더한 고통을 겪고 있는 사람들도 위로하며 다가갈 수 있다는 것 또한 진실입니다.

이미 오래 전에 사도 바울은 이와 같은 생각을 아주 간결하게 표현해주었습니다.

> 찬송하리로다 그는 우리 주 예수 그리스도의 하나님이시요 자비의 아버지시요 모든 위로의 하나님이시며 우리의 모든 환난 중에서 우리를 위로하사 우리로 하여금 하나님께 받는 위로로써 모든 환난 중에 있는 자들을 능히 위로하게 하시는 이시로다(고후 1:3-4)

2 지체를 일으켜 세우기

선한 기능을 발휘하는 것들이 어떻게 종종 악한 기능도 발휘하게 되는지 여러분께서는 주목해 본 적이 있으십니까? 인류의 위대한 발명 중에 하나인 불을 예로 들어봅시다. 스테이크를 구어 내는 불이 수십 분내에 귀한 숲을 파괴하기도 하고, 우리집의 경우처럼 마구간을 태워버리기도 합니다. 섹스라는 것은 또 어떠합니까? 이것 역시 매우 좋은 것일 수 있는 동시에 매우 나쁜 것일 수 있지 않습니까? 하나님께서는 이것으로 남편과 아내를 묶어 주셨고, 그들에게 즐거움과 자손을 주셨지만 동시에 이것을 잘못 사용함으로 인해서 고통과 비통함과 죄책감을 가져오게도 하지 않습니까?

고통이라는 것도 이런 양면성을 갖고 있습니다. 고통은 우리의 인격을 단련시키기 위해 하나님이 선택하신 최선의 방법인 동시에 자기 중심적인 인격을 길러내는 성향을 갖고 있기도 합니다. 나는 내 자신을 불쌍히 여겼고, 내가 목을 다친 것은 내 죄에 대하여 하나님이 벌을 주신 것이라는 생각에 사로잡혀 많은 시간을 허비하였습니다. 실제로 하나님은 나에게 벌을 주려고 내게 가까이 오시지도 않았는데 말이죠. 사실 지금 생각해보면, 사지마비가 된 전 과정의 시련 자체가 하나님이 사랑으로 내게 역사하신 것이었지만, 다쳤을 당시에는 이런 생각이 들지 않았습니다. 또한 하나님의 사랑은 나만을 위한 사랑이 아니고 내 주위의 모든 사람들을 위한 것이기도 합니다. 왜냐하면 우리의 시련에 대한 하나님의 의도 중에 하나는 우리서로가 마음을 나눌 수 있고 실제로 서로를 일으켜 세울 수 있도록 우리를 도와 주시는 것이기 때문입니다.

실제로 1975년 겨울에 하나님의 사랑을 깨달을 수 있었습니다. 캔사스주 위치타시에 한 큰 침례교회 목사님께서 자기 교회 연례 선교사 모임에 와서 강연을 해달라는 부탁을 하셨습니다. 나는 선뜻 초청을 받아드렸습니다. 그 당시는 내가 여행을 막 하기 시작할 때이어서 비행기를 타고 어디든지 가서 누구한테 이야기한다는 것은 생각만 해도 신나는 일이었습니다. 또 한편으로 선교사 모임에 참가는 고사하고 구경도 못한 나였습니다. 선교라는 것에 대해 잘 알지도 못했을 뿐만 아니라, 어느 선교사하고도 마주 앉아서 이야기해본 적도 없었습니다. 선교사라 하면 대부분 정글을 누비며 벌채용 칼을 가지고 뱀들을 물리치는 자들이라는 것이 내가 아는 것의 전부였습니다. 이 여행에 함께한 나의 동료 쉐리와 줄리도 나와 마찬가지로 선교사에 대해 아는 것이 없었습니다. 그래서 우리 셋은 청중으로 가득찬 그 큰 교회에 뒷줄에 앉아서 토인 춤 같은 이야기를 혹시나 하고 기대하며 선교사들 말씀을 열심히 들었습니다.

그런데, 우리가 무엇을 배웠는지 여러분 아십니까? 그들은 모두 우리와 똑같은 평범한 사람들이었다는 것입니다. 브라질, 일본, 필리핀과 같은 먼 곳에서 그들이 하루하루 삶을 어떻게 싸워 나갔고 어떤 승리를 거두었는지 전해주는 이야기를 들으면서 그들에 대한 우리의 사명을 깨닫게 되었습니다. 비록 그들과 수 만리 떨어져 살고 있지만 우리 서로는 성경에서 말씀하는 "그리스도의 한 지체"였던 것입니다. 철의 장막에 갇힌 동료 기독교인들이 우리의 기도를 간절히 부탁한다고 공산치하의 루마니아로부터 탈출한 몇몇 분들이 발표했을 때 우리의 마음은 매우 아팠습니다. 나는 선교사들의 간증에 심취했고, 마지막 순서로 내 자신의 이야기를 들려주어야 하는 주일 저녁 예배를 기다리고 있었습니다.

우리는 한 주일동안 선교사들만 만난 것이 아니었습니다. 매일 밤 우리는 그 교회의 젊은이들과 자리를 함께 하면서 서로 아주 친하게 되었습니다. 그래서 선교사들의 토요일 저녁 모임이 끝난 후에도 서로 헤어지기를 싫어한

32_ 한 걸음 더

나머지, 다 함께 아이스크림 가게로 갔습니다. 우스개 소리를 하며 밤 11시까지 우리들은 아이스크림을 먹으며 즐겁게 지냈습니다.

아이스크림 가게를 나서면서, 쉐리가 내게 코트를 입혀 주었고, 우리는 1월 밤의 쌀쌀한 날씨 밖으로 나섰습니다. 다이빙 사고로 사지가 마비된 이후로 나는 체온 조절기능이 잘 안되서 지금도 아주 춥거나 덥거나 하면 잘 적응하지 못합니다. 이미 주차장은 텅 비어 있었기 때문에 나는 추위를 빨리 피할 생각에 휠체어를 뒤로 약간 제쳐서 주차장을 가로질러 차까지 휙 달려가 달라고 쉐리한테 부탁을 했습니다.

넓고 매끄러운 아스팔트 바다 같은 어둠 속의 주차장을 미끄러지듯 우리 두 사람은 질주하였고, 먼 등대와 같은 가로등 불을 지표 삼아 "우와" 소리치기도 하고 깔깔 웃기도 하면서 차를 향해 달려갔습니다. 어둠이 우리에게 해를 끼칠 기미는 전혀 없었고 그저 순수해 보이기만 했습니다. 아이스크림을 먹으며 즐겁게 떠들던 기억이 생생했기에, 자동차가 있는 곳까지 "안전"이외에 다른 무슨 일이 있으리라고는 상상조차 못했습니다. 주차장 아스팔트 바닥에 군데군데 조그만 빙판이 있으리라고 누가 상상을 했겠습니까?

쉐리가 외마디 소리와 함께 얼음판에 미끄러졌고, 이 바람에 휠체어가 휘청거리면서 바퀴가 한쪽으로 확 쏠렸습니다. 나의 몸은 얼굴을 앞으로 내민 채 공중으로 날라갔습니다. 신체가 마비된 나였기에 땅에 떨어지는 순간 얼굴에 닿는 충격을 피하려고 얼굴을 가릴 수 있는 손놀림조차 할 수 없었습니다. 내 얼굴은 아스팔트 바닥으로 돌진하였고 나는 순간적으로 얼굴을 찡그리며 눈을 감아 버렸습니다.

아스팔트에 내 얼굴이 부딪치는 것을 느꼈고, 이렇게 세게 부딪치면 정말로 별이 보이는 것을 느꼈습니다. 내 몸이 바닥에서 다시 튕겨 우리 자동차 앞 부분에서 구르는 것 같았습니다.

"어-, 이런!" 쉐리의 외치는 소리가 들렸습니다.

이상하지만 이런 일이 벌어질 때는 모든 것이 느린 동작으로 진행되는 것 같습니다. 모든 소리가 분명하게 들리고, 모든 것이 뇌리에 각인되는 것입니다.

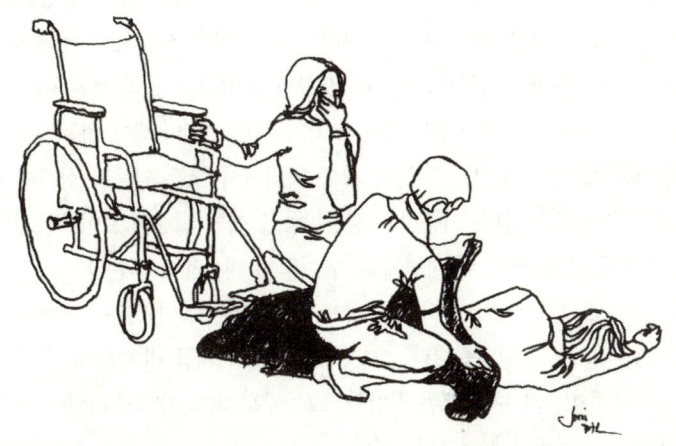

틀어 막은 입에서 나오는 듯한 목소리가 들렸습니다. "쉐리... 이리와 여기라구.." 누군가가 그녀를 끌고 가는 듯한 구두 소리가 아스팔트 바닥에서 들렸습니다. 돈을 담은 통이 딸랑거리고... 동전이 구르고... 내가 그린 카드와 그림을 오늘밤에 팔고 받은 돈인데..."어... 어... 저 여자 얼굴이 온통 피 투성이네!" 어느 소녀의 외치는 소리가 들렸습니다.

아이스크림 집에서 방금 헤어진 젊은이들이 어느새 내 주위에 모여들기 시작했습니다. 나는 흘러내리는 피를 피하기 위해 내 눈을 꽉 감고 있을 수밖에 없었습니다. 기억나는 것은 우선 내 목이 성하다는 것을 확인하기 위해 목을 약간 움직여 본 것, 부러진 이빨이 없는지 혀를 놀려 본 것, 그리고 턱뼈가 부서지지 않았나 보려고 턱을 움직여 본 것뿐이었습니다.

곧바로 누군가가 내 옆에 쭈그려 앉아서 내 머리를 손으로 받쳐 자기 허벅지 위에 올려 놓았습니다. 줄리였습니다. "조니, 괜찮아?" 줄리가 침착한 어조로 물었습니다. 간신히 눈을 뜨고 줄리가 내 얼굴에 붙은 머리카락을 제쳐 내는 것을 보았습니다. 줄리의 손도 피로 범벅이 되었습니다. 계속 나에게 괜찮냐고 물어 보았습니다. 나는 그저 고개만 끄떡였습니다. 줄리가 울음을 참아내려고 애쓰는 것을 나는 알 수 있었습니다. 속으로 울고 있으면서도,

내가 당황하지 않도록 안정시키는 것이 그녀의 의무임을 깨닫고 있었습니다.

내 자신도 의무감을 갖고 정신을 차려 힘을 내기 시작한 것은 바로 이때였습니다. 이번 주 초 모임에서 휠체어 생활이 어떠냐고 물어 보는 이 젊은이들에게, 나는 어떻게 불평불만 없이 우리가 시련에 대응해야 하는지를 열심히 설명해주었던 것입니다. 저들과 함께 지내면서 모든 일들이 심지어 어려운 일들도 연합하여 선을 이룬다는 성경말씀을 이제 입증해 보여주는 기회를 내가 갖게 된 것입니다. 이 시련에 내가 어떻게 대응해야 하는가?

한 주 내내 선교사들로부터 확실하게 배운 것은 그리스도의 지체로서 타인에 대한 나의 의무였습니다. 그 지체의 일부가 지금 내 주위에 서 있지 않은가. 이 젊은이들과 주위 모든 사람들, 그들에게 내가 어떻게 하여야 할 것인가? 이 생각이 분명하게 떠올랐습니다.

그러나 나의 이기적인 속성은 "저 사람들"에게 신경 쓸 여지가 없다는 생각에 사로잡히게 했습니다. 오로지 나, 낡은 구습의 나만을 생각하게 만들었습니다. 추운 겨울 밤에 얼어붙고 심하게 다친 나만을 염려하고 있었던 것입니다.

왜 하필 나를 통해 그리스도의 지체됨이 입증되어져야 하는가? 지금 내 주위에 서있는 대부분의 사람들보다 더 심한 고통을 나는 이미 받지 않았는가? 왜 하나님께서는 자신의 교훈을 입증해 보일 수 있는 가시적인 도구로 나 말고 다른 사람을 사용하실 수는 없단 말인가?

나는 이런 생각이 잘못된 것이라는 것을 물론 알고 있었습니다. 하지만 하나님과 타인을 나보다 우선순위에 놓고 생각한다는 것이 쉬운 일은 아니었습니다. 특히 고통 받는 동안만큼은…

이런 상황에서 내가 어떻게 처신하던 누가 뭐라고 하겠는가? 부딪쳐 박살 난 것은 내 얼굴 아닌가? 내 몸 전체에서 유일하게 감각이 있는 내 목 윗부분마저 상처를 입어야 하나?

그러나 순간적으로 성령께서 나의 이런 질문들에 대답할 준비를 하시기 시작했습니다. 하나님의 말씀이 떠오르게 해주셨습니다: "너의 몸은 너희가 하나님께로부터 받은바 너희 가운데 계신 성령의 전인 줄을 알지 못하느냐 너희는 너희의 것이 아니라 값으로 산 것이 되었으니 그런즉 너희 몸으로 하나님께 영광을 돌리라"(고전 6:19-20).

내가 어떻게 처신하는가를 주의 깊게 보는 하나님이시었습니다. 상처난 내 얼굴에 대해 불평할 권리가 정말로 나에게 있나? 아니다. 내 몸은 내 것이 아니었습니다. 그것은 하나님이 주관하시는 하나님의 것이었습니다. 그것은 그의 아들을 피의 희생제물로 드리고 하나님이 사신 것이었습니다.

나의 첫 의무는 나를 지켜보고 있는 저희들에게 내가 이론으로 전해 준 것, 곧 기독교인의 인생에 우연이라는 사건은 없다는 것을 이제 내 스스로 실천적으로 보여 줌으로써 하나님께 영광 돌리는 것이었습니다. 하나님께서 우리에게 무엇을 하셨다면, 그것은 우리의 궁극적인 선을 위한 것임에 틀림이 없습니다.

또는 우리 주위에 서서 지켜보고 있는 저희들의 선을 위해서라고 나는 생각했습니다. 아! 기독교인으로 종종 우리에게 선택의 여지가 없는 경우가 있는 것입니다. 우리가 주의해야 할 것이 있다면, 하나님의 뜻대로 일을 처리해야 하는 것뿐입니다.

아스팔트 바닥에 나동그라졌지만 나는 내가 무엇을 해야 하는지 알았습니다. 내 뜻대로 살았을 때 나타나곤 했던 수십만 번째의 일처럼 나는 찡그렸지만, 이내 벌어진 일에 대해 하나님께 감사하기 시작했습니다. 사랑의 하나님, 지금 벌어지는 일에 감사 드립니다. 나로 성나게 하지 마시옵소서. 저 젊은 이들이 지켜보고 있습니다... 내가 이일을 어떻게 이겨내는가를 저희들이 보고 배워서 저희들에게 어려움이 닥칠 때 저희들도 이겨낼 수 있게 하시옵소서. 그리고 하나님... 아버지께서 영광을 받으시옵소서.

이 사건으로 하나님께서 궁극적으로 어떤 식으로든지 영광을 받으신 것을 나는 알았습니다. 그러나, 하나님께서 즉시 영광을 받기 시작하리라고는 생각하지 못했습니다. 거기 서있었던 모든 사람들 개개인이 나에게 사랑과 관심을 보여준 데서 하나님께서 함께 하심은 분명했습니다. 모두가 헌신적으로 자신들의 코트를 벗어 나에게 산더미처럼 덮어 주어 추위를 막아 주었습니다. 내가 여전히 불편해 하는 것을 알아챈 한 남자는 내 곁에 무릎 꿇고 앉아

나를 따스하게 붙잡아 주면서, "다 괜찮을 것입니다"라고 위로해 주었습니다. 어떤 사람들은 내 차 주위에 모여서 기도했습니다. 한 사람은 앰블런스를 불렀고 또 한 사람은 목사님께 연락을 취했습니다.

한 바탕 소동이 벌어진 이 날밤은 X-ray 사진을 찍고, 찢어진 이마를 꿰매는 일로 보내면서, 뇌진탕과 부러진 코뼈의 통증으로 뜬 눈으로 지새야 했습니다. 통증으로 잠을 잘 수 없었던 그날 밤에 나는 충분히 생각할 시간을 가졌습니다. 내가 산산조각 나지 않도록 해 주신 하나님께 감사 드렸습니다.

새벽에 병원에서 나와 호텔 방으로 되돌아 올 수 있었습니다. 통증에다 2시간 간격으로 뇌진탕 상태를 점검해야 했기 때문에 잠을 간간히 조금씩 잘 수밖에 없었습니다.

오전 11시쯤에 목욕탕에서 나는 헤어 드라이어 소리에 잠을 깨었습니다. 문틈으로 머리를 내밀고 쉐리가 조심스럽게 웃으며 "좀 어때?"하고 물어 보았습니다.

"어-나… 우으으…" 내가 말을 받아내기 시작했지만 이내 통증을 느끼며 지난 밤 휠체어에서 떨어져 아스팔트에 얼굴을 정면으로 부딪친 사건이 생생히 떠올랐습니다. 몸이 아직 좋은 상태가 아니었습니다. 꿰맨 곳에서 통증이 계속되었고, 머리는 두통으로 지끈거렸고, 수면 부족에다, 깨진 얼굴은 잔뜩 부어 있었습니다. 그러나, 심적으로는 괜찮은 상태라서, "응 나 괜찮은 것 같아. 무슨 일 있어?"라고 말할 수 있었습니다.

"조금 늦은 아침 TV 방송에 맞추어 깨어주려고 했지," 줄리가 안테나를 조정하면서 끼어 들었습니다. "그 교회 예배가 매주 방영되기 때문에 우리가 볼 수 있다고 목사님이 알려 주셨어."

줄리와 쉐리가 나를 베개로 받쳐 일으켜 세웠고, 우리 모두는 기대하는 마음으로 TV를 보기 시작했습니다. 성가대 합창이 끝나자 목사님은 특별 광고를 하셨습니다. "이 광고를 하게 된 것을 유감으로 생각합니다. 지난 밤에 조니 에릭슨 양이 휠체어에서 떨어져 코뼈가 부러지고 수십 바늘을 꿰매야 했습니다. 내가 응급실에서 '오늘 저녁 예배의 강연약속은 못 지켜도 괜찮다'고 했는데도 조니는 강연하게 해달라고 간청하고 있습니다. 우리 모두 합심

해서 그녀를 위해 기도합시다."

　누군가가 나를 위해 기도해 준다는 것에 기분이 좋았습니다. 베개에 기대고 등을 뒤로 제쳤을 때, 나는 웃기만 했습니다. 이렇게 해서 나의 내면에 자리잡은 진짜 위기는 지나갔던 것입니다.

　그날 저녁 예배에 휠체어를 타고 예배당 안으로 들어간 순간 초만원을 이룬 신도들을 보고 나는 잠시 깜짝 놀랐습니다. 자리가 모자라 통로까지 의자를 갖다 놓았고, 뒤에 서서 지켜보는 사람들, 성가대 단상까지 웅크리고 앉은 사람들로 발 디딜 틈이 없었습니다. 나는 수주일 전에 조심스럽게 준비해 놓은 강연 노트와 삽화들을 사용하지 않기로 마음먹었습니다. 대신, 어제 밤에 일어난 일과 관련되는 성경 구절을 함께 나누어 보기로 했습니다.

　"그리스도 안에 형제 자매를 위해 우리가 할 수 있는 최선의 것들 중에 하나는 우리 자신의 시련을 딛고 승리하는 것입니다." 내 옷깃에 달린 마이크를 타고 나의 간증은 청중에게 전해졌습니다.

　"우리는 그리스도와 연합된 한 지체이기 때문에 서로간에 돌봐야 한다는 것을 에베소서는 분명히 전하고 있습니다. 우리 믿는 사람들은 장차 하나가 될 필요가 있는 것이 아니라 **이미** 하나이고 하나인 것처럼 행동해야 합니다."

　"여러분 고린도전서 12장에서 말씀하는 것처럼 우리 믿는 사람들은 다 함께 한 몸이고 그리스도가 그 몸의 머리이십니다. 이 세상에서 인간의 신체만큼 놀라운 협동심을 발휘하는 것도 없습니다. 모든 각 부분은 다른 부분을 필요로 합니다. 배가 고프면, 두 눈은 햄버거를 연상하고, 두 발은 햄버거 가게로 향하고, 두 손은 겨자를 햄버거에 바른 후 입안으로 쳐넣어 배고픔을 없애 줍니다. 이것이 협력입니다!"

　청중에서 웃음소리가 들려 왔습니다.

　"그래서 그리스도와 한 몸을 이룬 우리 개개인이 누구이고 무엇을 하는가 하는 것이 피차간에 영적으로 영향을 준다는 에베소서 4장 16절의 의미를 우리가 이해하게 됩니다. 한 몸 안에 어느 기관도 다른 기관에게 영향을 주지 않고 혼자 독립적으로 움직이지 못합니다. 발목을 삐면 사람 전체의 거동이 어려워집니다. 승리를 결정짓는 볼을 잡아 타치다운 시키는 손은 몸 전체에 영광을 줍니다. 우리 믿는 사람들 사이에 기묘한 연결은 신비하기까지 합니다. 여러분의 실패는 나의 실패이고 여러분의 승리는 또 나의 승리입니다."

내가 말씀을 전하는 동안 모든 회중이 꼼짝하지 않고 경청하고 있었습니다. 메시지를 받아들이는 것이 명백해 보였습니다.

나는 계속했습니다. "그러므로 우리가 그리스도 안에 한 몸을 이룬 지체라는 사실을 염두에 두고 우리가 당면하는 문제들에 대응해야만 합니다. 어제 밤에 하나님께서는 나와 줄리가 바로 그렇게 할 수 있도록 도와주셨습니다. 줄리는 나에게 본을 보였고, 나는 다른 분들에게 본을 보였습니다. 여러분 모두가 그렇게 하길 하나님은 원하십니다."

우리 모두가 주님의 뜻을 함께 나누어 갖는 소중한 기회로 주님께서는 지난 밤 나의 부상을 활용하셨습니다. 주님 자녀들의 유익과 주님의 영광을 위해 자녀들이 아픔을 이겨내도록 하는 주님의 뜻은 전적으로 현명하신 계획이었습니다.

~~~

그로부터 일년쯤 후 긴 여행으로 조금은 집 생각에 젖고 있을 즈음에 스티브로부터 편지 한 통을 받았습니다. 그의 격려의 말은 주차장에서 내 코를 다치던 날 밤에 내가 얻은 교훈을 멋지게 요약해주는 것이었습니다. 우리의 고통이란 스스로에게 측은한 동정심을 주는 것이 아니라 다른 사람들을 가르치고 일으켜 세우는 훌륭한 기회를 제공한다는 사실을 다시금 상기시켜 주었습니다. 여기 그의 편지 일부분을 소개합니다:

그래. 조니. 네가 일주일에 열 번이나 강연을 해야만 했을 때, 안녕을 기원해주는 사람들에게 웃음 짓느라 네 턱이 조금 피곤함을 느낄 때, 등에 통증을 느낄 때, 가끔 두발로 일어서고 싶은 충동이 너의 내부에서 비밀스레 솟구칠 때, 그렇지만 네 주위에 사람들이 오해라도 할까 봐 그 욕구를 표현하지 못할 때, 친구들이 그리워질 때, 성경이 지루하게 느껴질 때, 무언가 불안할 때, 죄스러운 생각과 태도가 네 머리에 기어들어 오는 것을 알아차릴 때, 네 자신의 영광과 성공으로 가득 찬 몽상 영화를 돌리고 싶은 충동이 일어날 때 간단히… 줄여서… 부드러운 십자가를 지고 단 하루만이라도 슬쩍 빠져 나오고 싶은 충동을 느낄 때. 아니, 안 돼. 용기를 잃어서는 안 돼, 죄를 지어서는 안 돼. 네가 하고 있는 일들이 귀찮고 부질없는 일이라고 생각해선 안 돼. 왜냐하면 솔직히 나도 포기하고 싶을 때, 포기하지 않도록 내 인생의 본보기가 되어주는 여러 버팀 돌들 중에 너의 존재도 하나 차지하고 있어야 하기 때문이야.

우리의 삶은 무대 위에 서 있는 것과 같습니다. 다른 사람들이 우리를 주시하고 있습니다. 우리는 관중 전체에게 감동을 주는 우리 본연의 역할을 잘할 수 있습니다. 그러나 한편으로는 우리의 쓰린 감정을 기분 나는 대로 표현하며, 대본에도 없는 연기를 멋대로 해서, 하나님의 뜻이 담긴 드라마에 누를 끼칠 수도 있습니다. 선택은 우리에게 달렸습니다.

3 아무나를 위해 이렇게 하지는 않으리!

　사람은 때때로 자기 자신이 얼마나 대단하고 훌륭한지 떠 벌이기를 좋아합니다. 그러나 예기치 않게 그 자랑을 입증해 보라고 하면, 아무것도 보여 주지 못하는 경우를 종종 볼 수 있습니다. 최근에 한 만화는 이런 경우를 아주 적절하게 나타내 주었습니다. 대학 미식축구 경기 중에 중년쯤 된 한 열성 팬이 관중석 맨 앞 자리에 앉아서 지고 있는 자기 팀 코치와 선수들에게 계속 비난과 불만을 퍼부어 댔습니다. 그의 불평에는 경기에 대한 자신의 식견과 전략을 주위 관중들에게 자랑하려고 하는 의도가 다분히 있었습니다. 참다 못한 코치가 마침내 고개를 관중석 쪽으로 돌려 그 열성 팬에게 손 지검을 하며 소리칩니다. "당신이 그렇게 잘 알면, 들어가서 한 번 해 보라구!" 물론 그 열성 팬은 찍 소리도 못하고 말았죠.
　사람들은 자기들이 말로 으쓱댄 것을 행동으로 보여 주라고 하면 종종 뒤로 물러서고 맙니다. 그러나 관중석에서 말로만 떠들어댔던 이 열성 팬과는 달리 하나님께서는 결코 물러나실 필요가 없으십니다. 그는 정말로 훌륭하고 위대하시기 때문에 실제로 자신의 위대함을 인류에게 입증할 기회를 늘 찾고 계십니다. 하나님이 이런 일을 위해 사용하시는 것 중에 하나가 바로 인간이 겪는 고통이라는 것입니다.
　하나님께서 자신의 위대함을 입증하시기 위해 가장 명백하게 고통을 활용하시는 때는 두말할 나위 없이 그 고통을 기적적으로 제거해 주시는 경우입니다. 예수님께서는 소경의 시력을 되찾게 해주셨고, 문둥병자를 고치셨고, 죽은 자를 살리셨고, 인간의 불행을 덜어주기 위해 온갖 기적을 행하셨습니다. 두말할 나위 없이 그 결과는 이렇게 되었습니다. "무리가 보고 두려워하며 이런 권세를 사람에게 주신 하나님께 영광을 돌리니라"(마 9:8).

그러나 오늘날은 어떻습니까? 예수님이 육신의 모습으로 더 이상 우리와 함께 하지는 않습니다. 유대 땅을 걸으시지도 않고, 한 때 보여주셨던 기적들을 행하지 않으십니다. 물론 하나님께서는 여전히 기적을 행하실 수 있고, 때로는 놀라운 방법으로 행하셔서 실제로 우리에게 보여 주시지만, 이런 기적은 더 이상 하나님이 일상적으로 행하시는 방법은 아닙니다. 오늘날에는 차선적이고 화려하지는 않지만 결코 능력이 약화되지 않은 방법으로 하나님께서 우리의 고통을 사용하시며 자신의 영광을 드러내십니다.

이상하게 보일지 모르지만 하나님은 자신의 자녀들이 정말로 힘든 기간을 오랫동안 참아 내도록 요구하실 뿐만 아니라 실제로 이것을 지켜보십니다.[1] 심지어 기독교를 경멸하며 믿지 않는 자들 앞에 이런 일들을 아주 분명하게 보여 주심으로 하나님 자신의 의도마저 손상시키는 것같이 보이게 하십니다. 기독교 신자가 받는 이런 어려운 일들에 대해 믿지 않는 자가 지켜보며 경멸스러운 눈빛으로 이렇게 조롱할 때 "소위 사랑의 하나님이라는 분이 자기를 섬기며 따르는 자들을 어떻게 취급하는가 보라구!" 믿는 자들은 피할 길이 없는 것 같아 보입니다.

하지만 계속적인 관찰 끝에 믿지 않는 자들은 조금 이상한 것을 알아챕니다. 하나님께서 계속해서 시련을 주어도 이들 기독교인이 불평을 하지 않는다는 것입니다. 하늘을 향해 반항하는 주먹을 휘두르는 대신에, 이런 불행을 가져 다 준 하나님을 저주하는 대신에, 저들은 오히려 창조주를 찬미하는 것으로 화답하는 것입니다.

처음에는 세상이 비웃습니다. "저것은 단지 잠시 동안일 뿐이야, 조금만 기다려 보라구." 믿지 않는 자들은 확신합니다. 그러나 시련이 계속되어도 믿는 자들이 하나님을 저주하지 않고 죽기까지 시련을 견딜 때, 지켜보던 세상 사람들은 자신들이 내 뱉은 말을 거두어들이고는 믿을 수 없다는 듯이 입을 딱 벌리고 맙니다.
　그러므로 하나님께 영광을 돌릴 수 있는 가장 효과적인 방법 중에 하나가 고통이라는 것을 하나님께서 우리에게 보여 주신 것입니다. 이것은 하나님의 백성에게 어려운 시련이 닥쳐도 하나님께 충성을 다할 수 있는 능력이 하나님께 있음을 입증하는 것입니다. 기독교인이 된다는 것이 단지 안이함과 편안함을 주는 것뿐이라면, 이 세상은 하나님에 대해 아무런 인상적인 것도 배우지 못할 것입니다. 세상 사람들은 말할 것입니다, "대단한 노릇이군, 줄기차게 기다리면 뭐가 나오나." 그러나 하나님께서 믿는 자들의 고통을 잊으신 것 같은데도 여전히 그들이 하나님을 신뢰하고 사랑할 때, 그 고통 속에는 인상적인 그 무엇이 있는 것입니다. 일이 잘 풀리지 않을 때에도 우리의 하나님은 섬길 가치가 있다는 것을 비웃는 불신자들에게 보여주는 것입니다. 이것은 기독교인의 진실을 믿지 않는 세상에 알리는 것입니다.
　일전에 캘리포니아의 한 서점에서 어떤 여인을 만났던 일이 생각납니다. 그녀는 내가 지금까지 말씀드린 것의 전형적인 본보기였습니다. 부유층이 사는 동네에 자리잡은 그 서점에는 그날 따라 잘 단장한 애들과 주부들로 가득 차 있어서 보기에 근사한 곳이었습니다. 나를 만나보려 하거나 사인을 받으려는 사람들이 서점 안에 길게 늘어서 있었습니다.
　내가 입에 펜을 물고 누군가의 책에다 사인을 해주려고 했을 때, 서점에서 웅성대는 소리와 함께 이상한 음성이 내 귀에 들렸습니다. 책 너머로 내다본 나는 무슨 소리인지 금방 알 수 있었습니다.
　줄 뒤쪽에서 심하게 마비된 한 여인이 휠체어에 앉아서 언어장애로 인해 잘 안 되는 말을 하려고 할 때 나오는 크고, 외마디 신음 같은 이상한 소리를 내고 있었습니다. 내가 입원했던 여러 병원에서도 이와 비슷한 소리를 내는 언어 장애자들을 만나 본 적이 있습니다. 이 여인도 뇌성마비로 알려진 그 무서운 장애의 희생자라고 생각했고 나는 곧 그 사실을 확인할 수 있었습니다.
　이 여인이 내게 다가왔을 때, 손이 떨리고, 다리가 비비 꼬여져 있고, 입에서는 침이 질질 흘러나오는 것을 보았습니다. 머리는 까치집이 지어져 빼

죽뻐죽 헝클어져 있었고, 블라우스의 단추는 제 구멍에 끼워져 있지 않아 옷 입는데 고생한 것을 짐작할 수도 있었습니다. 이 여인의 모습을 바라보는 것은 그렇게 유쾌한 일은 아니었습니다.

나는 이와 같은 장애자와 함께 있는 것이 불편했던 때를 기억했습니다. 내가 장애인이라는 자의식만 더 부각시키는 것 같은 이러한 장애자와 나는 아무 상관이 없기를 바라곤 했습니다. 물론 하나님께서는 오래 전에 이런 감정을 극복하게 해주셨기 때문에 나는 그녀를 만나는데 아무런 주저함이 없었습니다.

"조니, 네이딘을 만나주시면 좋겠습니다." 간호원이 휠체어를 내 휠체어 바로 옆으로 끌고 오면서 이 여인을 내게 소개 시켰습니다. 이어진 대화에서 간호원이 최선을 다해 내게 통역을 해주었을 때, 네이딘이 기독교인이고 나와 동갑이라는 것을 알았습니다. 비록 네이딘의 외모는 정신박약자라는 인상을 주기에 충분했지만, 실제로 그녀는 지적이었고, 취미로 시 쓰기를 즐겨하는 유식한 사람이었습니다.

네이딘은 내 책 내용에 감사한다는 편지를 내게 전해 주었습니다. 그리고는 정말로 귀한 선물을 내게 주었습니다. 여러 크리스마스 카드 앞장에서 잘라낸 천사들과 시로 만든 조그만 기념패였습니다. 네이딘은 가위를 사용하기

위해 발가락을 쓰가며 천사들을 오려 냈다고 합니다. 이것이 5-6년 전 일이었는데, 나는 아직도 이 선물을 우리집 벽에 매달아 놓고 있습니다.

네이딘이 말하고 있을 때, 나의 의식은 지난날을 더듬고 있었습니다. 회의와 실의에 빠져 있던 입원 시절에 뒤척거렸던 철학 서적의 한 페이지를 나의 의식은 찾아가고 있었습니다. 거기에는 이런 주장이 써 있었습니다. "하나님이 인간의 불행을 제거하려는 사랑을 갖고 있지만, 능력은 갖고 있지 않다. 아니면 능력은 갖고 있으나 사랑은 갖고 있지 않다. 그러나 확실히 하나님은 두 개를 다 갖고 있지는 않다."

이와 같은 주장은 네이딘과 같이 사람에게 상당히 호소력이 있을 것이라고 여러분은 생각할 것입니다. 네이딘은 간병실에 갇혀 지냅니다. 가까운 친구들이나 돌보아 주는 가족들과 편안한 생활의 즐거움을 아마 결코 갖지 못할 것입니다. 아마도 결코 결혼하지 못할 것이며, 이 세상이 행복으로 여기는 어떤 것도 경험하지 못할 것입니다. 전지전능하신 사랑의 하나님이 네이딘을 이렇게 취급하시는데 왜 그녀가 하나님을 저주하지 않겠습니까? 절망과 목적부재로 가득찬 이 세상에서 네이딘이야말로 가장 우울한 사람 중에 하나이어야 할 것입니다. 기껏 해봐야 네이딘은 자신의 운명을 용감하게 감내하고, 모든 감정을 억제하며 이 세상에서 한발 뒤로 물러난 금욕주의자가 될 것입니다.

그러나 네이딘과 한시간 넘게 대화하고 난 후 나는 그녀가 전혀 이런 상태가 아니라는 것을 확신할 수 있었습니다! 주님의 기쁨을 체험하는 것이 무엇을 뜻하는 지, "모든 지각을 초월하는 평화"가 무엇인지 네이딘은 알고 있었습니다. 바울이 "겉사람은 후패하나 우리의 속은 날로 새롭도다"(고후 4:16)라고 말한 것이 바로 네이딘의 경우에 해당되는 것이었습니다.

가장 흥미로운 것은 네이딘이 하나님께 분노하지 않을 뿐만 아니라 오히려 하나님을 사랑한다는 것입니다. 네이딘이 알게 된 하나님은 너무도 알 가치가 있고 너무도 사실적이어서 네이딘이 자신의 고통을 즐겁게 그리고 기꺼이 참아내는 것을 통해 주님을 기쁘게 하는 것입니다.

네이딘의 고통은 하나님을 영화롭게 하는 것인가요? 예 그렇습니다. 왜 그렇습니까? 하나님이 그 고통을 기적적으로 제거시키기 때문인가요? 아닙니다. 그녀를 보는 사람들로 하여금 "네이딘의 하나님은 대체 어떤 분이기에 저렇게 충성을 다하나"하고 적어도 한번은 생각해보게 하기 때문에 그녀의 고통은 하나님께 영광을 돌리는 것입니다. 나는 곰곰이 생각했습니다. 누구든지 우리 인생에 나타날 수 있는 하나님의 은총과 능력의 증거를 보기 원한다면, 이 여인을 보아야 할 것이다.

네이딘과 같은 사람을 접해본 회의적인 사람들은 종종 기독교인의 내적 평화의 진정한 근원이 하나님이라는 것을 부인하려고 합니다. 그들은 천국, 하나님, 주님의 기쁨 등의 것들이 대책 없는 도피, 정신적인 포기, 현실외면이라고 주장합니다. 나에게도 유사한 비난이 날아옵니다. 내가 하나님을 믿는 것은 심리적인 목발을 짚고 다니는 것이라고 그들은 비난합니다.

이런 비난이 있을 때마다 나는 간단히 다음 사실들을 제시합니다: 늘 집안에서 책에 파묻혀 사는 부류의 사람에게도 휠체어 생활에 적응하는 것은 어렵다. 그러나 나같이 활동적이었던 사람에게는 그것이 훨씬 더 어렵다는 것에 대부분의 사람들이 동의한다. 고등학생 당시 나는 잠시도 가만있지 못하고 말 타기, 하키 경기, 스포츠카를 타거나 험하게 질주하는 일 등을 즐겼다. 나는 종종 이렇게 사람들에게 말하곤 한다. "내 몸이 성했을 때는, 나는 단 일분도 얌전히 앉아 있을 수 없었다. 그런데 지금은 내 남은 여생동안 꼼짝없이 휠체어에 앉아 있어야 하는 것이다."

내 머리에 떠오른 어떤 사변적인 종교적 철학도, 숙명적 원죄에 대한 어떤 믿음도, 하나님에 대한 어떤 교리도, 단순한 행동 수칙의 어떤 항목도, 휠체어에 앉은 나를 지탱 시켜주거나 기쁘게 해줄 수는 없었습니다. 분명히 이런 것들이 휠체어 신세인 나를 정말로 즐겁게 할 수는 없었습니다. 내가 미쳐버리든지, 아니면 이 암담한 내 신세를 뒷받치는 하나님이 계시든지 해야 합니다. 그리고 그 하나님은 단순한 신학적인 공리를 뛰어넘는 살아계신 하나님이셔야 합니다. 이런 하나님은 내게 계십니다. 그는 나의 개인적인 하나님이십니다. 그는 내 인생에서 역사하시며 입증해 보이시는 하나님이십니다. 그리고 이것이 많은 사람들로 하여금 하나님에 대해 다시 생각해보게 합니다.

어떤 기독교인들은 다음과 같이 의아해 합니다: "조니 또는 네이딘 같은 사람을 하나님께서 어떻게 사용하시기에 저들이 하나님께 영광을 돌리는지 참으로 놀랍다. 하지만 나는 아무 심각한 장애가 없다. 내 인생은 지극히 정상적이다. 이런 나의 경우는 어떻게 하나?" 이것이 여러분의 생각이라면, 하나님께 영광을 돌리기 위해 여러분의 시련도 네이딘이나 나의 경우처럼 그렇게 충격적인 것이어야 한다고 제발 상상하지 마시기 바랍니다. 인생의 모든 어려움 하나하나를 각각 기쁜 마음으로 받아드리는 것은 작지만 똑 같은 영향을 미칠 수 있습니다.

나와 함께 종종 여행을 했던 내 언니 제이와 내 친구 벳씨와 쉐릴을 생각해 봅니다. 여러분, 이 사람들도 인생의 모든 힘든 일을 알고 있습니다. 무엇보다, 저들은 나의 모든 신체적인 필요에 대해 돌보아 줍니다. 여행하면서 사지마비자를 돌보신 적이 없으시다면, 이것이 얼마나 힘든 일인지 잘 모르실 것입니다. 나를 이른 아침 회의에 준비시키기 위해 허구한 날 새벽 5시면 호텔방 침대에서 그들은 일어나야 합니다. 그들이 일어나 먼저 자신들의 준비를 끝내고 나면, 나를 깨워 일으키고, 운동, 목욕, 옷 입히고 하는 등등의 일에 한시간 반의 긴 과정을 보내야 합니다.

그러나 이것이 전부가 아닙니다. 우리가 차를 타고 어디든지 가려면 나를 휠체어에서 들어올려 차 안으로 옮겨야 합니다. 이렇게 하려면 한 사람이 내 등에 기대서 등에서부터 내 윗몸을 들어 올리는 사이 또 한 사람은 내 두 다리를 붙잡고 같이 움직여야 합니다. 의자에 간신히 옮겨지면 그 다음은 내 몸통을 바르게 잘 세워준 후 안전띠를 채워 줍니다. 그러는 사이 한 사람은 휠체어를 접어 자동차 트렁크에 넣습니다. 여러분께 내 몸무게가 얼마인지 말해드릴 수 없습니다마는, 내가 스스로 운신조차 할 수 없기 때문에, 나는 죽은 송장과 같이 매우 무거울 것입니다! 우리가 목적지에 도착하면 전 과정은 반대로 반복되어서 나는 차에서 나와 휠체어에 앉혀지는 것입니다. 최근에 미네아폴리스를 방문했을 때 벳씨, 쉐릴, 제이 셋이서 하루에 나를 차에 넣고 내리기를 무려 15번이나 반복해야 했습니다!

또한 우리가 여행할 때 그들이 가끔 참아내야 했던 감정적인 어려움도 있었습니다. 내가 이야기하는 것은 종종 몇몇 분이 나를 마치 여왕처럼 대해주면서 저희들은 거의 완전히 무시해버리는 무정함입니다.

나를 준비시키기 위해 아침 새벽에 일어나고, 나를 차에 싣고 내리기 위해 나를 들었다 내렸다 하고, 사람들에게 무시당하고... 아마도 여러분은 이것을 네이딘이나 나의 장애와 같은 시련으로는 여기시지 않을 것입니다. 그러나 작지만 진짜 괴로운 일을 불평 한마디 없이 저들이 견뎌내는 것을 사람들이 지켜볼 때, 그 사람들은 하나님께 관심을 기울이게 됩니다. 그리고 하나님은 영광을 받으십니다.

어떻게 보면, 네이딘, 내 언니, 나의 친구들은 오늘날의 욥입니다. 욥이 얼마나 의로운 사람이었는지 여러분은 아실 것입니다. 그는 하나님으로부터 모든 물질적인 편안함의 축복을 받은 자였습니다. 그가 하나님께 감사의 찬미를 돌려드린 것이 사탄에게는 혐오스러운 것이었습니다. "하나님 당신이 욥을 축복해 주었기 때문에 그가 당신을 섬기는 것이오." 사탄은 하나님께 조롱했습니다. "당신이 욥의 가족과 재물을 빼앗아 간다면, 당신의 면전에서 그가 당신을 저주할 것이오." 이 말의 의미는 "욥이 사랑하는 것은 당신의 축복이지 하나님 당신이 아니오. 사람들이 당신의 장점을 보고 당신을 따를 정도로 당신은 위대하지 않소"라는 것입니다.

그래서 하나님은 사탄으로 하여금 욥을 시험케 하셨습니다. 욥은 자신의 돈, 건강, 그리고 그의 가족 대부분을 잃었습니다. "하나님을 저주하고 죽으시오." 욥의 부인이 재촉하였습니다. 그러나 욥은 거절하였습니다. 믿어지지 않는 충성으로 욥은 외쳐댔습니다. "그가 나를 죽이시더라도, 나는 여전히 그에 대한 소망을 갖겠다"(욥 13:15 NIV성경 번역).

얼마나 놀라운 간증입니까! 이 선언이 욥을 위대하게 합니다. 그러나, 하나님의 자녀들이 대단히 견디기 힘든 시련들을 겪고 있으면서도 이 선언과 같이 저희들이 오히려 하나님께 충성할 수 있도록 하시는 하나님은 더 더욱 위대하십니다. 이 구약의 말씀과 유사한 말씀을 사도 바울이 빌립보서에서 하고 있습니다: "또한 모든 것을 해로 여김은 내 주 그리스도 예수를 아는 지식이 가장 고상함을 인함이라. 내가 그를 위하여 모든 것을 잃어버리고 배설

물로 여김은 그리스도를 얻고"(빌 3:8).

내가 이 휠체어에 있는 동안 하나님에 대한 나의 신실함이 그에게 영광이 된다면 사지마비로 내 몸이 불편한 것을 나는 정말로 개의치 않습니다. 여러분이 처한 일종의 '휠체어'와 같은 상황에서 여러분이 신실함을 유지하신다면, 여러분의 인생도 하나님께 영광을 드릴 수 있다는 것을 생각해 보셨습니까?

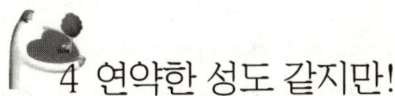 4 연약한 성도 같지만!

잠시 고요한 정적이 중세시대 훼어바이른 성 대연회장을 덮었습니다. 거대한 회색 석조 벽에 일렬로 매달린 화려한 깃발조차도 흔들리지 않았습니다. 커다란 벽난로 위에는 왕족 검투사의 투구가 걸려 있습니다. 그리고 반대편 벽에는 이웃 에이나성의 검투사 투구가 마치 맞은편 검투사에게 도전을 상징하기나 하듯 매달려 있습니다. 이 두 성 사이에 세력 싸움으로 몇 달째 긴장이 고조되었습니다. 에이나 공작의 사악한 계획은 훼어바이른 성의 왕자를 제거하는 것이었고, 이 계획은 전체 왕국의 귀족과 숙녀들을 위해 연례적으로 행사가 진행되는 이 대연회장에서 전격적으로 선언되었던 것입니다.

강인한 모습의 에릭 왕자는 이 반동적인 도전에 대응할 모든 각오가 되어 있다는 자세로 연회석상에 웅크린 채 앉아 있었습니다. 그의 주먹에는 진주로 장식한 칼 손잡이가 쥐어져 있었습니다. 이 칼은 부왕이 임종 즈음에 아들에게 넘겨 준 것이었습니다. 미끈한 칼날은 두꺼운 성벽 창을 통해 들어오는 햇빛에 반사되고 있었습니다. 그 칼은 왕국에서 가장 좋은 것이었습니다.

에이나 공작의 세 부하들이 마치 먹이를 둘러싼 상어들처럼 칼을 드리운 채 에릭 왕자를 둘러싸고 왕자가 포위망을 뚫고 나올 순간을 지켜보고 있었습니다. 왕자는 세 사람을 번갈아 노려보며, 어느 놈을 먼저 칠 것인지 재보고 있었습니다.

그 순간 칼과 칼이 부딪치는 소리가 들렸습니다! 셋 중에 두 명이 왕자에게 달려들었습니다. 그러나 왕자는 재빠르게 칼날을 피해 자신의 칼날을 휘두르면서 그들의 공격을 막아냈습니다.

칼부림... 부상... 낭자한 피. 에이나 공작의 한 부하가 칼을 손에서 떨어뜨리며 바닥에 나가 떨어졌습니다. 그러나 에릭 왕자는 일시적인 승리의 개가를 부를 여유조차 없었습니다. 왕자는 남은 두 명을 상대로 계속 칼을 휘둘렀습니다.

왕자는 양쪽에서 협공을 당하고 있었습니다. 왼쪽 적의 공격을 막아내는 동시에 자신의 위치를 점검하면서 어깨 너머로 오른쪽 적을 훔쳐보았습니다. 그러나 이렇게 할 때, 칼 잡은 손이 약간 느슨해지면서 그만 그 멋진 칼을 손에서 떨어뜨리고 말았습니다.

순간 숨을 죽이고 지켜보던 연회객들의 한탄 소리가 터져 나왔습니다. 뒤쪽에 서서 지켜보던 숙녀들은 손수건으로 입을 막은 채 겁먹은 얼굴로 숨을 멈추고 지켜 보았습니다.

그러나 보십쇼! 에릭 왕자는 사슴과 같은 잽싼 몸놀림으로 적들의 칼날 범위 밖으로 뛰쳐나온 뒤 허리춤에서 단검을 뽑아 들었습니다. 그리고는 테이블을 장식했던 놋쇠 촛대를 움켜 쥐었습니다.

2대 1의 상황에다 무기조차 소름 끼치도록 열세한 상태에서 왕자는 다시 싸움에 뛰어들었습니다. 촛대와 단검으로 그들의 공격을 막아냈습니다. 왕자의 머리를 간신히 스쳐간 측면 공격을 피해 웅크리면서 그는 다시 일어났고 적들의 공격을 요리조리 피하며 두 번째 적의 가슴에 결정타를 가했습니다. 마지막으로 살아 남은 에이나 공작의 부하는 놀란 두 눈을 휘둥그레 떴습니다. 이 남은 공작 부하와 왕자는 침묵 속에 서로를 노려보며 빙빙 원을 돌다가 긴장이 최고조에 달했을 때, 공작 부하가 칼을 내리 쳤습니다.

머리카락 같이 가늘게 칼날이 왕자의 소매를 긋고 팔 끝을 스쳐 지나가자 상처 부위에서 진홍색 피가 솟았습니다. 왕자는 한발 두발 뒤로 물러 나 벽에 등을 대고 말았습니다. 그의 형편없는 무기는 마지막 남은 적의 현란한 칼을 상대하기는 역부족이었습니다. 공격은 더 빨라졌습니다. 곧 왕자는 넘어질 판입니다.

제1장 고통이라는 수수께끼를 다 모아서 _ 51

갑자기 공작 부하가 저돌적으로 달려들었습니다. 왕자는 왼쪽으로 점프를 했습니다. 왕자의 가슴을 노린 적의 최후 찌르기 공격은 왕자의 옆구리를 스치고 지나가 벽을 때리고 맙니다. 공작 부하가 벽에서 칼을 뽑아 들고 싸울 채비를 다시 하기 직전에 왕자는 촛대로 적의 칼을 아래로 내리치고 단검을 날렸습니다.

공작 부하는 자기 어깨에 박힌 칼을 한 손으로 움켜잡고, 마치 "더 이상 싸우지 않겠소"라는 뜻인 양 다른 한 손을 쳐들고 왕자에게 승리를 내주었습니다. 기뻐하는 연회객들은 왕자 주위로 몰려들어 큰 소리로 뜨거운 축하를 보냈습니다. 그들은 고전이 되어버린 축가를 부르기 시작했습니다:

"국왕의 칼을 가진 에릭 왕자는 강하시네,
그러나 단검과 촛대는 에릭 왕자가 정말로 강하심을 입증하였네!"

⚜

이 에릭 왕자와 같은 모험 이야기를 나는 매우 좋아합니다. 성경이 일종의 모험담이라는 것을 여러분은 알고 계십니까? 불한당 사탄이 배반과 거짓으로 지구 왕국의 시민들을 어떻게 노예로 만드는지 성경은 잘 보여주고 있습니다. 사탄이 선하고 의로운 지배자의 권위를 어떻게 탈취하고 도전적인 정부를 세우는지, 선하신 지배자가 어떻게 자기의 아들을 사탄의 영역에 침투시켜 사로잡힌 포로들을 해방시키고 아들의 깃발 아래 왕국을 탈환하였는지를 전해주는 이야기 책이 성경입니다.

내가 만일 하나님이라면, 어떻게 이런 일을 수행하였을 것 같습니까? 아마 우선적으로 나는 전략 팀을 구성하기 위해 가장 똑똑한 남녀를 모집했을 것입니다. 박사님들, 대학 교수들. 그리고는 작전수행 기금을 모으기 위해 세계에서 가장 예리한 사업가들과 백만장자들을 끌어 들였을 것입니다. 대외 창구 역할을 담당하는 나의 인력들은 어디에서도 구하기가 쉽지 않은 가장 유능한 전령들일 것입니다. 나의 말단 조직원 조차도 젊고, 활동적이고, 매우 매력적이어야 할 것입니다.

연약한 사람들은 지원할 수가 없습니다. 신체적인 결함이 있는 자들은? 잊어주시기 바랍니다. 나의 작전수행을 더디게 만들지도 모르는 사람들은? 결코 안 됩니다. 이 세상에게 자연스럽게 매력을 주지 못하는 사람들은? 나의 평판을 위태롭게 할 사람들은? 될 수 없습니다. 문제를 잔뜩 안고 있는 사람들은? 나는 오직 알짜들만 골라 가질 것입니다.

그러나 하나님! 내가 세상을 주관하지 않으니 얼마나 다행입니까? 하나님 당신이 하시지요! 그리고 그는 두 팔을 활짝 펴시고 가난한 자, 병든 자, 추한 자, 외로운 자, 약한 자, 재주 없는 자, 사랑 받지 못하는 자, 가망이 없는 자, 이 모든 자들을 받아 주십니다. 하나님의 사랑이 위대하시기 때문이지요. 하나님께는 사람의 겉 보다 사람의 마음 속이 더 중요하기 때문이지요.

그런데, 하나님이 이들을 받아쓰시는 특별한 이유가 여전히 남아 있습니다. 그 이유의 핵심은 에릭 왕자 이야기에서 찾을 수 있습니다. 싸움이 끝난 후 연회장에 모인 사람들이 왕자를 위해 부른 노래 가사가 기억나십니까?

"국왕의 칼을 가진 에릭 왕자는 강하시네,
그러나 단검과 촛대는 에릭 왕자가 정말로 강하심을 입증하였네!"

영웅과 악당들의 모든 싸움은 그 자체만으로도 흥미진진합니다. 그러나 에릭 왕자의 경우처럼 영웅이 갑자기 불리해지면, 새로운 요소가 도입됩니다. 그래서 영웅은 이전보다 더 위험에 처하게 됩니다. 그가 이길 가능성은 더 희박해집니다. 그러나 이런 불리함을 극복하면, 그는 곱절로 영웅이 됩니다. 왜냐하면 약하고 열등한 무기로 싸워 이겼기 때문입니다.

성경이 우리에게 보여주는 것도 이와 같습니다. 하나님이 하시는 것은 우리의 약함을 통해 자신의 영광을 극대화합니다. 전반적으로 인간의 기준으로는 현명하지도 않고, 영향력 있지도 않고 귀한 가문 출신도 아닌 자들을 하나님께서 불러 교제케 하셨다는 것을 주위를 둘러보고 깨달으라고 사도 바울은 고린도 성도들에게 말했습니다. 하나님께서는 약하고, 고통 받고, 자신의 일을 감당 못할 것 같은 후보들을 의도적으로 골라 그들로 일을 완수하게 하셔서 영광이 우리가 아니고 하나님께 돌아가게 하신다고 사도 바울은 이야기했습니다. 이것을 한번 생각해 보시기 바랍니다. 우리가 고통스럽다고 여기는 바로 그 약함과 문제거리들을 하나님께서 자신의 영광을 위해 사용하시는 것입니다. 하나님의 손안에서 우리가 진주 박힌 손잡이의 칼처럼 근사한 것은 아닙니다. 우리는 단검이며 촛대로서 칼의 역할을 수행하는 자들입니다!

1969년에 내가 목을 다친 후 2년 만에 처음으로 병원 밖으로 나왔을 때, 나는 심한 우울증에 빠졌습니다. 19살인 나에게 평생을 휠체어에 앉아 지내는 것 외에는 내게 희망이 없었습니다. 나의 상황에 대한 해답이 성경 안에 있다는 것은 희미하게 알고 있었지만, 그 해답이 무엇이고 어느 곳에 있는지 내게 가르쳐줄 사람이 절대적으로 필요했습니다.

그렇다고 해도, 종교적인 조언을 갖고 내게 접근하는 사람 누구에든지 내가 관심과 존경을 표명하리라고 기대할 수는 없었습니다. 당시 내 마음을 이해하실 수 있겠습니까? 나의 고등학교 시절로 잠깐 돌아가 봅시다. 필드하키 팀 선수, 전국 우등생 클럽 회원, 이웃 고등학교 미식 축구부 주장과의 데이트. 당시 내가 이정도 였으니, 나의 관심을 사려는 사람은 지성적이거나, 운동을 잘 하거나, 인기 있는 자라야 했습니다.

그러면 여러분은 이렇게 생각할지 모릅니다. 나의 문제를 해결해 주기 위해 해변에서 "파도타기를 즐기며 전도하는" 구리 빛 얼굴의 늘씬한 청년부 전도사를 하나님께서 보내셨을 것이라고. 그렇게 하면 내가 그 전도사의 말에 귀 기울였을 것이라고. 또는 아이비 리그 소속 학교의 똑똑한 신학생이라면 내가 솔깃해 했을 것이라고. 또는 빌리 그래함 목사님이 우리 동네에 와서 전도 집회를 열었다면 내가 감동을 받았을 것이라고.

그러나, 이런 것 모두 아니었습니다. 하나님께서 실제로 내게 누구를 보내주셨는지 아십니까? 키 크고 삐쩍 마른 16살의 신문 돌리는 소년이었습니다. 별 소용이 없는 후보라고 여러분은 말할지 모릅니다. 내 기준으로도 이 소년은 진짜로 상대할 가치가 없었습니다. 멋진 청년부 전도사 같은 자도 아니고, 지적인 신학생도 아니었으니까요. 그는 큼직한 검은 성경책을 갖고 다니는 그저 십대 소년 일 뿐이었습니다. 고등학교 2학년생인 그의 이름은 스티브 에스트였습니다. 그런데, 나는 스티브의 말에 귀를 기울이고 있었습니다! 스티브와 긴 시간을 대화하면서 하나님은 그를 통해 나의 영혼을 고양시키고 내가 하나님의 말씀을 이해하도록 도와 주셨습니다. 장애자 상담에 대해 전문적으로 훈련받은 성경학자를 내게 보내는 대신에 한 소년을 통해 하나님의 능력을 드러내는 것을 하나님께서 기뻐하셨던 것처럼 보일 정도였습니다.

요즘 스티브와 내가 그 당시 처음 우정을 돌이켜 보며 웃기도 하고 어떻게 하나님께서 있을 법하지 않은 우리 관계를 활용하여 내 인생에 전기를 마련하게 하셨는지 놀라워합니다. 그러나 잘 생각해보면 놀라울 것도 없습니다. 하나님께서는 기드온의 군대 32,000명 중에 300명을 추려내서 미디안 군대와 싸우러 내 보내셨습니다. 하나님께서는 팔레스타인의 노련한 장수 골리앗을 물리칠 장수로 십대 소년 다윗을 골라 내보내셨습니다. 하나님은 아브라함에게 애 못 낳는 아내 사라를 주시며 후손이 하늘의 별만큼 많은 민족을 그에게 약속하셨습니다. 왜 그러셨을까요? 그렇게 하셔야 미디안 군대가 패주했을 때, 골리앗이 나가 떨어졌을 때, 사라가 아들을 낳았을 때, 이런 일들을 한 자가 사람이 아니라 하나님이시라는 것을 세상이 알게 될 것이기 때문입니다.

그리고 여기에 고통이 자리 매김을 합니다. 연약하여 부서질 것 같은 상황에서 우리로 하여금 무릎을 꿇고 기도하게 합니다. 하나님이 우리에게 바로 이것을 원하시고 계신 것을 아시겠습니까? 이렇게 하면, 하나님의 능력은 당연한 것이 됩니다.

연약함의 가치를 잘 깨달은 사람이 있었다면, 그는 사도 바울이었습니다. 실제로 그는 고린도후서의 거의 대부분을 할애하여 **하나님께서 연약한 자들을 사용하신**다고 주장하였습니다.

바울의 사역을 무너뜨리고 자신들의 뜻의 펼쳐 보려는 온갖 거짓 사도들이 날뛰었던 것 같아 보였습니다. 그들은 거드름을 피우며 자신들의 놀라운 업적, 영광스러운 환상, 성공적인 사역을 자랑했습니다.

"바울, 당신은 뭐 하는 거요? 당신은 우리가 해낸 것을 쫓아 올 수 있겠소?" 저들은 조롱해 댔습니다.[2]

그래서 바울은 저들에게 답변했습니다. "당신들은 내가 자랑해보길 원하오? 좋소, 해 보리다. 조금 바보 같은 느낌이 들지만 이렇소." 여러분이 사도 바울의 편지를 읽어보면, 이 질투하는 사도들이 바울에게 자기네들과 비교해 볼 항목들을 경쟁적으로 늘어놓는 것 같은 장면을 여러분은 연상할 수 있습니다. 그러나 그들은 대단히 놀랐습니다. 바울이 자랑으로 내놓은 것은 자신의 고통과 연약함 뿐이었기 때문입니다.

"당신들 내가 어떤 큰 일을 해 냈는지 한 번 보겠소? 나의 화려한 경력의 일부분을 여기 조금 나열해 보겠소. 나는 침 뱉음을 당했고, 얻어 맞았소. 당신들이 듣고 싶어할지 모르지만 내가 얼마나 많은 시간을 감옥에서 보냈는지… 오 맞소, 나는 풍랑을 만나 배가 좌초되기도 했소. 이방인들은 나를 미워했고, 유대인들은 나를 도대체 받아 주지 않았소."

바울은 계속해서 받은 상급과 영예를 늘어 놓았습니다. "내가 얼마나 장대한 출입구를 만들었는지 당신들은 알고 싶소? 어느 날 밤에는 광주리 안에 담겨져 창 밖으로 내려졌소. 문을 이용할 수도 있었지만, 문지기들이 나를 잡으려고 문간에서 기다리고 있어서."

바울의 답변은 그가 본 환상을 이야기하기 시작하는 대목에서 절정을 이룹니다.

"자 당신들은 하루가 멀다 하고 환상을 본다고 하오. 내가 본 환상 한가지를 얘기할 테니 들어 보시오. 하지만 그것은 어제 본 것도 오늘 본 것도 아니오. 실제로는 14년 전쯤에 일이었소. 그때 내가 본 천국은 멋진 것이었소. 그렇지만 듣는 사람들을 애타게 하면서 당신들이 자세하게 천국 이야기를 해대는 것처럼 그런 식으로 내가 천국 이야기를 할는지 안 할는지 당신들은 결코 알지 못할 것이오."

바울은 계속 말을 이었습니다. "그러나 당신들에게 내게 일어난 일 한 가지를 더 말해 주겠소. 하나님께서 내가 이 모든 일들을 감당해내는 것을 인상 깊게 보시고는 내가 본 환상 이외에 또 다른 것을 주셨소. 내가 자만하지 않도록 내 몸에 가시를 주신 것이오!"

이때서야 저들의 빈정거림이 멈추었습니다. 바울은 거짓 사도들을 똑바로 바라보며, 하나님께서 자신에게 주신 이 새로운 형태의 아픔에 대해 어떤 반응을 보였는지 말했습니다.

"세 번이나" 바울은 강조했습니다. '내 몸에 가시를 제거해 달라고 하나님께 간청했소. 그러나 하나님은 내게 이렇게 말했소, '내 은혜가 네게 족하도다 이는 내 능력이 약한 데서 온전하여짐이라'"(고후 12:8-9).

여러분은 이해하실 수 있습니까? 하나님은 바울의 기도에 대해 현대인 성경 번역에 쓰인 것처럼 이렇게 답하신 것입니다, "나는 너와 함께 있다 이것이 너가 필요로 하는 모든 것이다. 약한 사람들에게서 내 능력은 가장 잘 나타난다."

하나님의 능력이 약한 사람들에게서 가장 잘 나타난다면, 왜 우리가 고통당하고 상처받을 때 불평해야 합니까? 오히려 사도 바울처럼 말해야 하지 않겠습니까:

> 그러므로 내가 그리스도를 위하여 약한 것들과 능욕과 궁핍과 핍박과 곤란을 기뻐하노니 이는 내가 약할 그때에 곧 강함이니라(고후 12:10).

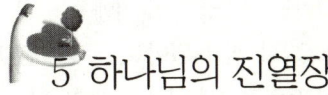

5 하나님의 진열장

하나님은 놀라운 분이십니다. 출산의 신비로움, 자연의 아름다움, 아니면 태양계의 복잡 정밀함이 그것을 말해줍니다. 이 경이로운 것들은 하나님의 엄청난 능력과 창조력과 지혜를 짐작케 합니다. 하지만 하나님은 또 다른 속성을 갖고 계십니다. 이 속성은 사람이 죄와 고통을 통해서만 깨달을 수 있는 속성입니다.

이 속성의 좋은 예로 하나님의 은총을 생각해 봅시다. 우리가 결코 아픈 적이 없다면 하나님께서 우리에게 주신 건강을 정말로 감사할 수 있겠습니까? 우리의 죄를 뼈저리게 느끼도록 하나님께서 역사 해주신 적이 없다면 우리가 하나님의 용서를 진정으로 깨달을 수 있겠습니까? 우리가 기도할 필요가 전혀 없다면 우리 요구에 응답하시는 하나님의 인자하심을 어떻게 알 수 있겠습니까? 우리의 당면한 문제들 속에서 하나님의 은총이 빛난다는 것을 여러분은 아셨을 것입니다.

이것 뿐만이 아닙니다. 우리가 직면하는 어려운 문제들이 오히려 인간의 좋은 품성을 나타나게 해줍니다. 예를 하나 들어 보겠습니다.

한 여자를 좋아하는 한 젊은 남자를 연상해 보시죠. 그 남자는 너무 노골적이지 않게 그녀를 좋아한다는 것을 나타낼 방법을 찾고 있습니다. 어느 날 저녁 퇴근길에 타이어가 펑크나서 길가에 서있는 그녀를 발견합니다. 기회는 이때다! 그는 자신의 차를 갓 길로 빼 그녀의 차 뒤에 세워 두고, 비상등을

킨 후 도와주기 시작합니다.

"참 친절하시군요, 하지만 너무 부담 갖지 마세요. 양복을 입으셨는데, 차 고치는 사람을 부를 거예요." 그녀는 말합니다.

"그럴 필요 없어요, 금방이면 되요." 젊은 남자는 개의치 않으면서 자기 차 트렁크에서 연장을 찾습니다.

조금 있으니까 비가 오기 시작합니다. 젊은 남자는 그녀에게 비 맞지 말고 자기 차 안에 들어가 있으라고 강권합니다. 그는 마지막 볼트를 조이고 캡 뚜껑을 두드려 바퀴에 부친 후, 양복바지에 기름이 묻고 비에 흠뻑 젖은 채로 자기 차 안에 앉아 있는 그녀에게 갑니다. 그녀는 폐를 끼쳐 너무 죄송하다고 합니다. 하지만 그 젊은 남자는 그녀의 모든 미안해 함을 싱글싱글 웃으며 관대하게 일축합니다.

시동을 걸면서 그 남자는 말합니다. "자, 이 펑크 난 타이어를 정비소로 가지고 가서 때워야 합니다. 펑크가 또 나는 경우를 대비해서 여벌의 타이어를 갖고 있지 않으면 곤란합니다. 잠시후면 당신의 차는 아무 문제가 없게 됩니다."

그리고는 잠시 멈칫거린 뒤, 최대한 태연한 어투로 그는 덧붙입니다. "정비소에서 펑크를 때우는 동안 차라도 한 잔을 하면서 기다리든지 아니면…"

그녀는 웃으면서 대답합니다. "네, 좋아요."

자 여러분 아시겠습니까? 잘못 풀렸던 모든 일이 이 이상 어떻게 더 잘 해결될 수 있겠습니까! 다른 때도 아니고, 늦은 시간에, 비속에서, 양복을 버리면서, 펑크 난 타이어를 갈아 끼우는 것은 난감하고 귀찮은 일이 될 수도 있었을 것입니다. 그러나 이 난감한 사건이 이 젊은 남자로 하여금 이 여자를 위해 희생과 친절을 베풀게 했습니다. 이 남자가 간절히 하길 원했던 일이었죠. 그리고 이 여자는 특별 대접을 받으며 도움을 받았다고 느꼈습니다.

이것이 바로 힘든 난관이 우리 인생에 해주는 것입니다. 난관 자체는 싫지만, 그것이 사람들로 하여금 서로가 관심을 갖고 친절을 베풀게 하는 것입니다. 내가 주차장 빙판에서 넘어져 코를 다쳤던 이야기 기억하십니까? 주차장 바닥에 누워 피를 흘리며 덜덜 떨고 있는 나를 보고, 모두가 코트를 벗어 내 몸에 산더미처럼 덮어서 나를 따듯하게 해주었습니다. 이것이 희생이며 우리는 이런 희생에 감동을 받습니다. 내가 아무런 필요를 못 느꼈고, 그 당시 내가 "고통을 받지" 않았다면, 내 주위에 있었던 그들이 희생을 발휘할 기회가 없었을 것입니다.

또한 그때 희생적으로 코트를 벗었던 사람들은 한동안 추위에 떨어야만 했습니다. 내게 친절을 베풀기 위해 그들은 "고통을 겪어야" 했습니다. 각자가 여벌로 코트를 갖고 다니다가 나를 따듯하게 해주기 위해 그 중 하나를 빌려 주었다면, 아무 것도 아닌 일이었을 것입니다. 각자가 따듯했다면, 그들이 진정으로 희생을 했다고는 볼 수 없었을 것입니다. 그러나 나의 고통은 그들에게 함께 나눌 기회를 제공했고, 그들의 나눔은 그들로 하여금 작지만 실제적인 방법으로 "고통을 겪게" 했습니다. 그날 밤에 보여준 그 이타주의의 필수적인 요소는 바로 고통이었습니다.

우리가 생각하거나 행동할 수 있는 거의 모든 선한 일에 이 진리는 똑같이 통용됩니다. 고통은 선한 품성이 나타날 수 있는 발판을 마련해 줍니다. 우리가 한번도 두려움에 직면한 적이 없었다면, 우리는 용기에 대해 아무 것도 알 수 없습니다. 우리가 울어야 했던 적이 한번도 없었다면, 우리의 눈물을 닦아주는 친구가 있는 것이 얼마나 좋은지 결코 알지 못할 것입니다.

하지만 이 모든 것들이 하나님과 어떻게 관련됩니까? 고통이 우리 안에 있는 최선의 품성을 표출해 낼 수 있어야 한다고 말할 때, 인간의 선함을 찬양하자는 것입니까? 결코 그렇지 않습니다! 인간의 선한 측면을 우리가 기뻐하므로 하나님의 완전한 선하심을 찬양하자는 것입니다. 왜 그렇습니까? 하나님은 이 세상의 모든 선한 것과 귀한 것을 만든 분이시기 때문입니다(약 1:17). 인간이 남에게 베풀 수 있는 모든 사랑, 친절, 용서는 궁극적으로 하나님으로부터 오는 것입니다. 우리는 하나님의 형상대로 지음을 받았습니다. 우리 중에 하나님을 인정하지 않는 자까지도. 물론 우리 형상은 죄로 인해 홈집이 나고 지저분해졌습니다. 그러나 원래 선한 형상은 여전히 우리 안에 있고, 우리가 선한 일을 할 때면 어김없이 나타나 우리가 하나님의 형상대로 지음 받았음을 우리 스스로 입증하는 것입니다!

사람들을 하나님께로 돌아서게 해주는 우리의 고통 중에서도 가장 효과가 큰 것 같은 고통이 있습니다. 그것은 핍박받는 고통입니다. 보석상에서 다이아몬드를 어떻게 진열해 놓는지 본 적이 있으실 겁니다. 일반적으로 검은색 융단을 깔고 그 위에 다이아몬드를 올려 놓습니다. 이렇게 하는 데는 이유가 있습니다. 다이아몬드의 예리한 선과 흰 광채가 부드럽고 검은 융단에 대비되어 돋보이기 때문입니다. 마찬가지로 누군가가 기독교인의 믿음을 비난할 때, 그 비난이 일종의 검은 융단 역할을 하는 것입니다. 그 비난의 융단은 놀라운 사랑으로 대응하는 다이아몬드와 같은 기독교인을 더욱 빛나게 해줍니다.

신약성경에는 자신에게 나쁘게 대하는 자들을 사랑하라고 말하고 있습니다. 세상은 참 사랑을 갈구하고 있기 때문입니다. "내가 너를 사랑한다"라는 표현이 "내가 너를 사랑하니까, 너도 내게 무엇을 주어야 한다"라는 식의 TV 드라마 같은 사랑 표현을 의미하지는 않습니다. 형제의 사랑을 의미하는 것도 아닙니다. 왜냐하면 누가복음 6:32에 이런 말씀이 있기 때문입니다. "너희가 만일 너희를 사랑하는 자를 사랑하면 칭찬을 받을 것이 무엇이뇨 죄인들도 사랑하는 자를 사랑하느니라." 손해를 입는 사랑, 아픔을 당할 때도 주는 사랑 아무것도 돌려 받을 것이 없다는 것을 알면서도 주는 사랑. 이런 사랑이 참 사랑입니다. 이런 사랑을 이해하기 위해서는, 사랑의 본을 보이신 그리스도를 따라가는 용감한 기독교인들을 세상은 볼 필요가 있습니다. 그리스도께서 보여주신 사랑의 본은 무엇입니까? 그는 자신을 채찍질하고 때린 사람들조차도 사랑하셨습니다.

죄가 있어 매를 맞고 참으면 무슨 칭찬이 있으리요 오직 선을 행함으로 고난을 받고 참으면 이는 하나님 앞에 아름다우니라. 이를 위하여 너희가 부르심을 입었으니 그리스도도 너희를 위하여 고난을 받으사 너희에게 본을 끼쳐 그 자취를 따라오게 하려 하셨느니라. 저는 죄를 범치 아니하시고 그 입에 궤사도 없으시며 욕을 받으시되 대신 욕하지 아니하시고 고난을 받으시되 위협하지 아니하시고 오직 공의로 심판하시는 자에게 부탁하시며 친히 나무에 달려 그 몸으로 우리 죄를 담당하셨으니 이는 우리로 죄에 대하여 죽고 의에 대하여 살게 하려 하

심이라 저가 채찍에 맞음으로 너희는 나음을 얻었나니 너희가 전에는 양과 같이
길을 잃었더니 이제는 너희 영혼의 목자와 감독 되신 이에게 돌아왔느니라
(벧전 2:20-24).

 만약 예수님께서 진정한 가혹행위를 경험하지 않으셨다면, 누가 그의 용서를 볼 수 있겠습니까? 그리고 예수님께서 벌받은 것이 당연했다고 하면, 예수님께서 맞대응하지 않고 스스로 벌에 순응한 것이 뭐 그리 대단한 것이겠습니까? 그러나, 예수님께서 고통을 순순히 받아들임으로 이 세상으로 하여금 하나님이 누구신지를 다시 한번 진지하게 살펴보게 했습니다. 그리고 예수님의 이런 행동의 결과는 무엇입니까? 그것은 베드로가 말했듯이, "그의 상처로 말미암아 너희가 나음을 얻었나니!" 하는 이것입니다.
 이 책을 읽고 계신 여러분 중에는 기독교인들도 있을 것이고, 자신의 가족, 친구, 이웃, 직장동료에게 자신이 믿고 있는 주님을 알리고 전해야 할 경우도 있을 것입니다. 아마 전도할 필요까지는 없다고 그들이 여러분에게 이야기할지도 모릅니다! 여러분께 한 가지 여쭈어 보겠습니다: 여러분이 처한 이런 상황이 하나님께서 여러분의 기도에 대한 응답으로 주신 상황이라는 생각을 혹시 해보셨습니까? 어떤 사람들의 마음은 너무 완고해서 진정한 사랑의 따듯함으로 만 녹일 수 있고, 그런 사람들이 이런 사랑을 경험할 수 있는 유일한 방법은 그들이 어려움에 처했을 때 잘 대해주는 길 밖에 없습니다. 다른 사람들이 여러분을 잘 대해주면, 여러분도 보답으로 그들을 잘 대해주지 않습니까? "죄인들도 그렇게 합니다." 그렇지만, 그들이 여러분을 괴롭힌다면, 얼마나 좋은 기회입니까! 검고 부드러운 융단에 놓인 다이아몬드처럼 여러분의 사랑은 고통의 융단을 배경으로 보석처럼 빛날 것입니다. 여러분이 당하는 어려움을 통해 하나님의 위대함은 드러날 것입니다.

 수십 년 전 내가 병원에 입원해 있을 때 내 친구 다이아나가 성경을 들고 병실로 찾아와서는 내가 지금까지 "5. 하나님의 진열장"에서 말씀드린 이야기

들을 설명해 주려고 했습니다. 하지만 내게 목이 다치는 고통을 주신 하나님이 좋으신 분이라는 것을 그 당시의 나로서는 도저히 받아드릴 수 없었습니다. 그 당시 이런 논리에 대해 나는 하나님을 지독한 이기주의자로 생각할 수밖에 없었습니다.(어떻게 사람을 고통의 상태로 몰아 넣고 기뻐하실 수가 있는 것입니까?)

그러나 이 이기주의자라는 생각을 잠시 살펴봅시다. 조금 이상한 가정이지만, 여러분이 하나님처럼 가장 진실되고, 의롭고, 순결하고, 사랑스러워서 여러분의 존재가 하나님과 동등하게 칭송 받을만하다고 가정해 봅시다. 그리고 우주의 모든 것들도 이와 같이 좋은 품성을 여러분으로부터 얻었다고 가정하면, 그 품성들은 여러분을 반영하는 것이 될 것입니다. 여러분 없이는 이런 품성들이 결코 존재하지 않을 것입니다.

이와 같이 만약 여러분이 하나님과 똑같이 완전하다면, 사람들이 좋아지기 위해서는 여러분을 닮아야만 할 것입니다. 여러분이 사람들에게 이런 좋은 품성들을 생각해 보게끔 하는 것은 곧 그들로 하여금 여러분을 생각하게 하는 것입니다. 따라서, 여러분의 이기주의는 영광스러운 것이며 인류의 유일한 소망이 될 것입니다. 왜냐하면 여러분의 이기주의는 완전함에 거하는 것이기 때문입니다. 결국, 이와 같은 가정은 하나님이 우리 눈에는 이기주의자처럼 보여도 그것은 당연하다는 것을 의미합니다.

그러므로 하나님이 우리에게 하나님에 관해 생각할 것을 요구하시는 것은 선한 모든 것, 즉, 진실한 것, 의로운 것, 깨끗한 것, 사랑스러운 것, 찬양할 만한 것에 대하여 우리가 생각할 것을 요구하시는 것입니다. 이것은 종종 고통을 필요로 합니다. 실제로 우리가 고통을 받으면, "참으로 괴롭구나"라고 생각하지만, 하나님의 고통 보따리는 은총으로 감싸져 있습니다. 왜냐하면, 우리가 얼마나 절실하게 하나님의 성품을 닮기를 원하는지 하나님은 아시기 때문입니다. 만약 하나님께서 우리를 "홀로 내버려두시면" 어떻게 되는지 생각해 보셨습니까? 하나님께서 어떤 시련도 더 이상 주지 않으시고, 따라서 우리의 모든 고통도 끝이 날까요? 여러분이 살아있는 동안에는 절대로 그렇게 되지는 않을 것입니다! 욕심과 미움 속에 우리의 죄성을 그대로 지닌 채 우리 자신에게 모든 것이 내 맡겨지면, 우리는 서로를 멸망시키고 말 것입니다.

하나님께서는 임의로 고통을 주시지는 않으십니다. 하나님께서는 고통을 걸러서 주십니다. 사랑의 손길로 고통을 선별해 주시며, 오직 선을 이루는 고통만을 우리에게 주십니다. 하나님께서는 우리가 하나님께 나아갈 고통만을 주십니다. 우리가 하나님을 구원자로 또 주님으로 알고 하나님께 나아가면, 하나님께서 우리를 다시는 고통이 없는 천국으로 인도하실 것입니다.

6 아무도 지켜봐 주지 않을 때

나는 지금까지 고통에 대해 이야기하였고 고통에 대응하는 우리의 태도가 다른 사람들에게 영향을 준다는 것을 여러분들은 아셨을 것입니다. 고통을 다루는 우리의 태도를 통해 다른 사람들에게 용기를 주기도 하고, 그들의 마음을 움직여 주님께 영광을 돌리게 할 수 있다니 멋지지 않습니까.

하지만, 어떤 사람들의 경우는 자신들이 고통을 이겨내는 모습이 남에게 영향을 주지 못하는 것처럼 보이는 경우도 있습니다. 다른 사람들과 거의 또는 아예 접촉이 없는 사람들의 경우입니다. 혼자 사는 노인으로 좀처럼 바깥 나들이도 없고 찾아와 주는 사람도 없는 경우가 좋은 예일 것입니다. 활발한 사회활동은 옛일이 되어버렸고 이제는 한적한 삶을 영위하게 된 경우입니다. 아마도 책을 읽거나, 애완 동물을 키우거나, 조그만 마당을 가꾸며 소일하고 있겠죠. 여러분이 이런 경우라면 "주위에 아무도 없이 내가 혼자서 고통을 겪고 있는데, 고통을 이겨내는 내 모습이 어떻게 남을 일으켜 세울 수 있단 말인가?" 하고 물을 것입니다. 그렇습니다. 고통과 잘 싸우고 있는 여러분의 모습을 보며, 감동을 받을 사람이 주위에 아무도 없는데 고통에 대한 여러분의 대응이 어떻게 주님의 의를 높이는데 도움이 되겠습니까?

반대로 여러분이 항상 많은 사람들과 어깨를 부닥치며 살지만 그들과 실제적으로 긴밀한 사귐이 결여된 경우에도, 고통과 싸우는 여러분의 태도는 주위 사람들에게 감화를 주지 못합니다. 날씨, 스포츠, 유행 등에 관한 화제가 여러분 일상의 대부분인 채, 한 밤중에 자다 깨어나 여러분의 생각을 사로잡는 우리 삶의 실제적인 문제들에 대해서는 혼자서 마음속 깊이 감추고 사는 것은 아닙니까? 여러분이 직장 복도에서 마주치는 동료에게 환하게 웃으며 "안녕하십니까" 하고 인사하며 지나칠 때, 여러분 앞에 놓인 거대한 산 같은 자신의 문제에 대해서는 저들이 모르고 있는 것은 아닙니까? 여러분이 어느 누구와도 자신의 문제를 함께 나눌 수 없기 때문이지요. 그렇지만 또 반복입니다마는 다른 사람들이 여러분의 문제가 무엇인지 모른다면, 여러분이 자신의 문제를 다루는 것을 어떻게 그들이 보고 교훈을 얻을 수 있겠습니까?

아마도 더 실망스러운 경우는 여러분이 신실하게 고통과 싸워나가는 모습을 주위 사람이 지켜보면서도 그들이 아무런 영향을 받는 것 같아 보이지 않는 때일 것입니다. 여러분의 모범적인 본보기는 그들을 고무시키지 못하고, 주님의 여상하신 은총이 그들에게 감화를 주지 못하는 경우입니다. 이런 경우 여러분의 심정은 공직에 출마하기 위해 직장도 그만두고 수만 달러를 선거운동에 써버렸음에도 불구하고 낙선한 사람의 심정과 다를 바 없을 것입니다. 모든 것이 헛수고였다고 생각할 것입니다!

헛수고로 끝난 고통은 생각만해도 끔찍하지 않습니까. 신앙을 위해 고생한다면 얼마나 좋겠습니까? 우리 가정을 위해서라면 당연히 해야겠죠. 아마도 우리가 원하는 것을 위해서도 할 수 있을 것입니다. 그렇지만 헛것을 위한 고생이라니? 그런 비극이 어디 있겠습니까! 우리가 혼자 살든, 단순히 사람들 속에서 외롭게 살든 별 차이가 없는 것입니다. 우리의 아픔과 슬픔이 쓸모 없고 아무런 도움이 못 된다고 느낄 때 우리는 절망하게 됩니다.

아무 쓸모 없는 것 같은 고통을 겪는 사람으로 내가 기억할 수 있는 사람은 데니스 월터입니다. 나의 첫 번째 책을 읽은 분이라면 데니스가 누구인지 알 것입니다. 그린오오크 재활병원에서 나와 함께 병실에 입원했던 네 사람 중에 하나가 데니스였습니다. 내가 이 재활병원에 도착하기 일년 반전에, 데니스는 볼티모어에 웨스턴 고등학교 졸업반 학생으로 예쁘고 인기 있는 응원단원 이었습니다. 어느 날 아침 한 수업이 끝나고 다음 교실로 가는 계단에서 데니스는 굴러 넘어졌습니다. 아무도 대수롭지 않게 생각했고, 데니스의 친구들이 옷을 털어주고 흩어진 책들을 모으는데 도와 주었습니다.

"너 나이가 먹어서도 칠칠치 못하게" 한 친구가 농담을 했습니다.

"어떻게 된 것인지 모르겠어, 내 다리에 힘이 빠지는 느낌야." 데니스는 이상하다는 표정으로 머리를 갸우뚱하며 말했습니다.

"다이어트 음식을 항상 먹어서 그런 것 아니니. 너는 날씬하고 근사해. 점심으로 당근과 사과만 먹지말고 다른 음식도 좀 먹어라." 가장 친한 친구가 제안했습니다.

"네 말이 맞는 것 같아." 데니스가 대답했고, 곧 모두들 교실로 들어갔습니다.

그러나 학교 수업이 다 끝나 갈 때, 데니스는 거의 걸을 수 없게 되었습니다. 집에 도착하자 마자 데니스는 침대로 향했고, 저녁을 먹으러 일어났을 때는 두 발이 마비되었습니다. 조금 안 있어 두 팔이 마비되었고, 마침내는 두 눈이 멀게 되었습니다. 합병성 경화증이 급속도로 진행된 의학적으로 매우 드문 사례의 희생자였습니다.

병실에 꼼짝 달싹하지 못한 채 누어있으면서, 데니스는 고통을 겪는다는 것이 무엇을 의미하는지 알았습니다. 데니스는 TV는 물론 창 밖조차 내다볼 수 없었습니다.

데니스가 책을 즐길 수 있는 유일한 길은 누군가가 시간을 내서 곁에 앉아 큰 소리로 읽어 주는 것이었습니다. 몇 마디 말을 하는데도 여간 힘이 드는 것이 아니었습니다. 가장 괴로운 것은 데니스가 자신이 죽어간다는 것을 알고 있었던 것입니다. 친구들이 가끔 찾아와 주었지만 입원기간이 길어지면서 매우 헌신적인 방문자 몇몇을 제외하고는 발길이 뜸해졌습니다. 결국에는 이들마저 끊어지고 데니스의 어머니 혼자만 남았습니다. 어머니는 독실한 기독교인으로 매일 밤마다 예수님을 사랑하는 딸에게 어김없이 성경을 읽어 주었고, 죽어가는 딸을 붙잡고 기도하였습니다.

놀라운 것은 데니스가 결코 불평하지 않았다는 점입니다. 바로 이런 것이 하나님께서 데니스가 고통을 겪도록 한 의도였다고 여러분은 생각할지 모릅니다. 그래서 사람들이 그녀의 인내를 보고 하나님께 돌아설 수 있었을 것이라고. 그러나, 그런 일은 일어나지 않았습니다. 무엇보다, 데니스를 지켜본 사람이 거의 없었습니다. 병원 관계자를 제외하고는 데니스의 어머니와 병실의 나머지 입원 동료인 우리 세 명만이 데니스와 접했던 사람들이었다고 할 수 있습니다. 그리고 동료이었던 우리들조차도 가벼운 얘기만 화제의 대상으로 삼았기 때문에 데니스의 속마음을 알 수 있는 기회는 없었습니다. 데니스 자신이 알고 있는 하나님에 대한 사랑과 하나님의 섭리에 대한 그녀의 신뢰를 아무도 보지 못했고 관심도 없었습니다. 아마도 가장 비극적이었던 것은 아주 드물긴 했지만 데니스의 하나님 사랑과 신뢰가 한 줄기 빛이 되어 우리 입원 동료 세 명의 짙은 안개와 같은 영적 무지를 환히 밝혀줄 수 있었던 날에도 결과는 마찬가지로 차이가 없었다는 점이었습니다. 데니스의 신실한 태도에도 불구하고 그것이 어느 누구도 하나님께로 향하게 하지 못했던 것입니다. 아무도 데니스에게 다음과 같이 말한 적이 없었습니다. "네 마음 속에 갖고 있는 신실한 생활태도를 나도 갖고 싶어. 내가 어떻게 하면 갖을 수 있지?" 데니스의 고통은 헛수고 같이 보이기만 했습니다. 마치 사막에 사는 사람들은 단비를 목타게 기다리는데 불과 몇 킬로 떨어진 바다 위에는 고맙지도 않은 비가 무심하게 떨어지기나 하듯이.

내가 그린오오크 재활병원을 떠난 지 5년 후에 데니스는 이 세상을 떠났습니다. 데니스의 죽음 소식에 접한 나의 마음은 착잡하였습니다. 데니스의 고통이 끝나고 이제 주님 곁에 있을 것을 생각하니 물론 나는 기뻤습니다. 그러나, 데니스가 죽기 전에 보낸 그 괴롭게 길고 허비하는 것같이 보였던 투병 기간이 내 마음에 걸렸습니다. 어느 날 다이아나, 스티브와 함께 우리집 벽 난로에 둘러앉아 환담을 나누면서 나는 데니스에 대해 내 마음에 걸리는 심정을 토로하였습니다.

"데니스가 짬짬이 이야기했던 이런저런 것들을 토대로 판단해볼 때, 데니스가 자신의 투병 기간을 허송 세월이었다고 생각하지는 않았을 거야." 잠시 생각을 한 뒤 다이아나가 말을 꺼냈습니다.

나는 다이아나와 같은 생각을 하면서도 왜 마음에 걸리는 심정인지 알 수 없다고 고백했습니다. "다이아나, 네가 그때 자주 문병 왔으니까 병실에 데니스와 함께 있던 나와 나머지 두 여자를 기억하지. 우리 세 여자는 데니스와 인간적인 대화를 결코 하지 않았어."

"그랬을지 모르지, 하지만 데니스는 자기 주위에 있는 사람이 너희 세 명만이 아니라는 것을 알고 있었지." 다이아나가 대꾸했습니다.

"다이아나, 간호원이란 원래 드나들며 너무 바쁘게 돌아다니깐 데니스가 무슨 말을 했어도 의미 있게 귀담아 듣지 않았을 꺼야."

"나는 간호원들을 말하는 게 아냐. 하나님과 천사와 마귀 같은 모든 영적인 세계의 등장인물을 말하는 거라구. 사람들은 이런 영적인 세계에 주목하지 못했겠지만, 영적인 세계의 그들은 틀림없이 데니스를 지켜보았을 것이라구." 다이아나가 나를 똑바로 쳐다보며 말했습니다.

물론 그 당시 하나님께서 계속 지켜보셨다는 것은 나도 알았습니다. 가끔 그렇게 느껴지지 않은 적도 있었다는 것을 부인하지 못하지만, 천사들과 마귀들이라니? 하나님만이 아니고 천사와 마귀들도 지켜보았다는 것을 나는 결코 깨닫지 못했습니다.

다이아나는 계속 말을 이었습니다. "조니, 영적인 세계는 모든 인간의 생각과 감정하고 밀접하게 관련되어 있다는 것을 성경은 분명히 하고 있어. 어째서 그러냐구? 가장 낮고 비천한 인간의 정신세계일지라도 그곳은 우주의 강력한 힘들이 천사와 마귀 같은 영적인 것들이 만나 싸우는 전쟁터이거든."

종종 그렇듯이 다이아나가 수사적인 화법을 구사하는 눈치를 알아챈 나는 그녀의 말을 도중에서 가로챘습니다. "다이아나, 공상과학소설에서 나오는 것 같은 얘기를 하고 있는 것 같은데, 성경에 어디 그런 얘기가 있는지 나에게 보여줄 수 있어?"

나의 질문에 다이아나는 더 신이 났습니다. 그리하여 흐린 벽난로 불빛과 램프 불빛 옆에서 다이아나와 스티브는 나를 성경 말씀으로 인도하였습니다.

"물론이지, 천사들은 사람들이 무엇을 하는지 관심이 많다고." 다이아나는 신이 나서 대답했습니다. 그러고는 이미 가본 적이 있는 여행가이드처럼 성경책장을 넘기더니 한 구절을 가리켰습니다. "여기 좀 보라구." 누가복음 15:10이었습니다.

"죄인 하나가 회개하면 하나님의 사자들 앞에 기쁨이 되느니라." 나는 반쯤은 크게 중얼거리고, 반쯤은 속으로 읽고 있었습니다.

"이것을 상상할 수 있겠어?" 다이아나가 소리쳤습니다. "사람들이 옳은 일을 선택했을 때, 하나님의 천사들이 실제로 '기뻐한다는' 것을 이 구절이 말해주고 있잖아!"

"천사들이 지금도 우리를 지켜본다고 생각해?" 방을 휘둘러 보면서 커튼 뒤에서 마치 천사 날개 짓 소리가 들릴 것 같은 기대를 가지며 나는 물었습니다.

"물론이지." 스티브가 말하고 나섰습니다. 그리고는 다이아나의 성경을 잡아채 에베소서 3:10을 펼쳐보였습니다. "영적인 세계가 우리를 지켜본다는 것을 입증하는 구절이 여기 또 있어. 여기를 읽어 보라구. 하나님께서 기독교인들을 불러모으시고 그들의 삶에 역사하심을 통해 하나님의 지혜와 능력을 천사들과 마귀들에게 알게 하려 하신다구."

"무슨 말인지 알겠어. 우리는 일종의 칠판과 같아서 하나님께서 그 위에다 자신에 관한 가르침을 쓰고 계시는 셈이겠네." 나는 밝아진 기분이었습니다.

결국 데니스의 투병 생활은 헛된 것이 아니었다고 나는 판단하게 되었습니다. 비록 많은 사람들이 데니스에게 관심을 가져준 것은 아니었지만 그 외로운 병실에 있는 데니스를 누군가가 지켜보았던 것입니다. 아주 많은 누군가가.

다이아나 및 스티브와 이 화제에 대해 이야기를 나눈 지 몇 년 후에 나는 볼티모어 지역에서 주일 저녁예배 때 간증을 했습니다. 나는 데니스가 투병할 때 보여준 놀라운 믿음에 대해 잠시 언급할 수 있었습니다. 모임이 끝난 후 두 여인이 단상으로 다가와서 자기들이 데니스의 어머니와 함께 일한다고 했습니다. 내가 데니스에 대해 간증했다는 사실을 데니스 어머니에게 알릴 것을 생각하니 내일 아침에 직장 나갈 때까지 기다릴 수 없다고 말했습니다.

이것은 우연치고는 정말로 놀라운 사건이지 않습니까! 다이아나와 스티브가 나와 함께 성경 말씀을 찾아가며 데니스에 대해 이야기했던 내용을 나는 오래 전부터 데니스 어머니께 전해주고 싶었는데 그녀와 연락할 길이 없었습니다.

나는 두 여인에게 간청을 했습니다. "데니스 어머님을 만나거든 내 마음을 꼭 전해주세요. 데니스의 삶이 결코 헛된 것이 아니었다는 것을 어머님께서 이해하시도록 이야기 해주세요. 그 외로운 병실에서 8년이라는 긴 세월을 보낸 것이 아무 의미가 없었고, 어느 누구에게도 아무런 유익함을 주지 못했다고 생각할 수 있다는 것을 나는 알아요. 그러나 데니스가 불평 없이 인내하는 태도로 하나님을 의지한 것을 천사들과 마귀들이 경이롭게 지켜 보았어요."

여러분 중에는 데니스와 같이 혼자서, 또는 단순히 외롭게 지내시는 분이 있을 지 모릅니다. 여러분의 시련에 대한 투쟁이 아무에게 어떤 유익도 주지 못한다고 여러분 스스로 단정짓는 유혹이 생길 때, 포기하지 않기를 바랍니다. 그리고 나와 친구들이 그날 저녁 벽난로 가에서 함께 나누었던 성경말씀을 찾아보시기 바랍니다. 누군가가 여러분을 지켜보고 있다는 사실을 상기하는데 도움을 줄 것입니다. 누군가가 돌보고 계십니다. 심지어 천사의 날개짓 소리를 듣고 있는 자신을 발견하는 분도 계실 것입니다!

7 우리를 깨뜨리소서, 만드소서

하나님께서 로마서 8:28에 하신 약속은 수세기에 걸쳐 기독교인들이 좋아하는 구절입니다. "우리가 알거니와 하나님을 사랑하는 자 곧 그 뜻대로 부르심을 입은 자들에게는 모든 것이 합력하여 선을 이루느니라." 나의 첫번 책에서 내가 이 "선"을 어떻게 받아들였는지에 대해 말씀드린바 있습니다. 당시 내가 이해했던 선은 나의 팔다리가 고침을 받고, 대학에 진학하고, 결혼을 해서 가정을 갖는 것이었습니다. "선"에 대해 이렇게 생각하고 있을 때 한 친구가 로마서 8:28 그 다음 구절을 보여주면서 시련을 통해 이루어지는 진정한 "선"에 대해 설명해주었습니다. "하나님이 미리 아신 자들로 또한 그 아들의 형상을 본받게 하기 위하여 미리 정하셨으니." 위대한 조각가이신 하나님께서 고통의 망치를 손에 잡고 나의 품성을 예수님의 품성과 닮아가도록 다듬고 계셨습니다.

솔직히 말씀드려서 "나의 선을 위해서" 그리고 "나를 좀더 예수님과 닮아가기 위해서" 하나님이 내게 시련을 주신다는 생각이 처음에는 그렇게 신나는 것은 아니었습니다. 옛날 부모님이 회초리를 들던 시절에 "맞는 네가 아픈 것보다 때리는 내가 더 아프다" 하는 식의 꾸지람을 듣는 어린 아이가 된 심정이었습니다. 과연 하나님이 나를 매우 사랑하시기 때문에 내 목을 다치게 한 것이라고 주장하실 만큼 그렇게 하나님이 독종이실 수 있단 말인가? 도대체 그 사랑이란!

『고통의 문제』(The Problem of pain)라는 C. S. 루이스의 책을 읽었던 기억이 납니다. 그는 바로 이 문제를 다루고 있습니다. 사랑의 하나님께서 어떻게 세상에 그리 많은 아픔과 질병이 있게 하실 수 있단 말인가? 그가 언급한 모든 것이 꼭 맞는 말이었습니다. 그 중에서도 한 가지는 특별히 정곡을 찌르는 것이었습니다. 우리가 하나님께서 사랑하시지 않는다고 비난할 때, 우리 대부분은 사랑의 한 부분인 '자비'만을 사랑으로 받아들입니다. 그리고는 이 자비로움이 사랑의 전부인양 확대시켜 봅니다. 하지만 사랑에는 다른 측면들도 있습니다... 생산적인 비판, 잘못의 시정, 또는 최선을 다하도록 사람을 격려하는 것 등등. 만약에 우리가 "사랑"을 모든 고통과 불편으로부터 보호해주는 것으로만 생각한다면, 하나님은 우리를 항상 사랑하시는 자가 아닙니다. 마치 주사가 필요한 아이에게, 아파서 운다고 보기에 주사를 놓지 않는다면 그는 의사라고 할 수 없는 것처럼 말입니다.

더 나아가서 인간인 우리들은 우리가 아끼고 사랑하는 사람과 물건에 대해 가장 많은 관심와 집착을 보인다고 C. S. 루이스는 이 책에서 말하고 있습니다. 그림을 그리는 나는 별로 관심이 없는 스케치들에 대해서는 잘되던 말던 그냥 내버려 둡니다. 그러나 신이 나서 관심을 갖게 되는 스케치에 대해서는 지우개로 지워가며 "때리고 다치게" 해가며 수정작업을 반복하는 것입니다. 하나님이 우리를 이런 식으로 다루시는 것 같습니다. 하나님께 제발 우리를 내버려 두고 우리를 다듬지 말라고 요구하는 것은 우리를 조금만 사랑해달라고 하나님께 요구하는 것입니다! 그것은 더 많이 사랑해 달라고 요구하는 것이 아닙니다!

> 우리에게 다음과 같은 신이 존재한다면 우리는 정말로 만족할 것이다. 우리가 임의로 좋아하며 행하는 일이면 어떤 것이든지 간에 "너희들이 만족하기만 하면 무슨 일이던 문제가 될 것이 있느냐?" 라고 말하는 신이다. 실제로 우리가 원하는 것은 하늘에 계신 하나님 아버지가 아니고 하늘에 계신 우리의 할아버지이다. 이 늙고 무력한 노인은 "젊은이들이 즐기는 것을 지켜보기 좋아하며," 그가 하늘에서 주관하는 우주라는 것은 하루 하루 일과를 마칠 때 그저 "모두들 좋은 하루였군" 하고 읊조리는 것일 뿐이다.[3]

좋습니다. 예, 하나님은 우리를 사랑하십니다. 예, 하나님께서 우리로 고통을 겪게 하시는 것은 우리로 하여금 좀더 예수님을 닮도록 하려는 것입니다. 그런데 고통을 겪으면서 예수님을 닮아간다는 것이 실제로 어떻게 일어나는 것인가요? 고통스런 문제거리와 경건함을 이어주는 무슨 신비한 연결고리라도 있는 것인가요? 우리가 무력하게 되면 자동적으로 경건하고 성스러워지는 것인가요? 물론 아니죠. 그럴 수는 없죠. 교도소에 가득 찬 남녀들이 좀더 젊었을 때 뉘우친 바가 있었다면, 오늘날의 교도소는 텅 비어 있을 수도 있지 않겠습니까. 이들 중에 어떤 이들은 칼 싸움질을 계속해대서 교도소를 더욱 자주 들락거리고, 그럴수록 뉘우치기는 커녕 피부는 상흔으로 더욱 굳어지는 것 아니겠습니다. 우리 중에도 이와 같은 사람들이 있습니다: 저희들은 자신들의 시련으로부터 교훈을 얻기보다는 스스로를 더 완악하게 만듭니다. 그러나, 성령께서 저희들의 마음을 아주 조금이라도 준비시켜 주시기만 한다면 마치 "진흙을 굳게 하는 햇빛이 동시에 왁스를 녹이기도 한다"는 옛 말과도 같이…

그렇지만, 정확히 어떻게 해서 왁스가 녹는 것인가요? 단순히 시련이란 것이 우리를 일으켜 세우며 "나는 할 수 있어" 같은 식의 적극적인 사고방식을 심어주는 것인가요? 아니죠. 물론, 우리의 의지를 발동해서 예수님의 본을 따라 가려고 애쓰는 것이 주님을 닮아 가는데 중요한 부분이라는 것은 옳습니다. 하지만, 우리의 최선의 노력조차도 주님의 생애에 훨씬 못 미치기 때문에 우리가 노력한다는 것은 마치 장갑이 사람 손을 흉내내는 것과 같습니다. 장갑이 손을 필요로 하는 것같이, 우리 안에 주님의 품성이 담긴 삶을 이어가기 위해 우리는 주님이 필요한 것입니다. 이것을 사도 바울은 이렇게 표현했습니다. "너희 안에서 행하시는 이는 하나님이시니 자기의 기쁘신 뜻을 위하여 너희로 소원을 두고 행하게 하시나니"(빌 2:13). 자 이렇게 해서 우리로 예수님을 닮아 가게 하시는 이가 누구신지 알았으니, 그가 어떻게 우리로 주님을 닮아 가게 하시는지 알아 봅시다.

우리를 깨뜨리소서

우리들 인생에서 거의 좋은 모든 것들이 성취되기 위해서는 먼저 우리는 깨뜨려질 필요가 있습니다. 우리가 깨질 필요가 있다는 말은 우리의 자존심이 죽고, 고집이 꺾여지고, 죄인인 우리의 모습을 직시하는 것을 의미합니다. 일반적으로 처음 하나님의 자녀가 되었을 때, 우리는 잔뜩 깨어진 상태입니다. 그러나 마치 가난뱅이에서 갑자기 부자가 된 졸부처럼 우리가 빠져 나온 절망의 구렁덩이를 쉽게 잊어 버립니다. 차츰차츰 자존심과 자족감이 우리의 삶 속으로 다시 스며들기 시작합니다. 우리가 예수님과 함께 했던 처음 몇 주간과는 달리, "작은" 죄들이 슬금슬금 침입하기 시작해도 방관해 버립니다.

이제 오르기 시작한 영적 고지에서 후퇴해 완전히 굴러 떨어지지 않기 위해서 하나님께서는 우리를 단련시키십니다. 그러나 하나님께서 우리를 연단시키시면, 우리는 오히려 하나님이 우리를 포기한 것으로 생각하거나, 하나님이 우리에게 신경을 덜 쓰시기 위해 어떤 새로운 모델을 우리에게 제시한 것으로 생각할 수도 있습니다. 하지만, 하나님께서 우리를 연단 시키신다는 것은 바로 우리가 하나님의 자녀라는 사실을 입증하는 것입니다. 왜냐하면 남의 자식을 때리는 부모는 없기 때문입니다(히 12:7-8). 하나님이 우리에게 주시는 연단은 동시에 우리를 사랑하심을 입증하는 것입니다. 왜냐하면 자식을 진정으로 사랑한다면, 현명한 부모는 자식에게 회초리를 들기 때문입니다(히 12:5-6). 기독교인으로서 우리가 살아온 인생에 대한 상급을 받기 위해 하나님 보좌 앞에 서는 날, 이땅에 살고 있었을 때 하나님께서 우리로 죄에 빠져 살지 않게 해주신 것을 우리가 얼마나 기뻐할까 한번 상상해 보세요.

어떤 자식에게는 엄한 눈짓만으로도 훈육이 가능하지만, 어떤 자식에게는 회초리가 필요한 것같이, 하나님께서는 하나님의 자녀들을 바로잡기 위해 다양한 방법을 사용하십니다. 때로는 단순히 양심의 가책만으로도 우리를 겸손하게 만드셔서 우리의 잘못을 깨닫게 하는 설교를 듣게 하시든지, 아니면 책에서 읽은 어느 위대한 기독교인의 삶에 비쳐볼 때 초라하기 그지없는 우리 자신을 느끼도록 하십니다. 또 다른 경우는 우리의 팔이 부러지도록 하시던지, 재정적인 위협을 주시던지, 황당한 일에 접하게 하던지 하십니다.

하나님이 쓰시는 방법이 어떤 것이든지 간에, 위협이 처음 닥치면 우리는 "이 정도는 해낼 수 있어. 아무도 나를 넘어뜨릴 수는 없지"라고 완강하게 우리 스스로에게 다짐할 수도 있을 것입니다. 그러나, 하나님께서 계속해서 연단의 고삐를 조이시면, 스스로 해낼 수 없다는 것과 우리에게 선한 것이 없다는 것을 깨닫기 시작합니다. 하나님께서 우리의 추한 모습을 뿌리 채 뽑아내고 주님의 품성으로 바꾸어 놓으려는 의도를 우리는 깨닫기 시작하는 것입니다. 하지만, 유념해야 할 점이 있습니다. 우리의 죄성을 주님의 의로운 품성으로 바꾸기 위해 우리를 로보트로 만들거나 우리 자신보다 미약한 어떤 것으로 만드는 것이 아니라는 점입니다. 우리가 주님의 의로운 품성으로 바뀌어지는 것은 우리에게 원래 의도되었던 모습이 되도록 우리를 자유케 해주는 것입니다.

목자 되신 예수님을 내가 깊이 묵상하기 위해 내 목이 다칠 필요가 있었던 것입니다. 하지만, 다른 모든 분들과 마찬가지로 나도 여전히 연단 받을 필요가 있습니다. 목이 말라 물 한 컵을 마시기 위해서도 누군가의 도움을 기다려야 하고, 가끔 오줌 주머니가 새서 친구의 자동차 시트를 적셔놓는 일 등이 하나님께서 나를 영적으로 겸손하게 지켜 주시는 방법입니다. 그러나, 하나님께서 더 자주 사용하시는 방법은 죄책감이라는 것입니다. 이것은 하나님이 쓰시는 '고통의 무기들' 중에서 보다 효과적인 무기입니다.

오래 전 일입니다만, 침대에 누워 내 언니 제이와 이야기하고 있던 어느 날 밤에 하나님께서 내게 이런 무기를 사용하셨습니다. 우리 화제는 언니의 딸 케이가 잘 자라 12살이 되었고, 주님 은혜 가운데 자라면서 기독교 학교에 다니는 것이 참 좋다고 얘기하면서, 화제가 케이의 가장 친한 친구이자 우리 이웃인 캐씨한테로 옮겨졌습니다. 캐씨는 항상 우리집을 들락거렸고, 활달하고, 열정적이며 귀여운 아이였습니다. 그렇지만, 나는 캐씨를 조용히 앉혀놓고 하나님에 관해 이야기를 나눌 기회를 갖지 못했습니다. 그러던 어느 날 저녁에 우리는 캐씨를 우리집으로 불러 빌리 그레함 목사님의 TV 설교를 함께 보자고 했습니다. 우리는 거실에 함께 앉아 과자를 집어먹으며 목사님의 TV 설교를 시청했습니다. 캐씨는 열심히 경청했고, 설교가 끝났을 때 누구를 지칭해서 말하지는 않았지만, "에이, 내가 만일 저 강연회장에 있었다면, 연단 앞으로 걸어 나아가 믿기로 작정했을 텐데"라고 했습니다. 언니와 나는 서로 의미 있는 눈빛을 마주쳤지만, 우리가 캐씨와 함께 이야기를 나눌 기회를 잡기 전에 캐씨는 집으로 돌아가야만 했습니다.

그날 밤 캐씨는 TV 설교 시청 덕분에 어느 누구와도 이야기를 나눌 수 있을 만큼 마음이 열려 있었기 때문에, 내가 곧바로 뒷마무리를 했어야만 했습니다. 케이는 캐씨가 내 책을 읽었다는 이야기며, 나를 좋아한다는 이야기 등을 이미 내게 해준 적이 있었기 때문에 나는 그날 밤에 더욱 캐씨와 함께 이야기를 했어야 했습니다. 캐씨는 내게 잽싸게 마실 물을 갖다 주기도 했고, 자질구레한 일들을 거들어 주기도 했습니다. 심지어 캐씨는 내 언니 제이에게 내가 이 세상에서 제일 멋진 사람 중에 하나라는 고백까지 했다고 했습니다. 이런 캐씨를 주님으로 인도할 기회를 나는 놓쳐 버린 셈이었습니다. 그 다음 날 캐씨는 친척을 방문해야 했고, 그 다음 날은 내가 무슨 일인가로 바빴고, 이렇게 한 달이 지나면서 나는 캐씨와 얘기할 기회를 완전히 놓쳐 버렸습니다. 내 마음은 이미 앞에 닥친 강연 일정으로 꽉 차있었고, 캐씨와 대화하는 문제는 내 정신 밖으로 사라져 버렸습니다.

이렇게 해서 내가 언니 제이와 얘기를 하고 있던 이날 저녁은 강연 일정을 막 마치고 돌아온 날이었습니다. 나는 심신이 다 지쳐 있었기 때문에 쉬고 싶었고 무거운 화제는 나누고 싶지 않았습니다. 그런데 이 때, 목욕을 마친 언니가 머리빗질을 하면서 대수롭지 않다는 기분으로 캐씨와 주님에 대해 대화를 나눠봤냐고 물었습니다.

"아니, 아직." 언니가 더 이상 묻지 못하게 입을 틀어 막기나 하려는 듯이 나는 퉁명스럽게 대답하며 마감 뉴스가 나오는 TV 화면을 계속 지켜보고 있었습니다. 그러나 일말의 양심의 가책이 TV 화면에 집중할 수 없게 했습니다.

일 분쯤 지났을까, 나는 비난을 떠넘기고 말았습니다. "언니는 왜 얘기할 수 없었어?"

"조니," 언니가 대답했습니다. "네가 나보다 캐씨하고 더 친하잖아. 더구나 그 애가 너를 얼마나 존경하는지 너도 잘 알잖아."

여기까지 이르자, 내 자존심은 상처를 입기 시작했습니다. 그래서 나는 방어태세를 갖추고는 뾰루퉁해졌습니다. "나, 그 동안 시간이 없었어." 나는 쏘아 붙였습니다.

"우와" 언니가 소리쳤습니다. "복음을 전하러 전국을 돌아다닐 시간은 있으면서, 조카딸의 가장 친한 친구를 위해서는 시간이 없었다니?"

이 말이 나를 건드렸습니다. "어떻게 해서 모든 사람들이 나를 항상 세상을 이기는 여자라고 생각할 수 있어?" 나는 자존심과 분노로 침을 튀기며 언성을 높였고, 나를 방어하기 위해 이러 쿵 저러 쿵 떠들어 댔습니다.

그러나 나의 "장광설"이 끝나자마자 양심의 화살이 내 마음에 박혔습니다. 일어나서 방을 빠져 나오고만 싶었지만, 그러지 못해 나는 두 눈을 꽉 감고 얼굴을 돌려 베개에 묻어 버렸습니다. 내부로는 내 볼을 적시는 눈물만큼이나 뜨겁게 심장이 타고 있었습니다. 정말로 시인하기는 싫었지만, 언니가 옳다는 것을 나는 알았습니다.

수면을 위해 방에 불들이 다 꺼지고 난 후, 캐씨와 내가 함께 보낸 모든 시간들이 영사기처럼 내 뇌리에서 돌아가고 있었습니다. 내가 그림을 그리고 있을 때면 이젤을 조절해 주기도 했고, 내 오줌 주머니를 비워 주기도 했고, 자기 남자 친구들 얘기를 하면서 함께 낄낄대기도 했던 캐씨. 내가 캐씨하고 좀 더 심각한 얘기를 나눌 수 있었던 시간은 얼마든지 있었는데, 나는 그것을 못했던 것입니다. 두 말할 필요도 없이, 내 힘은 빠지고, 자존심도 상했습니다. 더 비참했던 것은 하나님의 영광의 빛에 내 추악한 모습이 훤히 드러난 것이었습니다.

나는 혼자 생각했습니다. 지금 하나님은 내게 정말 화나 계실거야. 하지만 곰곰이 따져보니 이런 생각은 잘못된 것이었습니다. 에베소서 말씀이 갑자기 생각났습니다. "하나님의 영을 근심시키도록 우리가 받지 않았으니"(엡 4:30). 바로 이것 일거야. 하나님은 우리에게 화를 내시지 않아. "아파하신다"가 더 옳은 말 일거야.

이전에 들었던 설교 말씀이 기억났습니다. 예수님이 자신의 죽음으로 어떻게 완전하게 우리의 죄를 처리 하셨는지에 관한 설교였습니다. "예루살렘 성 밖에서 예수님이 피와 땀을 흘리며 그 무서운 십자가의 고초를 겪고 계셨을 때를 떠올려 봅시다. 그 장면은 하나님께서 불타는 눈으로 예수님을 비난하고 계신 장면으로 보였을지도 모릅니다: '예수, 왜 네가 거짓말을 했느냐? 왜 네 이웃을 미워했느냐? 왜 속이고, 욕심내고, 시기했느냐? 이 모든 것들에 대해 나는 지금 너에게 벌을 주고 있노라!' 물론 예수님께서 결코 이렇게 하신 적이 없습니다. 모든 것은 우리가 했고, 나와 여러분의 모든 죄를 십자가상의 예수님께서 죄목으로 뒤집어 쓰신 것입니다."

예수님께서 이런 식으로 취급을 받으신 것은 대단히 불의 한 것이라고 생각했던 기억이 납니다. 설교자는 계속했습니다: "우리 죄가 자신의 것 인양 고초를 겪으시면서, 예수님께서는 말로 표현할 수 없는 엄청난 고초를 당하셨기에, '나의 아버지, 나의 아버지, 왜 나를 버리시나이까' 하며 절규하실 수밖에 없으셨습니다. 왜 버리셨는지 여러분 아십니까? 하나님께서 독생자를 버림으로 우리의 죄가 말끔히 지워질 수 있었기 때문입니다. 그리고는 반대로 우리에게 말씀하시길, '내가 결코 너희를 떠나거나 버리지 않으리라' 하신 것입니다. 여러분께서 예수 그리스도를 여러분의 주인으로, 구주로, 참 좋은 친구로 받아들이시면, 여러분의 죄에 대한 하나님의 모든 진노는 그리스도에게 떠 넘겨지는 것입니다. 하나도 남김이 없이."

내게 아무런 진노도 남기시지 않는다니! 이건 나를 정말로 부끄럽게 해서 선하신 하나님께 맞서 대항할 수 없었습니다. 하나님의 선하심이 정말로 나를 회개하도록 인도하셨습니다(롬 2:4). 나는 숨을 죽이며 기도 드렸습니다. 하나님 저는 전국을 돌아다니며 사람들에게 당신에 대해 증거하고 있지만 저의 바로 이웃 캐씨에게는 한번도 당신에 대해 얘기해 본 적이 없습니다. 제가 이렇게 눈이 어두워 당신을 아프게 한 것을 용서하여 주세요. 캐씨의 구원보다 저의 편리대로 활동하는 것에 더 가치를 둔 잘못을 용서하여 주세요. 그리고 벌레 같은 저를 사랑하시는 하나님 감사합니다.

의아해 하시는 분을 위해 '벌레 같은 나'라는 표현을 부연 설명해 드립니다. 이 벌레는 땅바닥을 기어다니는 징그러운 미물들로 흙을 먹고 사람에게 밟힘을 당하는 것들입니다! 다윗은 시편 22편에서 똑 같은 심정을 토로하였습니다. 자신은 다만 벌레일 뿐이라고 고백했습니다. 머리를 쳐들고 혀를 날름 거리며 공격하는 뱀과 달리, 벌레들은 방어 능력이 없습니다. 저들은 밟혀 부서질 뿐이며, 자신들도 그것을 압니다. 이날 밤 나는 그런 심정이었습니다. 내게 아무런 선한 것이 없음을 깨달았습니다. 나는 송두리째 부서져 버렸고, 바로 이 때 하나님께서 나를 찾으셨습니다.

나는 이것을 잘 깨닫지 못했습니다마는, 하나님께서 나를 부서뜨리시면서 좀 더 예수님을 닮도록 하신 것입니다. 예수님 자신이 부서진 사람의 대표적인 본보기였기 때문입니다. 예수님이 다시 다듬어질 필요가 있는 고집스럽고 죄 된 성품을 가지셨다는 것은 결코 아닙니다. 하늘의 영광을 버리고 사람의 형상을 입으신 예수님께서는 아버지에게 자신을 복종시키는 본을 보이심으로 우리도 오직 자신이 깨짐으로 하나님께 복종할 수 있음을 알게 하셨습니다. 깨어진다는 것이 바로 이것입니다. 우리가 스스로 우리 자신의 삶을 영위해 갈 수 있는 권리가 없다는 것을 깨닫고 하나님께 순종하는 것입니다. 우리의 자세는 예수님의 것과 같아야만 합니다:

> 너희 안에 이 마음을 품으라 곧 그리스도 예수의 마음이니
> 그는 근본 하나님의 본체 시나 하나님과 동등 됨을 취할 것으로
> 여기지 아니하시고 오히려 자기를 비어 종의 형체를 가져
> 사람들과 같이 되었고 사람의 모양으로 나타나셨으매
> 자기를 낮추시고 죽기까지 복종하셨으니 곧 십자가에 죽으심이라
>
> (빌 2:5-8)

예수님의 성품은 얼마나 놀라운 것입니까! 앤드류 머레이의 말이 생각납니다. 물이 낮은 곳을 향해 흐르며 채워지듯이, 마찬가지로 우리가 마음을 비우고, 깨어지고, 낮아졌을 때 하나님은 우리에게 독생자의 성품으로 채워주십니다. 이 사실을 우리가 염두에 두면, 우리가 깨어지고 낮아짐으로 참으로 힘든 고통도 가치가 있다는 참 된 소망을 갖게 되는 것입니다.

　채워주신다는 것에 대해서 말씀드리면, 다음날 아침 캐씨와 케이가 내방에 왔을 때 내 마음이 얼마나 기쁨과 흥분으로 가득 차 있었는지 모릅니다. 내 생에 이렇게 사람을 만나서 기뻐했던 적이 없었던 것 같습니다. 캐씨와 주님에 대한 얘기를 나눈 지 불과 몇 분 안되서, 성령이 벌써 역사하신 것이 너무 역력했습니다. 캐씨의 마음 문은 벌써 부드럽게 열려 있었습니다.
　우리가 머리를 숙이고 캐씨가 자신의 구주로 예수님께서 찾아 주실 것을 간단히 기도드릴 때, 나는 너무 기뻐서 캐씨를 바라볼 수밖에 없었습니다. 나는 속으로 웃었습니다. 하나님 아시죠, 깨뜨려진다는 것은 잠시 아픕니다. 그러나 종국에는 값진 것이 되고야 맙니다.

무릇 징계가 당시에는 즐거워 보이지 않고 슬퍼 보이나 후에 그로 말미암아 연단한 자에게는 의의 평강한 열매를 맺나니(히 12:11).

영적인 것들에 우리의 정신을 모으기

벌을 주는 것은 가치 있는 일입니다. 그러나 보다 긍정적인 다른 방법으로 하나님이 우리로 고통을 통해 예수님을 닮아가도록 하시는 것이 있습니다. 예컨대 9살 난 아들을 슬기롭게 키우는 한 아버지의 경우를 봅시다. 물론 이 아들이 말을 안 듣고 딴 길로 벗어날 때면, 언제든지 아버지는 훈육의 고삐를 조이십니다. 그러나 아들이 말을 잘 들을 때에도 9살 난 아이에게는 때때로 벌 같이 생각되기도 하고 결코 즐겁지 않은 임무를 아버지는 아들에게 맡기는 것입니다. 그 임무는 일주일에 두 번씩 쓰레기를 내다 버린다든지, 잔디를 깎는다든지 하는 것일 수 있습니다. 자신이 받은 용돈 중에 일부를 저금해야만 하는 것인지도 모릅니다. 무슨 임무든지 간에 이 아이는 이렇게 혼자 생각할지도 모릅니다. "아빠가 하루 종일 일을 해야 하기 때문에 나도 놀고만 지내지 말라고 하시는 거야." 그런데 아빠가 요구하는 것이 이것만이 아닙니다. 이 현명한 아버지는 아들에게 책임감을 가르쳐서, 이다음에 어른이 됐을 때 세상을 감당해낼 수 있게 하는 것입니다.

때로는 우리도 이 9살 난 어린아이와 같습니다. 하나님은 우리로 고통을 겪게 하시는데 "우리가 재미있게 지내는 것을 원치 않기 때문이야"라고 우리는 생각하는 것입니다. 실제로 하나님께서 하시는 것은 우리의 즐거움을 빼앗는 것이 아니고 이 세상의 장난감과 게임에 빠진 우리를 구해 내려는 것뿐인데 말입니다. 골로새서 3:1-4절에는 이것을 이렇게 전하고 있습니다. 스쳐 지나는 것일 뿐인 이 세상 연락에 마음을 두지 말고 그리스도께서 하나님 우편에 앉아 계신 하늘의 영광에 마음을 정하여 두라.

내가 사고를 당하기 전에 내 스스로 두발로 걸어 다닐 때에 나의 관심을 하늘 나라에 두는 것은 대단히 힘든 일이었습니다. 당장에 번쩍이는 것들에 온통 내 마음이 쏠려 있었습니다. 마음에 딱 드는 남자와 데이트하는 것, 멋진 차를 운전하는 것, 원하는 대학에 가는 것, 근사한 애들과 어울려 지내는 것... 그러나 내 목을 다치고 더 이상 걸을 수도, 춤을 출 수도, 수영, 승마, 기타연주, 운전, 라크로스 운동... 이 모든 것을 할 수 없게 된 후, 나는 천국에 대해 생각할 수밖에 없게 되었습니다. 갑자기 천국이 심리적 위안을 제공하는 도피처와 같은 것이 되었기 때문이 아니라, 어떤 영원한 행복을 위한 유일한 참 소망은 천국에 있다고 깨닫기 시작했기 때문입니다. 고통을 주시는 하나님의 의도들에 대한 성경 구절들이 전에는 지루하게만 느껴졌는데 갑자기 관심을 갖게 되었습니다. 증권동향을 살펴보는 주식투자자 보다 더 성경을 관심 있게 읽게 되었습니다.

영생의 빛에 거하며 하루하루 지내게 되면서 과거의 생활과 생활방식을 거의 잊어버리게 되는가 싶었는데 하나님은 얼마 안되어 과거의 나를 생각나게 하는 단서를 주셨습니다.

어느 날 저녁에 친구들이 우리 농장으로 찾아왔습니다. 형부가 기타를 치는 동안 우리는 커다란 벽난로 가에 앉아 웃고, 이야기도 하고, 노래도 했습니다. 150년이 족히 더 된 우리 거실은 노예들의 숙소를 개조해서 만든 것으로 아버지가 옛 목선에서 들보를 빼서 천장 석가래를 보강하셨고 60 센티 두께의 석회 벽면에는 아버님이 오래 전에 그리신 옛날 서부 풍경화들이 걸려 있었습니다. 손으로 짠 인디언 담요는 벽난로 반대편 벽에 걸쳐 있어 이 거실의 아늑한 분위기를 한껏 자아내고 있었습니다.

나는 휠체어가 편안하기 때문에 다른 사람들이 소파, 안락의자에 앉거나 등을 벽에 기대고 융단바닥 위에 앉거나 할 때 나는 보통 휠체어에 그냥 앉아 있습니다. 그런데 이날 밤에는 누군가가 나를 소파에 앉아 있는 벳씨 옆에 앉혀놓았습니다. 그녀가 나의 두 다리를 포개 주었을 때, 나는 아주 "자연스러워" 보여서 내 팔에 보조기를 찬 것만 제외한다면 나를 모르는 사람이 거실에 들어왔을 때 누구도 내가 신체마비 장애자라는 것을 알 수가 없을 정도였습니다.

한동안 나는 소파에 편히 앉아 거실에서 나는 웃음소리, 손뼉 치며 노래하는 소리 등 모든 것들에 주목하고 있었습니다. 그때 벳씨가 나에게 소파에 앉아 있는 것이 괜찮냐고 물었습니다. 사려 깊게 방안을 다시 한번 살핀 뒤 벳씨를 바라보며 나는 대답했습니다. "벳씨, 뭐가 신기한지 알아? 45분 정도 지났을 이 짧은 시간 동안 이 자세로 소파에 앉아 있으면서, 내가 만일 다시 걸을 수 있게 된다면 내가 얼마나 쉽게 하나님을 잊어버리게 될 것인가를 알 수 있었어."

여러분 보시죠. 이렇게 아주 성한 사람처럼 잠시 소파에 앉아 있다는 사실만으로도 내가 정상인이 하는 일들을 쉽게 연상할 수 있게 해주었습니다. 냉장고에서 콜라를 꺼내 먹는 일, 음악 CD판을 넣는 일, 대문을 열어 주는 일 등 정상인이면 누구나 할 수 있는 일들을 연상했던 것입니다. 적어도 내게 있어서 '이 지금'이라는 사소한 것들에 또다시 내가 푹 빠져버리는 것이 얼마나 쉬운 일인지 알게 되었습니다. 이럴 때 내가 빠져드는 생각의 조그만 조각도 하나님께서는 결코 놓치시지 않으십니다.

하나님께서 우리에게 경종을 울리기 위해 어떤 어려움을 주시지 않는 한 많은 사람들은 하나님을 우선적으로 생각하지 않습니다. "우리가 즐거울 때는 하나님의 음성은 속삭이는 것으로 들리고, 우리 양심의 문제에 직면할 때에는 하나님의 음성이 호소하는 소리로 들립니다. 하지만 우리가 고통을 겪을 때는 하나님의 음성이 외침으로 들립니다: 그의 음성은 귀머거리가 된 세상에 들리도록 하는 확성기입니다."[4]

우리가 문제에 봉착하기 전까지는 우리의 영원한 운명 또는 하나님에 대해 좀처럼 심각하게 생각해 보지 않은 채 우리인생을 우리 편안함에 맡긴 채 보냈을지도 모릅니다. 그리고 이렇게 해서 우리가 지옥으로 가는 길을 막아 주는 고통과 아픔이라는 바리케이트를 우리 앞에 은혜롭게도 쳐 주시는 것입니다.[5]

사도 바울과 디모데는 고린도후서 1:8-9에서 하나님께서 자신들에게 심한 시련을 주신 것은 자신들을 의지하지 않고 오직 하나님을 의지하게 하심이라고 말하고 있습니다. 나는 이 성경구절을 그날 저녁에 연계시킬 수 있었습니다. 내 휠체어는 내가 얼마나 하나님을 의지하는가를 끊임없이 가시적으로 일깨워주는 것이었습니다. 등에서 느껴지는 갑작스런 통증, 갑자기 끊어져 버리는 코르셋, 잠자리에서 통증과의 싸움, 이 모든 것들이 내가 얼마나 심한 장애자인가를 깨우쳐 줍니다. 이 모든 것은 내가 꼼짝없이 하나님의 소유물이라는 것을 나타내주는 특별한 징표들입니다. 이것들로 내 생각을 결정하고 나로 천국에 대한 소망을 갖게 합니다. 나로 하여금 예수님을 닮아 가게 해주는 것들입니다.

결정을 하게 하심

여러분은 케이크를 갖고 싶어하는 동시에 먹고 싶어하지 않습니까? 나는 가끔 그런 욕구가 있습니다. 아마도 나만 그런 것은 아닐 것입니다. 플로리다 날씨를 즐기는 사람이 뉴잉글랜드 지방으로부터 근사한 직장 제의를 받은 경우처럼, 두 가지 모두를 다 누리고 싶어하는 두 개의 세계에서 양자택일을 해야만 하는 위기에 우리가 종종 처하게 됩니다.

그리스도를 믿는 사람만큼 대립되는 두 욕구 중에서 택일을 해야 하는 어려움을 느끼는 사람도 없습니다. 한편에서는 성령이 하나님을 사랑하고 옳은 것을 원하도록 도우시지만, 다른 한편에서는 자신의 죄의 속성으로 인해 유혹에 끌려 그리스도를 향한 헌신이 끊임없이 도전을 받게 됩니다. 기독교인은 두 대립되는 세계를 모두 수용하면서 살고 싶어할지도 모르지만, 하나를 선택해야만 합니다.

선택이 살인, 알코올 중독, 간음과 같은 '큰' 죄악에 대한 문제인 경우에는 그리스도에게 순종하는 쪽으로 결정을 내리는데 아무런 어려움이 없습니다. 그러나 선택이 우리가 계속 매달려 있으려고 하는 '작은' 죄악들에 대한 문제일 경우 예컨대 근심 걱정, 불평 불만, 비통함 등과 같은 죄악들의 경우 우리는 택일을 하지 않고 한 발은 천국에 한 발은 세상에 내려놓는 것입니다. 이와 같은 죄들은 다른 것처럼 현저하게 드러나지 않기 때문에, 하나님께서 우리에게 대항하라고 강요하지 않으시면 우리는 아마 결코 이 같은 죄에 대항하려 들지 않을 것입니다. 하지만 '작은' 죄도 하나님께는 큰 것이기 때문에, 하나님께서는 대항하라고 우리에게 강요하시며, 여러분께서도 짐작하시듯 하나님이 사용하시는 방법은 "우리가 고통을 겪도록 하시는 것"입니다.

여러분이 짐작하실지 모르지만, 근심 걱정, 불평 불만, 비통함 등은 내가 병원에 입원해서 신체장애가 된 의미를 깨달으려고 발버둥치던 초창기 시절에 나에게 자주 찾아온 죄의 유혹들이었습니다. 나의 내면 깊은 곳에서는 이런 감정들이 잘못된 것이라는 것을 알았습니다. 그러나 머리 속에서는 다음과 같이 자신을 정당화하고 있었습니다: "내가 지금이나 앞으로 조금씩 근심 걱정, 불평 불만, 비통을 몸 밖으로 발산시켜도 하나님은 분명히 상관하지 않으실 꺼야. 나는 어차피 비참한 신체장애자가 되었으니까!"

설상가상으로 병원에 수개월 입원해 지내면서 척추말단 뼈에 대한 수술을 해야 한다는 것을 알았습니다. 말단 뼈의 튕겨져 나온 부분을 갈아 줄 필요가 있었던 것입니다. 이 수술을 받고 난 후 수술 상처가 아물 때까지 고정판에 얼굴을 묻은 채 15일 간을 꼼짝없이 엎드려 있어야만 했습니다. 내 몸을 캔버스에 엎드려 놓고 머리끝부터 발끝까지 온몸을 꽁꽁 묶어 샌드위치를 만들어 놓고, 얼굴이 닿는 부분만 구멍을 뚫어 놓아 오로지 정면에 있는 병실 바닥만 볼 수 있게 해 놓았습니다. 이런 상태에서 15일을 지냈을 때의 기분이 어떠했는지는 아마도 경험해 보지 않고는 상상조차 하기 힘들 것입니다. 어휴, 휠체어에 앉아 살아야 하는 것만으로도 부족해서, 이제는 이 고문기구에 묶여 꼼짝도 못하고 병실 바닥의 타일만 세고 있구나!

만약 하나님께서 이 고비를 넘기지 못하게 하셨다면 나는 아마도 패배자가 되었을 것입니다. 내 자신은 더욱 진흙 구덩이로 빠져들었을 것이고, 하나님께도 별 쓸모가 없는 사람이 되었을 것입니다. 그럼 하나님께서는 나를 위해 무엇을 하셨을까요? 하나님은 나에게 시련 하나를 더 주셨습니다! 꽁꽁 묶여 샌드위치가 된 첫 날 하나님께서는 홍콩감기로 샌드위치에 "마요네스 칠"을 하셨습니다! 졸지에 감기로 숨도 제대로 쉴 수 없게 되었으니 몸을 움직이지 못하는 것은 아무 문제도 아닌 것처럼 되어버렸습니다. 그리고 머리를 지끈지끈하게 하는 두통!

나는 화가 나서 불평했습니다. *"왜 나에게? 이건 너무 심하잖아!"* 그렇지만 곰곰히 생각하면서 나는 이유를 알았습니다. 하나님께서는 내가 지금 겪고

있는 것을 두 눈을 부릅뜨고 바라 보라고 강요하시는 것이었습니다. 더 이상 나의 비통함이 작은 간지럼이 아니었습니다. 그것은 무시될 수 없는 격노의 물살이었습니다. 그것은 마치 내 면전에서 하나님이 나의 분노를 붙잡고 계신 채 사랑스러운 어조로 그러나 엄격하게, "네 고개를 돌려 다른 곳을 바라보려 하지 말아. 봐라! 이것이 네가 하는 짓이다. 그것은 죄악이라구. 그 죄악을 어떻게 할 작정이니?" 하나님은 나로 결정을 내리라고 강요하고 계셨습니다.

그때, 하나님은 나를 코너로 몰아치셨습니다. 우리 모두가 가끔은 몰릴 필요가 있는 바로 그런 종류의 코너였습니다. 나는 코너에 몰렸다는 사실을 직시해야 했고, 결정을 내려야 했습니다: 내가 그리스도를 따라가야 하는가 아닌가? 압력은 거세져서 나는 이 상황을 주님께 전적으로 맡기던지 아니면 분노와 비참함의 짧은 사치에 나 자신을 완전히 빠지게 하던지 둘 중에 하나를 택해야 했습니다. 양쪽 모두 어떤 즉각적인 편안함을 주었을 것이나, 이 둘은 서로를 혼합시킬 수 없는 서로 다른 약이었습니다. 중간이 있을 수 없었습니다.

내가 이와 같은 최후통첩에 직면했을 때, 주님을 따르는 것에 반대하는 대안이 얼마나 악마적이고 사악한 길인지를 나는 분명히 알 수 있었습니다. 내**가 그리스도의 참된 제자가 되려면 내 죄 사함을 받아야만 한다는** 것을 나는 깨닫게 되었습니다. 죄와 사귐이 하나님과 사귐 보다 더 가치 있는 것이었나? 물론 아니다라고 나는 결정했고, 하나님께 회개의 기도로 호흡하기 시작했습니다. 바다에 놓여진 가습기에서 나오는 수증기가 내 머리를 개운하게 해주면서, 내 마음으로부터 우러나는 하나님께 대한 나의 순종이 달콤한 수증기가 되어 하나님을 향해 솟아오르는 것을 나는 알았습니다.

기독교인이신 여러분의 삶에 하나님께서 약한 것이든 엄청난 것이든 고통의 시련을 주실 때, 그것은 여러분이 이제껏 회피해온 문제들에 대해 여러분이 결정을 내리도록 강요하시는 것임을 알아야 합니다. 여러분 스스로에게 질문을 던지도록 주님께서 압박하시는 것입니다: 자신의 죄 된 욕망에도 복종하고 그리스도께도 복종하면서 내가 계속해서 두 세계에 양다리를 걸치고 살 것인가? 아니면, 근심 걱정하는 것을 거부하고, 환난 중에도 감사할 것인가? 나의 죄를 떨쳐 버리고 예수님을 닮아 갈 것인가?

주님께서는 우리에게 고통을 공급하십니다. 하지만 선택은 여러분께 달렸습니다.

> 하나님이 한 인간을 연단 시키길 원하실 때,
> 그리고 그를 감동시키고 가르치길 원하실때,
> 하나님이 그에게 가장 고귀한 역할을 주문하실때,
> 그를 위대하고 담대한 자로 성장시켜
> 온 세상을 놀라게 하길
> 하나님이 온 마음으로 원하실 때,
> 바로 그때, 하나님이 어떤 방법을 택하시는지,
> 어떤 길을 취하시는지 주의하여 볼지니!
> 하나님이 당당히 택한 자를 얼마나 무자비하게

88_ 한 걸음 더

완전에 이르도록 연단하는지,
하나님이 어떻게 그를 망치로 치고 상처를 입히시는지,
엄청난 타격으로 메치고 변형시켜
하나님만 이해할 수 있는 형상으로 만드시는지.
멍들고 상처 난 가슴으로 그가 절규하기에,
두 손을 쳐들고 그가 탄원하기에….
하나님은 그에게 향하신 선한 뜻으로
결코 부서뜨리지 아니하시고 결합시켜 주시네
하나님이 택하신 그를 어떻게 사용하시는지,
위대한 능력으로 그에게 참 소망을 주시고,
그가 하는 모든 일을 통해 하나님의 광채를 발하게 하니,
하나님이 하시는 일은 하나님만 아시네.

제2장
고통이라는 수수께끼를 풀 때

한·걸·음·더 한·걸·음·더 한·걸·음·더

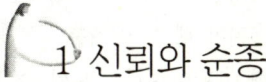 1 신뢰와 순종

내가 사고를 당하기 전에 특별히 좋아하던 것 중에 하나는 승마였습니다. 승마를 특별히 좋아했던 이유는 나의 말(horse) "어지" 때문이었습니다. 어지는 특급 구렁말(sorrel) 종자로 장애물 뛰어넘기를 잘 했습니다. 긴 다리에 몸집은 호리호리해서 커진 키에 비해 아직 체중은 덜 나가는 사춘기 소년의 몸 같았습니다. 이런 균형 잡히지 않은 몸매와 큰 머리통, 로마 종자의 코 등은 어떤 미모 선발대회에도 출전하지 못할 정도로 흉했습니다. 하지만 어지는 품평회에 나가면 도약 부문에서는 항상 최고상을 받았습니다.

어지가 장애물 뛰어넘기를 놀라울 정도로 잘 했을 뿐만 아니라, 어지가 나에게 즉각 순종하고 나를 완전히 신뢰하는 태도는 매우 놀라울 정도였습니다. 장애물 경기장에 들어갈 때마다 어지는 두 귀를 앞뒤로 쫑긋거리고 나의 명령을 기다리면서 침착하게 한 곳에서 몸을 풀며 도약할 준비를 하였고, 한 번도 고삐를 잡아 빼며 몸을 빼낀 적이 없었습니다. 나도 절대로 어지의 머리를 잡아 끌 필요가 없었습니다. 나는 고삐를 낮고 팽팽하게 유지한 채 그저 입에 물린 재갈을 약간 꽉 잡기만 하면 그만이었습니다. 어지가 앞으로 나아가 주기를 내가 바랄 때면 언제나 내 두 무릎을 어지의 몸에 대고 약간 조여 주기가 무섭게 즉시 앞으로 뛰어 나가는 것이었습니다.

어지는 첫번째 장애물을 자신만만하게 사뿐히 넘고 나서 다음 동작을 위해 나의 명령을 기다리며 두 귀를 다시 쫑긋거리곤 했습니다. 두 번째, 세 번째, 네 번째, 다섯 번째 장애물을 뛰어 넘으며 복잡하게 미로같이 설치된 경기장을 뛰어 다니곤 했습니다. 마지막 순간까지 뛰어 넘기가 싫어 장애물을 회피한 경우는 거의 없었습니다. 경기를 마치고 나면 어지는 더워 비지땀을 흘려야 했고, 어깨를 두드려 주면서 잘 끝낸 것을 내가 기뻐하면 어지도 기뻐하는 것을 나는 느낄 수 있었습니다.

복잡하게 늘어선 장애물들을 뛰어 넘기 위해서는 주인을 믿고 따라주는 말이 필요합니다. 장애물 하나를 넘고 나면, 주인은 다시 말을 부추켜 싫어하지 않고 다음 번 장애물을 넘을 수 있도록 적절히 말의 속도를 조절해야 합니다.

만일에 말이 주인의 요구에 응하지 않으면 말과 주인은 곤경에 빠지게 됩니다! 장애물 몇 발자국 앞에서 말이 무게 중심을 바꾸기 시작하는 것을 주

인이 감지하면, 주인은 어느 순간에 고삐를 풀어 주어야 할지 판단을 잘해서 말이 단숨에 깨끗이 장애물을 도약할 수 있도록 해야 합니다. 이렇게 잘 하려면 말은 주인을 신뢰해야만 합니다. 상호간의 진정한 협조가 이루워져야 하는 쌍방통행의 경우입니다.

어지와 나는 이런 상호신뢰 관계를 가졌습니다. 나에 대한 어지의 신뢰가 절대적이고 완전하다는 것을 나는 알았습니다. 내가 명령을 내리면 어지는 즉시 순종하려고 애를 썼습니다. 내 뜻에 잘 따르는 것이 어지에게 큰 기쁨이었습니다. 자신 앞에 놓인 장애물 코스를 어지가 이해했는지 못했는지는 문제가 되지 않았습니다. 어지는 4단 장애물이나 5단 장애물이 얼마나 어려울까 걱정하지 않았습니다. 어지는 단순히 뛰어 넘는 것을 즐거워했습니다. 그리고 어지는 나의 판단을 믿었기 때문에, 내 뜻대로 하는 것을 좋아했습니다.

우리 앞에 놓인 인생 길이 때로는 어렵고 복잡한 미로같이 보이거나, 뛰어넘어야 하는 고통스런 장애물 같이 보이기도 합니다. 이런 인생 길이 더욱 당혹스럽게 전개되면서 우리에게 더 많은 인내가 요구될 때, 우리는 우리의 승마자이신 하나님의 지혜에 대해 의구심을 갖는 유혹을 더 많이 느끼게 됩니다. 장애물 앞에서 뛰어넘기를 거부하고 넘어가야 할 코스를 회피하고 싶어합니다.

사도 베드로는 자신의 첫 서신에서 이런 심정을 잘 표현하고 있습니다. 당시 그의 편지를 읽은 독자들은 미치광이 네로 황제의 통치 하에서 살았습니다. 그들은 매일 교수형에 처해지는 죽음의 고문과 위협이 어떤 것인지 잘 알고 있었습니다. 물론 천국에서 그들이 큰 상을 받을 것이라고 베드로는 그들을 확신시켜 주었습니다. 그렇지만 그들이 당장 무엇을 해야 했습니까? 그들을 당혹스럽게 짓누르는 인생 길에 그들이 당장 어떻게 응해야 했습니까? 베드로는 그들에게 이렇게 권고했습니다: "그러므로 하나님의 뜻대로 고난을 받는 자들은 또한 선을 행하는 가운데 그 영혼을 미쁘신 조물주께 부탁할지어다"(벧전 4:19).

우리의 신실하신 창조주께 우리를 바친다는 것이 바로 하나님을 신뢰하는 것입니다. 계속 선을 행하는 것이 바로 하나님께 순종하는 것입니다. 여러분이 어려서부터 교회에 다니면서 자랐다면 아마도 "예수 따라가며… 의지하고 순종하는 길은…" 라는 옛 찬송가를 수 없이 부르셨을 것입니다. 베드로에 따르면, 장애물이 힘들고 코스를 도무지 이해할 수 없다고 하는 순간이 바로 하나님께서 우리의 처신을 지켜보시기에 가장 적합한 때 입니다.

주님 신뢰

자기 앞에 놓인 코스가 마음에 들었기 때문에 어지가 나를 따라 준 것은 아니었습니다. 실제로 어지는 자기 앞에 있는 것을 알지도 이해하지도 못했습니다. 어지가 의지한 것은 주인인 나를 안다는 것이었습니다. 수년간 나는 그를 먹여 주었고, 솔질해 주었고, 운동시켰고, 추위를 막아주었습니다. 우리 둘은 긴밀한 관계를 쌓아갔고, 내가 어지의 주인임을 수도 없이 입증시켜 주었습니다. 내가 신뢰할 만한 주인이라는 것을 어지에게 보여줌으로 나를 믿게 할 수 있었고 내가 요구하는 것은 무엇이든지 할 만큼 나를 따랐습니다.

나와 어지 사이에 자란 이와 같은 상호신뢰가 수 년 전에 우리집 말들의 목숨을 구하는데 핵심적인 요인이 되기도 했습니다. 1장에서 언급한 방화사건 때 우리가 제일 먼저 생각했던 것은 축사에 있는 말들의 안전이었습니다. 얌전한 말들이 불길에 겁먹고 미친 듯이 날뛸 수 있으므로 담요로 말들의 눈을 가리고 타오르는 불길을 피해 안전하게 끌어 낼 수 있었습니다. 이와 같은 시련은 말에게 감당하기 힘든 것이 분명합니다. 말 주위를 둘러 싼 소음과 소동, 말 콧구멍을 가득 메울 괴상한 타는 냄새 등을 고려하면 말이 자신의 오감 기능을 최대한 활용하여 대처하고 싶어할 것이라고 사람들은 상상할 것입니다. 그러나 우리집 식구들은 말 등에 덮여 있는 담요로 말의 눈을 가려 볼 수 없게 해놓고는 따라 오라고 끌고 나오는 것입니다. C. S. 루이스의 표현을 빌리자면 이 말들에게는 이 모든 과정이 "인간의 선함에 중대한 의구심을 갖게 할 것입니다."[6] 그러나 우리가 지금까지 이 말들을 항상 돌보아 준 것처럼, 이 이해할 수 없는 혼란스런 순간에도 우리가 인도해줄 것을 이 말들은 의심 없이 믿고 우리를 따라 주었던 것입니다. 아무런 반항도 없었고,

우리의 지혜와 권위에 대한 도전도 없었습니다. 그 결과 우리는 이들의 생명을 구할 수 있었습니다.

이 단순한 동물들은 우리와 얼마나 다릅니까! 저들은 주인에게 엄청난 신뢰를 표했습니다. 저들은 일개 인간에 불과한 자신들의 주인을 철저하게 믿고 따랐던 것입니다. 하지만 우리는 우리를 죄에서 구원해 주신 주님을 신뢰하지 않습니다. 주님께서는 이사야 1:3에서 다음과 같이 개탄하셨습니다. "소는 그 임자를 알고 나귀는 주인의 구유를 알건마는 이스라엘은 알지 못하고 나의 백성은 깨닫지 못하는도다 하셨도다."

무엇이 우리로 이런 무지한 불신을 갖게 하나요? 그 이유는 주님께서 우리를 위해 이미 수많은 역사를 이루셨음에도 불구하고 그것을 우리가 깨닫지 못하기 때문입니다. 우리는 주님이 누구신지 정말로 알지 못하고 있습니다. 성경에 나오는 남녀 인물들은 하나님의 속성을 자신들의 믿음의 반석으로 여겼습니다. "그러므로 내가 나의 반석이신 주님을 의지하므로 내가 희망이 있노라." 바빌론이 이스라엘을 침공하는 공포와 혼란의 와중에서 예레미야는 새삼 다짐하였습니다. "여호와의 자비와 긍휼이 무궁하시므로 우리가 진멸되지 아니 함이니이다. 이것이 아침마다 새로우니 주의 성실이 크도소이다... 그러므로 내가 저를 바라리라... 무릇 기다리는 자에게... 여호와께서 선을 베푸시는도다"(애 3: 21-25). 예레미야는 자신의 사리판단에 의지하지 않고 성경과 역사 속에 나타난 하나님의 진실을 의지했습니다.

역경 속에서 사도 바울이 보인 신뢰는 "이 고난이 내게 왜 일어나는지 나는 안다"라는 식의 전제에서 출발하지 않았습니다. 오히려 "나의 의뢰한 자를 내가 알고"(딤후 1:12)라고 말할 수 있었다는 사실을 통해 바울의 신뢰를 알 수 있습니다. 그가 의지하는 하나님은 해와 달과 별의 운동을 지배하는 능력의 하나님이었습니다. 하나님은 무한의 지혜로 바다와 시공을 만드시고, 산과 강을 만드시고, 비와 우박을 내리시며, 자신의 형상대로 우리의 존재를 창조하신 분입니다. 그러나 이 위대하신 하나님의 경이로운 속성을 바울에게 최상으로 드러내신 것은 하나님께서 자신의 신성한 영광을 내려 놓으시고 종의 형상으로 자신을 취하신 채 우리를 위해 죽기까지 하셨을 때였습니다.

"자기 아들을 아끼지 아니하시고 우리 모든 사람을 위하여 내어주신 이가 어찌 그 아들과 함께 모든 것을 우리에게 은사로 주지 아니하시겠느뇨"(롬 8:32).

하나님이 이렇게까지 하셨다면, 그것은 분명코 자신의 의도를 입증하신 것입니다! 하나님께서 잘 이해하지 못하는 우리에게 담요로 우리의 눈을 덮으신 것은 정녕 뜻이 있어서 그렇게 하신 것이 분명합니다. 하나님은 우리가 신뢰할 가치가 있는 분이십니다.

> 지구에서 영겁 먼 곳에
> 불타는 천구들을 지으시고 회전시키시는
> 하나님의 손길이
> 영광스러운 왕의 의복을 내려 놓으신 채
> 위대하게 초라한 탄생으로
> 인간의 몸을 입게 하셨네.
> 사랑의 구도에 따라 하나님의 형상대로
> 미천한 운명의 사람을 만드신 하나님의 손길이
> 생명을 새롭게 하셨네.
> 골고다 십자가 상에서 사랑의 구도는 밝히 드러났네.
> 산을 세우시고 바다를 만드시는 것이 아무것도 아닌 듯
> 하나님의 손길은 여전히 자연을 지배하시고
> 자신의 뜻에 따라 역사를 주관하시고.
> 나를 지키시고 가꾸시네
>
> — 마리온 도날드슨

신뢰란 무엇인가?

우리가 고통과 시련을 겪을 때 하나님을 의지한다는 것은 감정적인 차원의 의지를 뜻하는 것이 아닙니다. 하나님을 의지하는 것이 반드시 신뢰하는 느낌을 갖는다는 것을 의미하지 않습니다. 신뢰는 일종의 의지가 표출된 행위입니다. 왜냐하면 본질적으로 하나님을 신뢰한다는 것은 비록 여러분이 기

분으로는 진실이라고 느껴지지 않지만 여러분 머리로는 진실이라고 알고 있는 것을 행동으로 옮기도록 스스로 생각하는 것이기 때문입니다.

내가 사고를 당한 직후 처음 몇 달 동안, 하나님의 약속들은 전혀 진실같이 보이지 않았습니다. 당시 나의 사고방식으로는 하나님은 미친 자였습니다. 나의 신체 마비가 어떻게 내 인생에 유익함이 될 수가 있는 것입니까? 나를 둘러싸고 있는 병원의 회색 담장 만큼이나 나는 절망감에 휩싸여 있었습니다. 집으로 돌아온 후에도 주님을 의지한다는 것은 불가능해 보였습니다. 안팎이 모두 엉망인 내 몸이 하나님께 소리지르는 상황인데 어떻게 믿음을 예상할 수 있겠습니까?

내가 스티브와 다이아나와 함께 부모님의 거실 벽난로 가에 둘러 앉아서 영적인 것들에 대해 긴 대화를 나누던 어느 즐거운 저녁 시간에 해답은 찾아 왔습니다. 스티브가 그 주일에 공부했던 성경구절에 대해 설명하기 시작했습니다. 요한복음 20장을 펼치며 예수님의 죽음 후 유대인들을 피해 빗장을 걸어 잠근 채 숨어서 며칠을 지낸 제자들을 언급하는 부분을 읽기 시작했습니다. 예수님께서 갑자기 방 한가운데 나타나셔서 깜짝 놀라는 저희들에게 진정으로 부활한 것을 확신시켜 주셨습니다.

어떤 연유인지 이 일이 벌어질 때, 도마는 자리에 없었습니다. 나중에 방에 나타난 도마는 동료 제자들이 놀랍게 전하는 소식을 믿지 못했습니다. "주님의 손과 옆구리 상처를 내가 보기 전에는 나는 믿을 수 없노라" 도마는 항의하였습니다. 같은 집에서 일주일 후 또다시 문들은 잠겨 있었는데 예수님은 한번 더 옹기종기 모여 있는 제자들 앞에 나타나셨습니다. 이때는 도마도 자리에 있었습니다. 예수님은 도마를 불렀습니다. "도마야 이리로 오너라. 네 눈으로 내 손을 똑똑히 봐라. 내 옆구리도 만져보아라. 그리고 의심을 버리고 믿어라."

가시적인 증거에 접하여 놀란 도마는 경배의 고백 밖에는 드릴 것이 없었습니다. "나의 주님, 나의 하나님!"

스티브는 더 심각하게 몸을 약간 앞으로 기울이면서 내게 성경구절을 가리키며 27절부터 천천히 읽기 시작했습니다. "그리고 나서는 예수님께서 가라 사대, 네가 나를 본고로 믿느냐 나를 보지 않고도 믿는 자는 복이 있도다."
　이 구절 말씀이 나를 무너뜨렸습니다. 만져지거나 보여지는 것 없이도 예수님의 말씀을 내가 믿기를 예수님은 원하셨던 것입니다. 물론 예수님께서 내 방에 나타나 보이실 수도 있었습니다. 그렇게 했으면 쉽게 믿을 수 있었겠죠. 그러나 예수님께서는 나로 하여금 자신의 말씀을 받아들이길 원하셨습니다. 사람들이 내 말을 믿어주길 나도 좋아하지 않았던가요? 내가 단 돈 몇 전이 모자랐을 때 구멍가게 점원이 "다음에 내 거라. 너는 틀림없이 그 돈 값을 좋은 아이니깐"라고 하면서 나를 믿고 내 보낼 때 기분 좋지 않았던가요? 예수님도 이와 같이 취급받기를 원하시지 않을까요?
　믿는 데에는 담대한 자세가 필요했습니다. 그날 이후로 의구심이 생길 때면 나는 언제나 신실하신 하나님에 대한 성경구절을 떠올렸습니다. 그리고 나는 지금도 여전히 그렇게 해야만 할 때가 있습니다. 내가 느끼던 못 느끼던 나는 예수님의 말씀에 매달립니다. 내가 보고 믿는 것도 아니고, 보이지도 느껴지지도 않지만 변함없이 믿으면, 하늘 나라에서 받을 상이 있다는 말씀에 나는 매달립니다. 우리 눈에 보이지 않는 하나님의 말씀을 받아드림으로 여러분과 나는 하나님을 공경하는 특권을 가지며, 열 두 사도들도 누리지 못한 칭찬을 받을 것입니다.

하나님 순종

　하나님께서 우리에게 고통을 주시면, 우리는 종종 이것을 구실로 삼아 죄 짓는 것을 합리화하는 경향이 있습니다. 우리가 고통을 받아들인 것만으로도 하나님께 우리의 성의를 조금 표시한 것이 되므로 우리 기분 나는 대로 "하루 쯤" 느슨히 지내도 하나님이 무어라고 안 하실 거라고 생각할지 모릅니다. 이런 생각으로 나는 계속해서 갈등을 겪었습니다. 어느 화사한 봄날 현관에 앉아 있노라면, 장애인으로 집안에 갇혀버린 나의 현실에 대한 참담한 느낌이 나를 짓누릅니다. 이럴 때 마음대로 돌아다니고 뛰노는 욕망어린 환상이 어김없이 찾아 들거나, 신세를 한탄하며 자신을 측은히 여기는 비애감에 젖어 듭니다. 그리고 이런 욕망 섞인 감정은 너무나 쉽게 정당화됩니다. 불구자가 되었다는 사실만으로도 이미 나는 다른 많은 기독교인들 보다 많은 것을 포기한 것이 아닌가? 휠체어 신세가 되었으니까 가끔 약간 한눈을 팔아도 괜찮은 것 아닌가? 하나님께서 이 정도의 단꿈과 비애감에 빠지는 것은 봐주시겠지.

우리가 이런 느낌에 젖어 들며 하나님께 항변할 때 성경말씀에 비쳐 우리의 이런 태도를 차분히 살펴보면, 이것은 말씀에 전혀 맞지 않는 것들임을 단번에 알 수 있습니다. 고통 받는다는 것이 죄 짓는 것에 대한 변명이 될 수 없는 이유를 성경은 적어도 세 가지로 가르쳐 주고 있다고 나는 생각합니다.

첫째로 어떤 상황이던 관계없이 하나님께서는 나와 모든 기독교인들 각자에게 선을 행하고자 하는 의지와 능력을 주신다고 약속하셨습니다! 그렇지만 나는 내가 겪고 있는 시련들 때문에 예외라고 생각해왔습니다. 나의 경우는 달라서 하나님이 모든 사람들에게 요구하는 것을 내게는 요구할 수 없다고 생각했습니다. 그러나 고린도전서 10:13이 내게 말씀해 주십니다. "사람이 감당할 시험밖에는 너희에게 당할 것이 없나니…"

병실에 누워 있으면서 하나님께서는 내가 감당할 수 없는 시련을 주신다고 항상 생각했습니다. 그러나 고린도전서 10:13의 말씀은 분명하게 전해줍니다. "하나님은 신실하시다 그는 결코 너가 감당할 수 없는 시험을 받게 하지 않는다."

욕망과 한탄이 나를 유혹할 때, 종종 나는 내 스스로에게 자문합니다. "신세한탄에 대해 '아냐' 라고 거부할 수는 없어. 이번 만큼은 죄의 굴레로부터 자유로울 수는 없어." 그러나 다시 고린도전서 10:13은 말씀해 줍니다, "네가 시험받을 때, 하나님께서는 빠져 나오게 해주셔서 너를 일어설 수 있게 해 주신다."

내가 옳든지 하나님이 옳든지 둘 중에 하나였습니다. 이와 같은 선택에 부딪쳤을 때, 나는 하나님을 거짓말쟁이로 만들 수는 없었습니다. 그래서 고통을 겪는 동안 내가 죄를 범하면, 그 죄는 피할 수 없는 죄가 아니고, 내가 원하기 때문에 저지른 죄가 되는 것입니다. 하나님께서는 내가 휠체어와 함께 살도록 은총을 베푸셨습니다. 이 은총은 걸을 수 있는 여러분에게 주신 것이 아닙니다. 하나님이 여러분에게 주신 은총은 이런 것들입니다. 남편의 죽음을 이겨낼 수 있는 은총, 청력 상실을 참아낼 수 있는 은총, 가난한 처지를 이겨낼 수 있는 은총, 기타 여러 가지 내게는 주시지 않은 역경을 이겨 낼 수 있는 은총입니다. 하나님께서 우리 개개인에게 주신 은총을 선용하며, 우리 각자에게 지워진 짐을 신실하게 감내할 필요가 있습니다.

자 이제 내가 순종할 수 있다는 것을 알았는데, 과연 그럼 내가 순종하겠는가 하는 것이 문제였습니다. 이 문제에 대한 대답은 그리스도가 곧 주인 되신다는 사실과 결부됩니다. 그리고 이것이 내가 죄를 범해도 된다는 핑계가 있을 수 없는 두 번째 이유입니다. 예수님을 따르겠다고 우리가 "서명"하기 전에, 예수님은 자신이 주인이라는 것과 자신을 따르기 위해서는 우리가 진정한 고난을 감수해야 할 것임을 명백히 하셨습니다. 이것을 분명히 서명한 계약서가 있는 것은 아닙니다. 우리가 당할 일들은 처음부터 예수님께서 말씀으로 분명히 하셨습니다. "누구든지 나를 따르려거든 자신을 부인하고 십자가를 지고 나를 따를지니, 아무도 쟁기를 쥐고 뒤를 돌아보는 자는 하늘나라의 일을 감당치 못하리니"(막 8:34; 눅 9:62).

이 모든 것들 말고도, 고통의 본래 의도가 우리로 하여금 죄로부터 돌아서서 예수님을 닮아가도록 하는 것일진대, 고통을 겪고 있기 때문에 죄를 지어도 된다는 핑계 자체가 이상한 것입니다. 베드로는 말하였습니다. "육체의 고난을 받은 자가 죄를 그쳤음이니 그 후로는 다시 사람의 정욕을 좇지 않고 오직 하나님의 뜻을 좇아 육체의 남은 때를 살게 하려 함이라"(벧전 4:1-2). 나는 병원에 입원해 있으면서 건강했을 때 하나님을 믿지 않았던 많은 환자들을 만났습니다. 몸이 다치는 축복으로 저들은 영적인 잠에서 깨어났던 것입니다. 각성시키도록 만드는 고통을 영적으로 잠드는 것의 변명으로 사용한다면, 얼마나 어리석은 일 입니까.

그러나 성경말씀이 내게 가르쳐준 것은 불순종의 변명을 제거시키는 것만이 아니었습니다. 성경말씀은 내가 순종할 수 있도록 멋지고 긍정적인 격려를 주기도 했습니다. 예컨대, 기쁨 같은 것이었습니다. 나의 잘못으로 인해 내게 문제가 생긴 것이 아니라는 것을 깨끗한 양심으로 확신한다면, 이보다 더한 기쁨이 어디 있겠습니까? 또 나의 잘못으로 문제가 생긴 경우라 하더라도, 내가 다시 순종하기 시작하면, 교정의 회초리로부터 피해 나오는 첫 걸음을 시작했다는 것을 깨닫게 됩니다. 결국, 성경은 말씀해 주십니다, "시험을 참는 자는 복이 있도다. 이것에 옳다 인정하심을 받은 후에 주께서 자기를 사랑하는 자들에게 약속하신 생명의 면류관을 얻을 것임이니라"(약 1:12).

마지막으로 한 가지 더 말씀드리겠습니다. 남을 사랑하라는 하나님의 명령에 순종하는 것은 고통 받고 있는 우리에게는 매우 힘든 일 중에 하나입니다. 우리 자신의 아픔과 슬픔도 가누기 힘들어 남의 도움을 필요로 하는 상황이지 않습니까?

오래 전에 내 친구 쉐릴의 결혼선물 파티에서 있었던 일을 소개해 드립니다. 그날은 내 몸의 상태가 좋지 않았습니다. 등이 아팠고, 코르셋은 너무 단단히 조여 있었습니다. 이 두 가지로 인하여 내 머리가 아팠습니다. 내가 시종 성실한 태도로 파티에 임하지 못한 것도 사실이었습니다. 그날 아침에 집안 식구 한 사람에게 내 던진 몇 마디 말이 하나님께 용서를 당연히 빌었음에도 불구하고 계속 생각났습니다. 그리고 파티에 참석한 모든 사람들의 웃는 얼굴을 바라보는 것도 별로 내 기분을 풀어주지 못했습니다. 오늘은 내가 기뻐해야 하는 데… 여하튼 나의 가장 친한 친구 쉐릴의 특별한 날 아닌가! 그래서 내가 할 수 있었던 것은 상냥한 웃음을 지어내며 아무도 내게 말을 걸지 않도록 하는 것이었습니다.

멍하니 앞을 바라보며 있을 때 파티에 참석한 유일한 남자로 쉐릴의 시아버지가 될 폼 본드씨와 마주치게 되었습니다. 여자들의 수다 떠는 소리에는 개의치도 않고, 본드씨는 선물 상자들을 피해가며 여러 각도에서 사진을 찍고 있었습니다. 그때 돌연 카메라 렌즈를 나를 향해 들이대고 초점을 맞추었습니다.

"오— 안 되요." 나는 저항했습니다. "제발, 나는 찍지 마세요."

"안 되긴 왜 안 되오?" 본드씨는 웃으며 말했고, 나한테로 다가오기 시작했습니다.

"조니, 오늘 아주 멋져 보이는데."

나는 눈을 내려 뜨고 말했습니다. "본드씨 나는 오늘 멋있지 않아요."

"그것은 문제가 안 되오. 내가 찍으면 기분이 안 좋아도 잘 나오게 할 수 있소." 본드씨가 내 옆에 의자를 끌고 와 앉으면서 농담을 했습니다. "자, 여기 내가 새로 산 렌즈를 좀 보시오."

이렇게 말을 시작하더니, 본드씨는 카메라 가방을 펼치고는 부속품을 하나하나 꺼내면서 자랑스럽게 설명을 했습니다.

"자, 이 200밀리 줌렌즈 좀 잠깐 보시오. 한 손으로 초점을 맞추고 거리를 조절할 수 있다오."

솔직히 나는 본드씨의 이야기에 별로 흥미가 없었습니다. 그러나 나는 흰 머리에 맑고 파란 눈을 가진 이 노 신사가 계속 이야기하는 것을 들어 주었습니다. 자기 집 지하실에 꾸민 사진 현상용 암실이 너무 훌륭하다고 하며, 지역 사진전에 출품해서 입상한 사진들도 있다고 말했을 때에는 두 눈에 자랑이 넘쳐 흘렀습니다.

"아, 음," 나는 이따금씩 대꾸했지만, 여전히 별다른 감명을 받지 못했습니다. 하지만 사가모어 말 농장으로 최근에 사진을 찍으러 갔다 온 이야기를 꺼냈을 때 나는 관심을 갖고 듣기 시작했습니다. 자기가 그 농장에서 찍은 사진을 농장 관리인에게 보여 주기 위해 한번 더 방문을 했다는 이야기도 했습니다.

본드씨는 정말로 자신의 취미를 좋아하는구나. 그것 참 멋있구나. 나는 생각했습니다. 본드씨는 계속 이야기를 했습니다.

"그 농장 관리인은 그 사진들을 정말로 좋아해서 한번 더 와서 자기네 순종 말들을 찍어 달라고 했었소." 본드씨는 자랑스럽게 소리쳤습니다.

"농담이시죠! 어떻게 기운이 넘쳐 잠시도 가만이 있지 않는 순종 말들을 움직이지 못하게 하여 사진을 찍을 수 있었나요?" 내가 조금 소리를 높였습니다.

"물론, 쉬운 일은 아니었소. 하지만 모두가 함께 달라붙어서.." 본드씨는 웃으면서 한 손가락을 쳐 들었습니다.

머지 않아 나는 본드씨 이야기에 흥미를 느끼기 시작했고 그의 이야기를 정말로 듣기 시작했습니다.

"어, 본드씨, 우리 농장에도 카메라를 갖고 곧 와 주셔야 합니다. 우리가 준비를 잘 해 놓겠습니다."

파티가 끝날 무렵에는 내가 이 노 신사와 그의 취미에 비상한 관심을 갖게 된 것을 알 수 있었습니다. 이것 뿐만이 아니고, 나의 통증, 불편함, 죄책감 등을 송두리째 잊어버렸습니다. 내가 본드씨에게 보인 관심이 나를 놀랍게 고쳐준 치료제가 되었던 것입니다!

우리의 시련 중에도 남을 먼저 배려하는 것은 우리가 하나님께 순종하는 것을 드러내는 것입니다. 하나님은 우리에게 이것을 요구하시며, 우리가 남을 먼저 배려하면서 결코 후회하지 않도록 도우십니다. 하나님은 우리가 후회하지 않을 것을 알고 계십니다.

> 주라 그리하면 너희에게 줄 것이니. 곧 후히 되어 누르고 흔들어 넘치도록 하여 너희에게 안겨 주리라. 너희의 헤아리는 그 헤아림으로 너희도 헤아림을 도로 받을 것이니라(눅 6:38)

2 비교 대신 나눔을...

그 무덥던 1967년 7월의 어느 날 오후 내가 나무발판 끝에 두 다리를 모으고 다이빙할 채비를 하고 있었을 때, 내가 뛰어들 체사피크만의 뿌연 바닷물 밑에 낮은 데가 있으리라고는 감히 예상도 못했습니다. 내가 미리 수심을 잘 파악하기만 했어도 일이 벌어지지는 않았을 것입니다. 나는 너무나 무심한 함정이었던 바닷물 속으로 풍덩 뛰어 들었고, 결국 목을 다쳐 평생 손과 발을 쓰지 못하는 불구의 몸이 되고 말았습니다.

고통을 겪고 있는 우리 개개인에게 빠져들기 쉬운 무심한 함정이 있습니다. 그 함정은 바닷물이 아니라 태도라는 함정입니다. 우리 자신을 남과 비교하고 우리가 남보다 불행하다고 생각하는 태도 그 유혹의 함정에 빠져드는 것입니다. 잠시 동안 이 위험한 생각에 빠짐으로 우리는 스스로를 연민의 정이라는 덫에 걸리게 하고 맙니다. 그리고 이런 자신에 대한 측은한 감정은 우리의 기쁨을 빼앗아 가고, 하나님을 욕되게 하고 맙니다.

마비되고 난 후 몇 년 동안 남과 비교하는 덫에 나는 걸려 있었습니다. 친한 친구 쉐릴과 옷을 사러 쇼핑 갈 때면 어김없이 이 덫의 위력이 어김없이 나타났습니다. 쉐릴이 골라 입은 옷은 항상 잘 맞았습니다. 반면에 내가 골라 입은 옷은 부대자루처럼 헐렁하게 걸려 있는 느낌이었습니다. 그녀가 거울 앞에 멋지게 입고 서 있는 모습을 보면, 내색은 안 했지만 내 얼굴은 시기심으로 벌겋게 되곤 하였습니다.

"조니, 이 옷 어때?" 바지정장을 입고 거울 앞에서 이리저리 폼을 잡아가며 쉐릴이 물을 때면, 질투심을 감추기 위해 짐짓 신나는 양 나는 대꾸했습니다. "어머, 근사하다, 쉐릴." 하지만 내 마음 속은 타고 있었습니다. 똑 같은 옷을 골라 입은 나를 쉐릴이 휠체어를 굴려 거울 앞으로 끌고 와서 잘 어울리는지 보게 하려 할 때면, 나의 생각은 온통 이런 것이었습니다: 하나님, 어째서 나는 쉐릴처럼 근사해 보일 수 없나요? 나는 마네킹만도 못하잖아요. 저들에게 옷이 잘 맞는 것은 저들이 두 발로 일어나 서 있을 수 있기 때문이잖아요!

그 당시 나는 기독교인으로 막 성장하고 있던 중이었습니다. 갈급한 영의 양식을 채우기 위해 성경을 열심히 보고 있었습니다. 어느 날은 지독한 영의 음식을 씹어 삼켰습니다. 영적인 시금치가 처음에는 너무 맛이 없었습니다마는 주님 안에서 성장하면서 맛을 알게 되었습니다. 내가 먹은 음식은 요한복음 21장이었는데, 베드로도 나와 비슷한 문제를 가졌던 것 같습니다. 베드로보다 그의 친구 요한의 형편이 더 좋았던 것 같아 보이니까요! 예수님은 베드로에게 앞으로 그가 순교자의 길을 걷게 될 것이라고 말씀해 주십니다. 그러나 요한에게는 이런 무서운 말씀은 한마디도 하지 않으셨습니다.

아마 베드로는 질투심이 생겼을 것입니다. 최후의 만찬석상에서 예수님 바로 곁에 앉아 있던 자, 특별히 예수님과 절친했던 것으로 보이는 자, 이 자가 요한 아니었던가요? 요한이 만년까지 놀라운 선교사역을 담당하며, 평온한 임종을 맞이하게 하신 것이 예수님 아니었던가요? 베드로가 속으로 참고만 있기는 힘들었습니다. 그래서 베드로가 요한을 가리키며 예수님께 물었습니다. "저 자는 어떻게 되죠? 요한의 미래는 어떻게 됩니까?"

내가 놀란 것은 예수님의 대답이었습니다. 예수님께서, "염려 말거라, 베드로야. 무슨 일이 있던지 나는 너와 함께 할거다. 다 괜찮을 거야"라고 답변하셨을 것으로 나는 예상했습니다. 그러나 실제로 예수님께서는 다음과 같은 논조로 대답하셨습니다: "봐라, 내가 올 때까지 요한이 살아 있는 것이 나의 뜻일진대, 너와 무슨 상관이 있냐? 내가 요한에게 세운 계획은 네가 알 바 아니다. 네가 할 일은 네 마음과 네 인생을 확실하게 바르게 하는 것이다. 불평을 멈추고 나를 따르라!"

처음에는 너무 심한 말씀같이 들립니다. 그러나 이 말씀을 묵상했을 때, 예수님께서 엄히 베드로를 꾸짖으신 것이 옳다고 생각하게 되었습니다. 무엇보다 자신에 대한 연민의 감정은 아무에게도 도움이 안 됩니다. 자신의 불행을 더 확대시킬 뿐입니다. 하나님과 가까이 지내는 데는 결코 도움이 안 된다는 것은 두말할 나위도 없습니다. 한 번 상상해 보시기 바랍니다. 만일에 순교 될 것이라는 예수님의 예언이 베드로의 뇌리에 박혀 있어서 베드로가 일장 연설을 할 때마다 자신이 선포하는 내용을 듣고 성난 사람들이 자신을 살해하지나 않을까 두려워했다면, 그의 설교는 얼마나 초라했겠습니까? 또 한가지, 만일 베드로가 자신의 처지를 요한의 처지와 비교하며 하나님께 "동등한 권리"를 요구했다면, 하나님께서 자신에게 품으신 계획이 선한 것이라고 베드로는 믿지 않았을 것입니다. 그리고 이와 같은 불신은 죄가 되는 것입니다. 왜냐하면 성경은 하나님의 선하신 뜻을 분명히 보여주고 있기 때문입니다. "믿음이 없이는 하나님을 기쁘시게 못하나니 하나님께 나아가는 자는 반드시... 자기를 찾는 자들에게 상 주시는 이심을 믿어야 할지니라"(히 11:6). 하나님의 선하신 뜻을 의심하는 것은 이렇게 노래하는 것이나 다름없습니다: "예수님이 나를 미워하시는 것을 나는 안다. 왜냐하면 나의 불신이 그렇게 생각하도록 알려 주니까."

더욱이, 하나님이 우리를 불공평하게 취급하시는 것 같고 우리에게 감내하기 힘든 십자가를 지게 하시는 것 같다고 우리 스스로 생각할지 모르지만, 우리 이웃들이 어떤 짐을 지고 살아가는 지 실제로 잘 모르면서 우리는 살고 있습니다. 나의 건강한 이웃을 부러워하면서 내 목을 다친 것만 슬퍼하고 그 이웃의 마음이 부서져 슬퍼하는 것은 알지 못합니다. 요한이 노년에 밧모섬 감옥에 갇혀 육신이 쇠약해지는 가운데 계시록의 환상을 받으리라고 베드로는 아마 생각지 못했을 것입니다. 그 감옥 안에서 요한은 열망하는 마음으로 천국의 영광을 보았고, 하나님 보좌에 둘러선 순교자들에게(베드로를 포함하여!) 주어진 특별한 영예를 바라보며, 자신의 생애 역시 은혜롭게 종결되길 바랬을 것입니다.[7]

우리는 각자가 어떤 시련을 얼마만큼 받아야 한다고 말할 수는 없습니다. 왜냐하면, 개개인이 받는 고통이 어느 정도이고, 벌을 받아야 할 잘못이 무엇이고, 삶에 도움이 되는 자질들을 갖고 있는 지 없는 지 등에 대해 개별화된 모든 자료를 우리가 갖고 있을 수 없기 때문입니다. 하지만 우리는 갖고 있지 못하지만 하나님은 갖고 계십니다. 그래서 하나님은 이렇게 말씀하십니다. "세상을 심판하시는 이가 공의를 행하실 것이 아니니이까?"(창 18:25) 하나님께서는 개개인에게 각각 특별한 삶으로 인도하십니다. 내 삶이 남의 삶이 될 수 없고, 남의 삶이 내 삶이 될 수 없습니다. 하나님은 각자가 자기에게 독특한 십자가를 지도록 특별한 은총을 우리 개개인에게 주셨습니다.

쉐릴이 여전히 나의 친한 친구로 남아 깊은 우정을 오늘날까지 나누고 있다는 것이 얼마나 기쁜지 모릅니다. 예수님이 베드로에게 하신 말씀 덕분에 쉐릴에 대한 질투심도 사라졌습니다. 한번 생각해 보시죠. 우리가 깊은 시련에 빠질 때마다 하나님께서 우리 친구들에게도 똑 같은 시련에 빠지도록 하신다면, 얼마나 무서운 일이겠습니까? 모두가 똑 같은 시련의 구렁텅이에 빠져 있다면, 누가 우리를 꺼내 주겠습니까? 나보다 덜 고생하는 친구들을 시기할 것이 아니라 나를 지지해주는 그들의 우정으로부터 격려와 도움을 받는 것이 더 논리에 맞지 않습니까?

친교

우리가 고통을 겪을 때 결코 고립되어서는 안 됩니다. 단 일분도 홀로 있어서는 안 되고, 아파트에 홀로 살아서도 안 된다는 식의 말씀은 아닙니다. 우리 스스로 담장을 쌓아서 아무도 우리가 어떤 일을 겪고 있는지 알지 못하고, 아무도 우리의 아픔에 대해 신경을 쓰지 못하도록 해서는 안 된다는 말씀입니다. 하나님은 결코 우리가 고통을 우리 스스로 짊어지도록 하시지 않으셨습니다. "두 사람이 한 사람보다 나음은… 혹시 저희가 넘어지면 하나가 그 동무를 붙들어 일으키려니와 홀로 있어 넘어지고 붙들어 일으킬 자가 없는 자에게는 화가 있으리라"(전 4:9-10).

여러분이 독신이거나 배우자 사망으로 혼자가 되었다면, 슬픔 같은 내적인 것을 남과 긴밀히 나눈다는 것이 불가능하다고 느낄지 모릅니다. 하지만 여러분은 여전히 가족이 있습니다. 그리스도의 지체인 성도들입니다. 이 성도 된 가족이야말로 이 세상에서 가장 따뜻하고 긴밀한 유대관계 중에 하나입니다. 결혼한 사람이 자기의 배우자만을 친교의 전부로 여기고 그에게만 전적으로 의지하는 것은 잘못이라고 나는 생각합니다. 결혼한 내 친구들도 같은 생각입니다. 하나님께서는 의도적으로 교회의 구성원을 젊은이와 늙은이, 남자와 여자 등 다양한 사람으로 하셨습니다. 우리의 가장 내적인 필요가 충족되려면, 우리는 교회의 모든 식구들과 어깨를 부대끼며 친교 해야 합니다. 나의 교회와 동네에서 연령을 초월하여 사귄 기독교인 친구들의 보살핌과 나눔이 없었다면 절대로 나는 살아있지 못했을 것입니다.

아마도 가장 슬픈 경우는 자기의 영적 보호아래 있는 교회 신도들과 자신의 시련을 함께 나눌 수 없다고 느끼는 기독교 지도자들을 만나는 것입니다. 물론, 우리 누구도 우리의 가장 개인적인 문제들을 모조리 모든 사람에게 드러낼 수는 없습니다. 그렇지만, **누군가와**는 우리의 문제들을 함께 나누어야 할 필요가 있습니다. 그리고 아마도 어떤 문제들은 전체 회중에게 나누어져야 할 필요가 있습니다. 다시 말해 보통 나누어지는 것보다 당연히 더 많이 나누어질 필요가 있는 문제들도 있습니다. 교회 지도자들은 강대해서 자신들의 고통과 슬픔을 결코 드러내서는 안 된다는 생각은 성서적이지 못합니다. 사도 바울은 자신의 고통과 약점을 기탄 없이 자랑했고, 자주 기도해줄 것을 요청했습니다. 자신의 영적인 보호아래 있는 신도와 함께 자신의 문제들을 나누지 않는 교회지도자는 신도들도 똑같이 자신처럼 하라고 본을 보이는 것밖에 안 됩니다!

만약에 여러분의 친구들이나 교회 성도들이 여러분이 원하는 만큼 개방적으로 대하지 않을 때는 어떻게 하겠습니까? 이 경우는 여러분이 어떻게 하느냐에 달렸습니다. 일반적으로 친교는 우연히 찾아지는 것이 아니고 만들어지는 것입니다! 나는 이 사실을 고등학교 다닐 때 내 친구 다이아나로부터 배웠습니다. 대화가 일상의 시시한 얘기 수준을 넘지 못할 때 그 담장을 기어 넘어 가고 싶어하는 성격을 가진 아이가 다이아나였습니다. 다이아나가 농담하고 장난 칠 줄 모르는 여자라는 말이 아닙니다. 오히려 정반대인 아이였습니다! 그렇지만 다이아나는 친구들이 자신들의 생각과 감정을 솔직히 내 놓을 수 있도록 이끌 줄 아는 아이였습니다. 내가 생각하기에 다이아나의 비법은 남들이 이야기 할 때 경청해서 잘 듣고 적절한 질문으로 잘 대응하는 것이었습니다. 다이아나의 얼굴 표정은 듣고 있는 자신이 정말로 관심 있어 한다는 것을 나타냈습니다. 움직이는 눈빛과 다른 모든 것들도 물론이었고...

다이아나는 듣기만 한 것이 아니었습니다. 다이아나는 함께 나눌 줄 알았습니다. 물론 여러분의 깊은 생각, 공포, 걱정 등을 다른 사람과 나눈 다는 것은 두려운 일입니다. 여러분을 취약하게 노출시키는 일이니까요. 하지만, 여러분을 드러내 보이는 것이야말로 사랑이라는 것의 모든 것 아닌가요? 약점 노출. 다이아나는 슬기롭게 그리고 사랑스럽게 그녀가 만나서 알게 된 사람들의 세계를 "침입"함으로써 진정한 친교가 무엇인지를 우리에게 가르쳐주었습니다. 다이아나는 이렇게 말하곤 했습니다. "너가 떠나기 전에 잠시 함께 기도하지 않겠니?" 고통을 겪고 있는 사람들과 깊고 의미 있는 성도의 대화를 나누는 것은 매우 절실합니다. 진부한 얘기나 나누면서 고통을 이겨낼 수는 없는 것입니다. 진부한 얘기는 세상 사람들과 이미 충분히 나누었으니까요.

여러분이 고통을 겪고 있을 때 성도들과 밀접한 관계를 유지하고 긴밀한 나눔의 친교를 갖기 위해서 여러분이 할 수 있는 일이 있습니다. 기도하는 일입니다.

오래 전 한 기독교 대학 합창단이 봄 방학을 맞아 동부 몇 주를 순회 공연하던 중, 우리 동네 한 교회에서도 공연을 했던 일이 기억납니다. 공연이 끝난 후 단원들은 두 세 명씩 나누어져 교회 성도들 집에서 하루 밤을 지내기 위해 흩어졌습니다. 내 친구 스티브의 부모님 댁으로도 두 명의 여대생이 배정되었습니다.

스티브 부모님들과 초대된 여대생 두 명이 거실에 앉아 음료를 마시면서 얘기를 나누고 있을 때, 부모님은 부드럽고 자연스럽게 화제를 예수님으로 돌려서 어떻게 주님을 영접했고 주님이 어떻게 자신들의 생에 역사하시고 계신지를 두 학생에게 물어 보셨습니다. 질문을 받자 두 학생은 서로를 바라보며 웃음을 지은 뒤 즐거운 탄성을 질러서 부모님들이 오히려 놀랐습니다.

그 중 어린 여대생이 외쳤습니다. "이런 질문을 하시니 제가 정말로 기쁩니다." 이렇게 포문을 연 뒤, 자신의 성장 배경에 대해 나눔을 갖기 시작했습니다. 그녀는 기독교인이 된 지 일년이 채 안 됐다고 했습니다. 주님을 영접한 후 그녀의 관심은 자연스럽게 자신의 부모님들에게 향해서, 그들도 자기처럼 주님과 동행하는 삶을 살기 원했지만 별로 관심을 보이지 않았다고 합니다. 아버지를 설득해서 교회로 인도하는데 몇 주일이 걸렸다고 합니다. 처음으로 교회에 나간 날 아버지는 예배동안 감화를 받은 듯 보였다고 합니다. 사람들도 친절했고, 설교 말씀도 적절했고, 모든 것이 아주 좋았다고 합니다. 아버지는 교회 현관을 나오면서 딸에게 말했답니다. "오늘 예배는 정말 나를 감동시켰어. 아마도 때가 되면 나도 너와 같이 되겠지. 제발 강요하지만 말아다오." 그녀는 너무 좋아 속으로 하나님께 감사 기도를 드렸고, 아버지에게 결코 억지 강요는 하지 않겠다고 약속했답니다.

그녀의 가족이 자동차 안으로 막 들어가려고 할 때, 한 남자가 주차장 저편에서 차를 몰고 다가서더니 그녀의 아버지에게 큰 소리로 외쳐 인사를 건넸다고 합니다. 이 남자는 이 교회 장로였고 아버지와 직장에서 몇 번 마주친 적이 있는 사람이었다고 합니다.

이 장로는 웃으며 그녀의 아버지에게 악수를 청하고 말을 건넸다고 합니다. "안녕하슈? 여기서 만나게 되어 반갑소." 창문 밖으로 목을 내밀고 식구들에게 "부인 및 가족과 함께 나오셨군요" 하고 인사도 했답니다. 거기까지는 좋았는데, 그 다음에 이 장로가 아버지에게 던진 말이 그녀의 눈살을 찌푸리게 했답니다.

"어, 언제 시간이 되면 내게 전화 한번 주시지 않겠소. 우리 함께 차라도 한 잔 합시다. 괜찮죠? 어, 나는 가봐야 하오. 잘 지내시오." 이렇게 내 뱉고는 떠나버렸답니다.

그녀의 아버지가 차 안으로 들어가고 차문을 닫을 때, 그의 얼굴 표정이 너무 굳어져 있어서 숨길 수가 없을 정도였답니다.
 주차장을 빠져나가면서 아버지는 말씀하셨답니다. "얘야, 나는 이 교회 사람들은 다른지 알았어. 그런데, 나하고 하나도 다른 것이 없구나." 이 주차장 사건 이후로 아버지는 복음에 대해 마음 문을 꽉 닫고, 다시는 이 교회에 오시지 않았고, 그 딸과 영적인 것들에 대해 더 이상 이야기조차 하지 않았다고 합니다. 이야기는 이 정도에서 그친 것이 아니고, 그녀의 믿음 생활을 가족들이 못마땅하게 여기기 시작해서 그녀가 친한 친구를 데리고 이번 부활절 휴가를 위해 자기 집 여름 별장에 도착했을 때, 부모님께서 떠나 줄 것을 정중히 요구했다고 합니다.
 "이렇게 해서 내가 이번 부활절 휴가를 가족과 못 지내고, 이렇게 합창단 순회 공연에 합류하게 된 거에요. 이 모든 일들에 대해 누구와 얘기하는 것이 정말로 괴로웠습니다. 이번 한 주간 동안 내가 머물렀던 가정의 모든 분들은 참으로 좋으신 분들이었습니다. 하지만, 우리가 나누었던 대화는 날씨 얘기가 전부였어요. 그래서, 이 내 친구와 나는 오늘 오후에 함께 기도 드렸어요. 오늘 밤에 배정 받게 되는 집에서는 우리의 마음 문을 정말로 열어 놓고 함께 나누고 함께 기도할 수 있게 해 달라고요! 그래서 화제를 이렇게 이끌어 주셨을 때, 어... 나는 너무 신기하고 좋아서 소리를 질렀던 것이죠!"
 친교 할 수 있게 해달라고 우리가 하나님께 기도하고, 실제로 그 친교가 이루어지도록 누군가가 우리에게 접근할 때 어떤 일이 벌어지는지 여러분은 이제 알 수 있겠습니까? 주위에 성도들과 친교로 함께 나눈다는 것 그것이 고통에 대한 최고의 응답 중에 하나라고 나는 생각합니다.

3 기다림

울어도 좋습니다

　나의 첫번째 책 『조니』가 1976년에 출판되었을 때, 하나님께서 내 책을 많은 사람들이 사용하게 하실 줄은 나는 생각조차 못했습니다. 흥미로운 편지들이 홍수처럼 내게 밀려 들어왔습니다. 내가 그린 그림을 주문하겠다는 단순한 편지에서부터 친근한 개인적인 사연의 편지, 비탄에 젖어 도움을 요청하는 편지에 이르기까지 다양했습니다. 그 중에 하나를 소개하면 이렇습니다.

　　조니에게
　　내 조카가 최근에 목을 다쳐 마비 상태입니다. 그는 심각한 절망에 빠져 "왜, 왜 내가?!"하며 지내고 있습니다. 저자이신 당신께서 책에 싸인을 해서 조카에게 보내주시면 좋을 것 같습니다. 절망에 어떻게 대처하면 좋은지 짤막하게 몇 자 적어서 함께 보내주시면 더 좋을 것 같습니다. 고맙습니다.

　이런 분들의 사연에 접하면 내 가슴은 미어집니다. 고통을 겪고 있는 사랑하는 사람의 병상 곁에서 무력하게 서있는 것처럼 낙망스런 것도 없습니다. 도움이 될만한 책을 건네 준다거나, 적절한 격려의 말을 나눌 수 있다면 얼마나 좋겠습니까. 하지만 전신마비와 같이 어려운 상황에 처한 분들을 나는 안타깝게 여기기는 하지만, 내가 책 한 권이나 편지 한 통을 보내는 것이 문제를 해결하는 처방책이 되리라고는 생각하지 않습니다.

　우선, 엄청난 일이 벌어진 직후에 있는 분에게는 권면이나 깊은 지혜의 말이 통하지 않습니다. 열 일곱 살 나이에 사고를 당해 전신에 기부스를 하고 누워있던 나의 처음 수 주간을 기억해봐도, 아무리 역경을 훌륭하게 이겨낸 사람의 책이 내게 주어졌어도 소용이 없었을 것입니다. 솔직히 그 당시 내가 가장 원하지 않았던 것은 휠체어에 앉은 사람이 함박 웃음을 지으며 내게 해답을 주겠다고 나타나는 것이었습니다.

　막 다리를 잃었거나, 말기 암 선고를 받았거나, 목을 다쳤거나 하신 분들의 첫 반응은 절실하게 이유를 찾는 것일 겁니다. "왜, 왜 내게 이런 일이 닥친 거야?" 그는 웁니다. 그러면 우리는 곧바로 달려들어 왜 이런 일이 일어났는지 성경구절을 들이대고 그에게 설명해 줍니다. 하지만 대개의 경우 그가 "왜? 내게?"라고 물을 때, 실제로는 질문을 던지는 것이 아닙니다. 그것은 일종의 감정 해소일 뿐입니다. 때로는 일종의 원망일 수도 있습니다. 그것은 결코 원인을 찾아보려는 마음에서 우러나는 "왜?"가 아니고, 주먹을 불끈 쥐고 한탄하는 "왜?!" 입니다.

　그가 다시는 걸을 수 없다는 것, 또는 정말로 암 말기라는 것, 또는 절박한 사연 어떤 것이던, 이것들을 인정하고 받아들이는 데는 **시간이 걸립니다**. 통곡하고, 원망하고, 분노하고, 감정을 헤아려 다스리고 난 후에 **그제서야** 일종의 "물어보는 무드"로 접어들 수 있는 것입니다. 이 단계에서 우리의 권고와 상담은 도움이 되는 것입니다.

　나의 경우 전신마비라는 문제를 대처하는데 스티브가 큰 도움을 줄 수 있었던 것은 사고를 당한 후 만 2년이라는 기간동안 꾸준히 함께 할 수 있었기 때문이었습니다. 내가 질문을 시작할 수 있고 해답을 경청할 수 있게 되는데 충분한 시간이었습니다. 스티브말고도 다른 분들이 나를 도와주려고 했습니다. 그러나 그분들의 도움은 사고 직후에 있었기 때문에 내가 도움을 받아들일 자세가 안 되어있었습니다.

　심각한 사고나 질병이 막 닥친 분에게 책이나 성경구절을 보내드리고 싶지 않은 또 다른 이유가 있습니다. 내가 마치 다음과 같이 이야기하는 것으로 그분이 오해하지 않기 위해서 입니다: "아닙니다, 아니에요! 울지 마세요. 눈물을 거두세요. 성경에서 고통에 대해 이렇게 많이 말씀해주고 있지 않습니까. 더 이상 괴로워할 필요가 없어요." 슬픔과 비탄에 젖을 것이 **아니라** 고통의 가치에 대해 성경이 무엇이라고 말씀해 주는지 우리가 배울 필요가 있다는 식으로 그에게 훈계하고 싶지 않습니다. 나도 다음과 같은 식으로 쓴 책이나 설교를 접한 적이 있습니다: "우리가 모든 일에 진실로 감사 드리고 우리의 고통을 하나님 말씀에 비추어 보면, 고통이 고통처럼 여겨지지 않는다." 그러나 이와 같이 비현실적이고 모든 것이 좋고-좋은 식으로 시련에 접근하는 것은 성서적이지 못합니다. "모든 일에 감사 드려라" 하는 말은 "모든 일을 백만 불 같이 느껴라" 하는 것과 같을 수는 없습니다. 우리는 애통하고 슬픔에 젖을 자유가 있습니다.

한 예를 들겠습니다. 내 친구 제닛과 남편은 세 살 난 아들을 암으로 잃었습니다. 금발에 파란 눈을 한 귀여운 사내 아이 브래들리가 죽음에 이르는 것을 일년 반 동안 지켜보았습니다. 브래들리가 죽었을 때 부모들은 깊은 슬픔에 잠겼습니다. 하지만 이 시련을 겪는 동안 그들은 결코 하나님께 원망하지 않았습니다. 그들은 계속해서 주님을 사랑하고 섬겼으며, 주님께서 자신들을 돌보신다는 것과 주님이 하시는 일에 뜻이 계시다는 것을 전적으로 신뢰하였습니다.

브래들리의 장례식을 치루고 난지 2주일쯤 지난 어느 날 제닛은 그녀의 교회 부인성경공부에 참석했습니다. 성경공부가 끝난 후 다른 부인들과 함께 복도를 걸어 나오는데 한 어린 아이가 발판 위에 올라서서 발뒤꿈치를 들고 음료대에서 물을 마시려고 하는 모습을 목격했습니다. 이 장면을 보자 죽은 자기 아들이 살아 있을 때 바로 그 자리에서 똑 같은 모습으로 물을 마시던 모습이 생생하게 떠올랐습니다. 제닛은 흐느끼기 시작했습니다.

왜 그런지 알아차린 제닛의 친한 친구는 아무 말 없이 같이 걸으면서 그녀의 어깨를 어루만져 주며 위로해 주었습니다. 제닛에게 위로의 말이 필요했던 것은 아니었으니까요.

바로 그때 제닛을 알지 못하는 또 다른 부인이 나타나 제닛이 울고 있는 것을 보고는 자기 딴에는 도와줄 기세로 다가와서는 제닛을 토닥거려 주면서 이렇게 말했습니다: "내가 기도해드리죠. 주님을 찬양하세요."

이 두 마디 말이 불을 붙이고 말았습니다.

후일에 제닛은 그 순간 어떤 기분이었는지 토로했습니다. "그 여자에 대한 분노의 감정을 다스려 달라고 하나님께 정말로 기도 드려야만 했어. 물론 그 여자도 나를 도와주려고 한 말이었지. 하지만 '주님을 찬양하세요' 라고 던지는 말투가 내게는 마치 주님을 의지한다고 하면 울어서는 안 된다는 것처럼 느끼게 했다구." 잠시 머뭇거린 후 제닛은 계속 침착하게 말을 이었습니다. "주님을 의지하는 것은 눈물을 흘리는 것도 포함하는 것임을 아마도 그 여자는 몰랐던 것 같애. 우는 자와 함께 울라고 하신 하나님의 말씀을 아마도 그 여자는 잊었던 것 같애."[8]

제닛이 옳았습니다. 예수님께서 친구 나사로의 무덤 앞에서 서 계셨을 때, 죽음이라는 현실 앞에 예수님도 우시지 않았습니까. 비록 우리가 언젠가 부활할 것이지만, 당장 죽음이라는 것은 두려운 것 아닙니까. 이 세상에서 우리가 겪는 모든 고통은 두려운 것입니다. 기독교인들이 두려움을 느끼지 않고서도 자신들의 시련으로부터 유익함을 얻을 수 있다고 여긴다면 그것은 어리석은 생각입니다. 예수님이 나사로의 무덤 앞에서 눈물을 흘리실 때, 슬프면 울어도 좋다는 것을 우리에게 보여주신 것입니다.

하나님은 우리에게 눈물을 틀어막을 것을 요구하지 않으십니다. 그런 요구를 우리 서로에게 강요하지 않도록 합시다. "울 때가 있고... 슬퍼할 때가 있으며..."(전 3:4).

밤의 애가

그렇지만 우는 것으로 충분하지 않습니다. 여러분의 몸이 아파서 견디지 못할 때, 슬픔으로 가슴이 찢어질 때, 온 정신이 갈피를 잡지 못할 때, 그리고 무거운 죄책감이 여러분의 영혼을 짓누를 때, 여러분이 겪고 있는 것을 이해하는 누군가가 존재한다는 사실을 여러분이 아셔야 합니다. 아마도 이런 사실을 깨달을 수 있는 가장 좋은 곳 중에 하나가 시편일 것입니다. 시편은 보통 글이 아닙니다. 왜냐하면 시편의 상당부분이 절망의 질곡을 헤쳐 나오면서 쓰여졌고 절망의 골짜기에서 읽어지도록 의도되었습니다.

시편의 많은 글을 쓴 시인 다윗은 고통의 의미를 알았습니다. 젊은 시절에는 사울의 군대에 쫓기는 신세로 그의 목숨은 풍전등화였습니다. 전투에서 그의 가장 절친한 친구 요나단을 잃기도 했습니다. 왕이 된 후에는 간음과 살인을 행한 죄책감에 시달려야 했습니다. 그의 한 아들은 어린 나이에 죽었고, 그의 여생, 그의 가족, 그의 왕국은 근친상간, 반역, 살인, 전쟁으로 시달려야 했습니다. 우리는 다윗으로부터 진실로 많은 고통을 안고 있었던 한 인간을 보게 됩니다!

다윗의 시 대부분은 우리가 처한 문제들에 해답을 주지는 않습니다. 자세하고 진실하게 하나님께 도움을 요청하는 내용이 대부분입니다. 하지만 그의 기도를(다른 시편 기자들의 기도도 물론이지만) 가만히 앉아서 읽어보면, 나만 문제가 있는 것이 아니라는 것을 알게 됩니다. 내가 느끼는 심정을 이해하는 어느 누군가가 바로 여기 있다는 것을 알게 됩니다. 그도 역시 나와 똑같은 감정을 가졌었다는 것을 알게 됩니다.

마치 나와 다윗이 들판에서 그가 돌보는 양 떼 옆 바위에 나란히 앉아있는 기분입니다. 시적인 기교로 다윗이 자신의 아픈 마음을 하나님께 토로해 내는 것을 내가 듣고 있는 듯한 기분입니다. 이렇게 하면, 다윗은 나의 아픔까지도 하나님께 토로해 내는 것이 됩니다. 맞습니다. 그의 시는 바로 내가 생각하는 것, 바로 내가 기도하고자 했던 것을 포착해 표현해 낸 것입니다. 그래서 다윗의 시는 하나님이 나의 생각을 들으시고 이해하셨다는 것을 나로 알게 해주는 것입니다. 다윗이 하나님 앞에서 어떻게 신음하고 있는지 시편 6편을 들어 보시죠:

내가 탄식함으로 곤핍하여 밤마다 눈물로 내 침상을 띄우며 내 요를 적시나이다

(시 6:6)

여러분의 베개가 눈물로 젖는 어느 슬픈 밤을 완벽하게 표현하고 있지 않습니까? 시편 38편을 보면 불안과 죄책감으로 하나님께 통곡하는 다윗과 같은 기분이 되지 않습니까?

> 내가 넘어지게 되었고 나의 근심이 항상 내 앞에 있사오니 내 죄악을 고하고 내 죄를 슬퍼함이니이다... 여호와여 나를 버리지 마소서(시 38:17-18, 21).

우리가 다윗과 더 많은 시간을 보내면 보낼수록 우리의 감정을 그에게 맡기게 됩니다. 왜냐하면 우리가 겪고 있는 고통을 똑같이 겪는 사람을 우리가 보기 때문입니다. 그래서 다윗의 절망이 하나님께서 그의 기도를 들으셨다는 확신으로 바뀔 때, 다윗의 확신은 우리의 확신이 되는 것입니다. 그렇다면, 우리는 그와 함께 말할 수 있는 것입니다:

> 주여 나의 모든 소원이 주의 앞에 있사오며 나의 탄식이 주의 앞에 감추이지 아니하나이다(시 38:9).

아픔은 여전히 그대로 남아 있습니다. 하지만 슬픔이 아무리 몰아친다 하더라도 명멸하는 불빛처럼 사라지는 것을 우리는 원치 않는 것입니다.

> 여호와여 내가 주를 바랐사오니 내 주 하나님이 내게 응낙하시리이다
> (시 38:15).

다윗이 이렇게 소망할 수 있었다면, 나도 할 수 있지 않겠습니까? 자신의 죄악에도 불구하고 간음한 자, 살인한 자가 하나님과 대면할 수 있었다면, 나도 할 수 있는 것 아닙니까? "예"라고 소리칠 만한 것입니다! 다윗도 가끔 바로 이와 같이 기뻐서 외쳤습니다. 여름 한낮의 더위 뒤에 쏟아지는 시원한 소나기와 같이 그의 슬픔은 기쁨으로 변해 소리쳤습니다:

> 내가 여호와를 기다리고 기다렸더니 귀를 기울이사 나의 부르짖음을 들으셨도

다. 나를 기가 막힐 웅덩이와 수렁에서 끌어올리시고 내 발을 반석 위에 두사 내 걸음을 견고케 하셨도다. 새 노래 곧 우리 하나님께 올릴 찬송을 내 입에 두셨으니 많은 사람이 보고 두려워하여 여호와를 의지하리로다(시 40:1-3).

다윗의 삶이 변화된 것을 보면 우리 역시 인내심을 갖고 주님을 기다릴 수 있는 용기를 갖게 되고, 주님께서 **우리의** 신원함을 들으시고 **우리의** 발길을 견고한 반석에 올려 놓아 주시며 우리에게 찬양의 노래를 주실 것을 알게 됩니다. 한 때 의기소침했던 목동이 이렇게 얘기하는 것을 우리가 들을 때:

주께서 나의 슬픔을 변하여 춤이 되게 하시며 나의 베옷을 벗기고 기쁨으로 띠 띠우셨나이다(시 30:11).

우리도 언젠가 웃을 것이라고 믿을 수 있게 됩니다. 그가 이렇게 적을 때:

그 노염은 잠깐이요 그 은총은 평생이로다 저녁에는 울음이 기숙할지라도 아침에는 기쁨이 오리로다(시 30:5).

전에는 우리가 믿을 수 없었던 것을 우리가 믿게 됩니다. 우리들의 위기들 역시 궁극적으로 사라질 것이라는 것. 그리고 이 시인이 잠 못 이루는 밤을 아주 회화적으로 그려낼 때:

내가 누워 자고 깨었으니 여호와께서 나를 붙드심이로다(시 3:5).

우리도 마침내 잠을 잘 수 있는 것입니다. 왠지, 하나님께서는 이런 위로의 시편 구절들을 통해 우리 고통의 눈물을 해소의 눈물로 바꿔 놓는 것 같습니다. 울고 나면 마음이 한결 가벼워지고 다 해결된 것처럼 느끼는 사람처럼, 시편도 우리로 추스르고 일어서게 해줍니다. 우리의 깊은 고뇌를 하나님께 드러내고, 하나님이 여전히 의지할 가치가 있는 분이라는 것을 우리의 시달린 영혼에게 확신 시켜 줍니다.

하나님을 기다림

오래 전에 나와 우리 가족 모두는 스키 리프트를 타고 빙하로 깎여진 거대한 산 꼭대기에 올라가서 캐나다 앨버타주 재스퍼 공원의 광활한 모습을 내려다 보았습니다. 장대하고 멋진 소나무 숲과 거칠고 웅장한 지세, 짙푸른 호수 등이 우리 눈에 들어왔습니다. 오리털 잠바를 입고서도 절반은 추워서 떨고 절반은 멋진 광경에 떨면서, 우리는 거세게 몰아치는 바람 속에다 대고 서로 기뻐서 소리를 질렀습니다.

저 멀리 나무 숲 사이로 독수리 한 마리가 먼 산맥들을 배경으로 하나의 점처럼 날고 있는 것을 나는 감격스럽게 보고 있었습니다. 그 독수리가 선회하기도 하고 수직 낙하도 하면서 날고 있는 것을 바라보며 그 우아하고 편안한 비상에 경탄하였습니다.

독수리는 거대한 것들과 관련이 있는 듯합니다. 거대한 산과, 깊은 계곡. 우리는 항상 놀랍고 황홀한 자연 경관에서 독수리를 만납니다.

하나님은 독수리에 대해 말씀하셨습니다. 가장 칭송되는 구약 말씀 중에서 독수리의 날개침을 주님을 기다리는 기독교인이 겪을 고통스런 모험을 서술하는데 사용하고 있습니다.

> 소년이라도 피곤하며 곤비하며 장정이라도 넘어지며 자빠지되 오직 여호와를 앙망하는 자는 새 힘을 얻으리니 독수리의 날개치며 올라감 같을 것이요 달음박질하여도 곤비치 아니하겠고 걸어가도 피곤치 아니하리로다(이 40: 30-31).

"주님을 기다린다"는 의미는 무엇입니까? 어떤 사람은 이 기다림을 할 수 없어서 기다리는 것으로 생각합니다.(마치, 병원 대기실에서 자기 앞 순서에 열명이 더 있는 것을 알고 잡지책을 들추며 시간을 죽이고 있는 것과 같은 기다림) 그러나 성경에서 기다림을 이야기 할 때는 내가 얼마만큼의 고통이 필요하고 감내할 수 있는 지를 하나님이 아신다는 것을 확실히 믿고 의지하는 것을 의미합니다. 이 기다림은 주님이 나를 나의 짐으로부터 해방시켜 주실 날을 **희망적으로 기대하는** 것을 의미합니다.

그렇지만 힘들지 않습니까? 피곤하여 넘어지지 않습니까? 그럴 수 있습니다. 이런 것들이 고통을 겪은 자들의 흔적입니다. 그럼에도 하나님의 약속은 분명합니다. 고통 중에도 기다리는 사람은 다른 사람들이 전혀 알지 못하는 강인함을 받게 될 것입니다.

나의 몸 상태 때문에 여러분은 내가 지치고, 약해지고, 인생에 싫증을 낼 것이라고 생각하실지 모릅니다. 그러나 나는 하나님을 알고 주님이 나에게 새로운 몸을 주실 날을 확신하며 기다리기 때문에, 지금 나의 상황에도 불구하고 "독수리와 같이 날개치고 오를 수" 있는 것입니다. 나의 기대감은 나에게 인내와 힘을 줍니다. 마치 계곡으로 불어닥치는 강한 바람 속에서도 강력한 날개를 가지고 헤쳐나갈 수 있는 독수리와 같이…

오! 그렇습니다. 하나님을 기다리는 것이 나로 독수리와 같게 해주는 또 한가지 길이 있습니다. 내 몸은 이 휠체어로 고정된 채 제약을 받고 있습니다. 그러나 하나님이 예비하신 나의 미래에 대한 희망과 기대로 나로 하여금 지고의 기쁨으로 자유롭게 날며, 하나님의 깊으신 은총의 계곡을 답사하게 합니다.

※

내가 병원에서 퇴원한지 일년쯤 되었을 때 프랑스 귀족 귀욘 부인의 감동적인 이야기를 읽었던 것이 생각납니다. 이 천사 같은 여인은 질투하는 교회 성직자들로부터 이단, 마술, 간음 등의 허위 죄목을 뒤집어쓰고 1688년 투옥되었습니다. 그녀는 유죄 판결을 받았고 10년이라는 세월을 감옥에서 보냈습니다. 이 길고 외로운 수형 생활동안 그녀는 다음과 같은 시를 지었습니다. 하나님을 대망하는 고통 받는 영혼에게 하나님께서 힘을 주실 것임을 이 시는 아름답게 표현해 주고 있습니다.

> 나는 한 마리 작은 새.
> 창공의 공기로부터 차단되었네
> 그리고 여기 새장에 앉아 노래 부르네
> 나를 여기에 앉게 하신 주님께
> 수인이 된 것을 즐거워하며…
> 왜냐하면 나의 노래는 나의 주 당신을 기쁘게 하므로.

내가 달리 할 일은 아무 것도 없어
나는 하루종일 노래 부르네
그리고 내가 가장 기뻐하시길 바라는 주님께서는
참으로 나의 노래에 귀 기울이시네.
주님은 나의 방황하는 날개를 붙잡아 새장에 넣으셨지만,
여전히 귀를 기울이시고 내 노래를 들어 주시네.

나의 새장은 나를 뺑 둘러쌓았네
밖으로 나는 날을 수 없네
그러나 내 날개 비록 접어져 있지만,
내 가슴은 자유롭네
내 감옥의 담장도 이것을 막지는 못하네
이 비상. 이 영혼의 자유.

오! 비상하는 것 얼마나 좋은가
이 모든 쇠창살 막대들.
주님의 의도를 나는 경배 드리네.
그의 섭리를 나는 사랑하네
그리고 정신의 열락. 자유로 이끄는
주님의 전능하신 뜻을 찾은 가운데.

조니가 (맨 왼쪽) 처음으로 사역하기 시작했을 때, 동역자 친구 다이아나 무어 및 벳씨 샌드바우어와 함께.

조니의 언니 제이.

옛 시절 집안 식구의 주요 취미 활동이었던 승마를 즐기는 조니의 여동생 캐씨.

왼쪽: 빌리 그래함 전도 집회에 참석한 세 자매. 왼쪽부터 조니, 캐씨, 제이 (1977년).

가운데: 세계선교 총회에서 장애자들과 환담하고 있는 조니 (1977년).

아래: 빌리 그래함 목사님과 함께한 조니(1977년).

1978년에 한 걸음 더를 작업하며 찍은 사진들.

위: 조니와 스티브
가운데: 스티브의 부인 버나
아래: 스티브

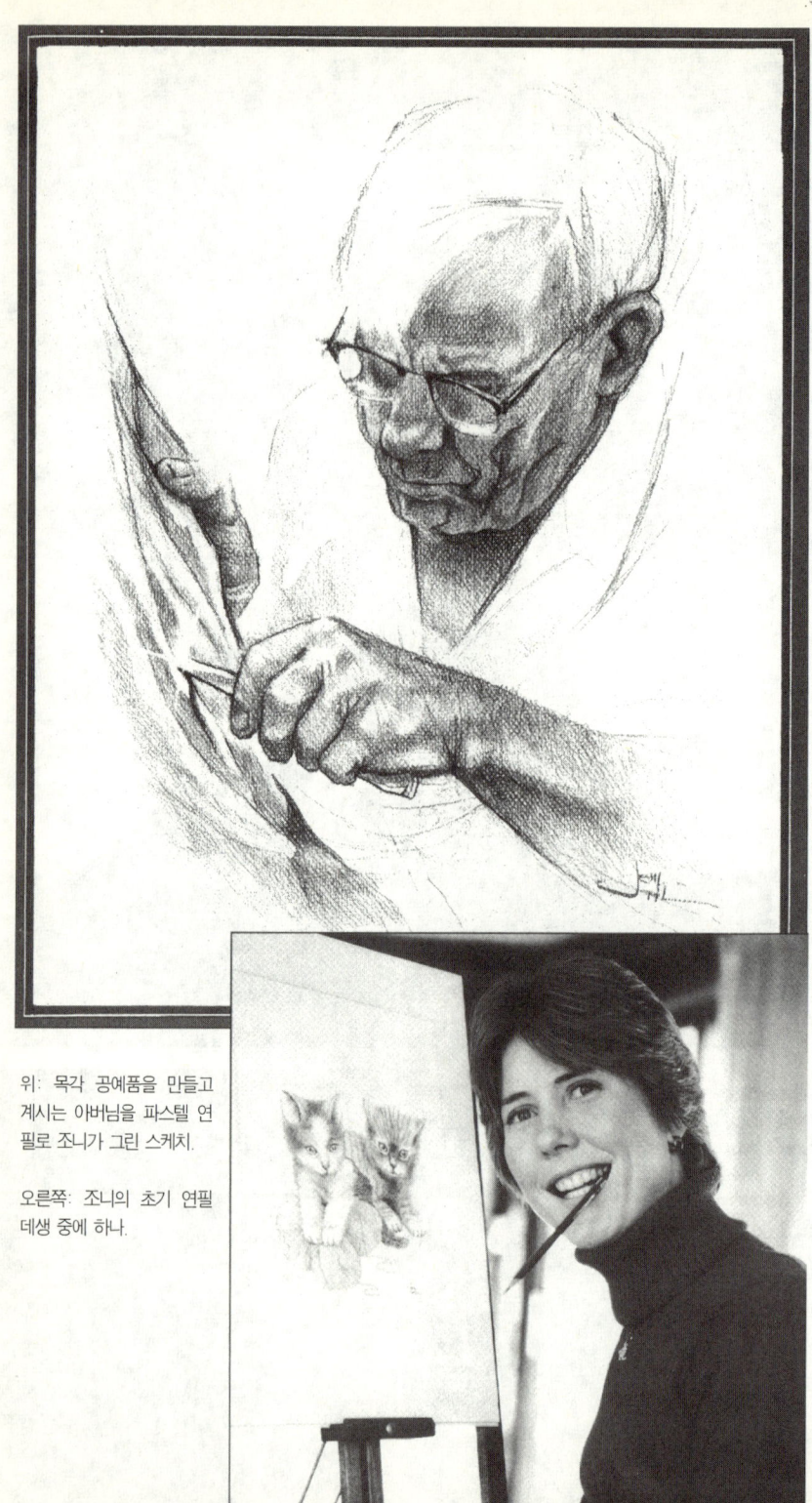

위: 목각 공예품을 만들고 계시는 아버님을 파스텔 연필로 조니가 그린 스케치.

오른쪽: 조니의 초기 연필 데생 중에 하나.

위: 말을 그리고 있는 조니 (1985).

아래: 완성된 작품.

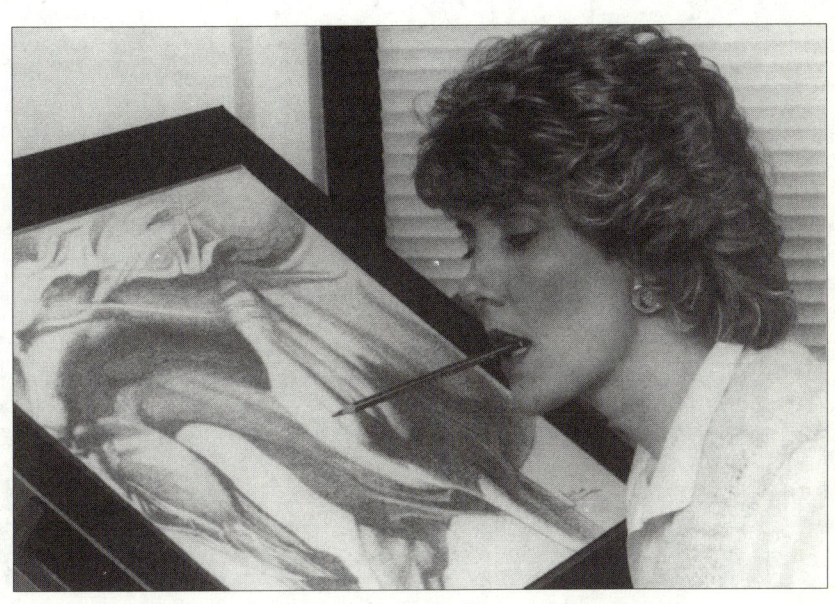

1982년 7월 3일 조니 이어렉슨 양과 켄 타다 군의 결혼식 날에 양가 부모님들과 함께.

우리 방금 막 결혼했어요!

켄파 조니 (1998년).

러시아 모스크바의 붉은 광장에서 (1991년).

위 오른쪽: 중국 북경의 자금성을 찾은 조니 (2000년).

아래 오른쪽: 폴란드를 방문한 조니 (1992년).

위: 장애자 법안 서명식에 참여한 조니를 백안관 뜰에서 맞이하는 부시 대통령 (1990년).

아래: 백안관에서 조니 부부를 접견하는 영부인 바바라 부시 여사 (1990년).

위: 아미쉬(기계문명을 거부하는 기독교 집단)들이 교통 수단으로 사용하는 마차 안에 올라탄 조니 부부.

가운데: 참치를 낚아낸 켄 타다씨의 망중한 (1999년).

아래: 베를린 장벽 앞에 선 조니 부부 (1989년).

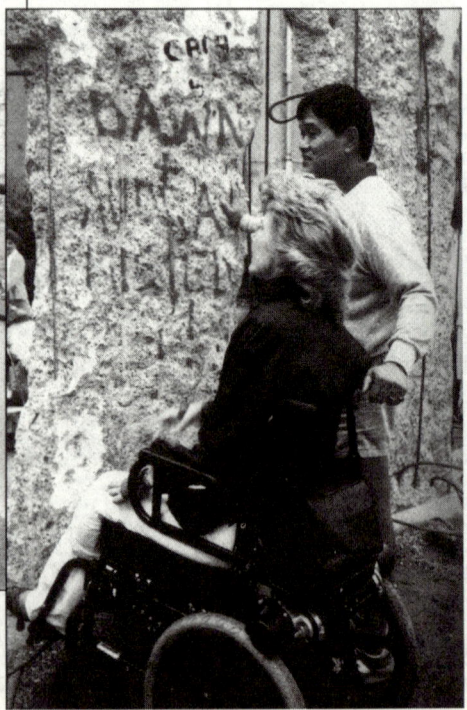

위: 선교의 샘 가족수련회에서 (1999년).

가운데: 운동 수련회에 티셔츠 차림의 참석자들과 함께한 조니.

아래: 가족수련회에 참석한 한 장애자와 환담하는 조니 (2000년).

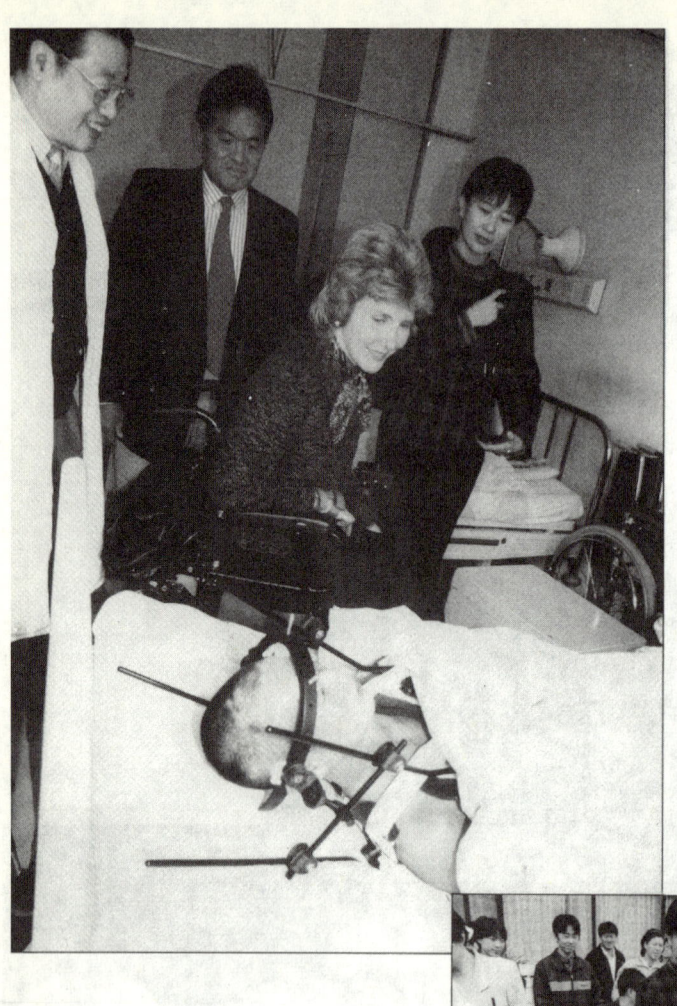

위: 중국 재활 연구소에서 병실을 돌아다니며 환자와 인사하는 조니 (2000년 북경).

가운데: 최근에 척추 신경을 손상 당한 어린 소년과 인사를 나누는 조니.

아래: 중국 재활 연구소에 입원 중인 환자들과 함께 한 조니.

위: 휠체어를 받고 기뻐하는 한 장애자.

가운데 왼쪽: 페루의 한 장애 소년에게 휠체어를 건네 주면서 높이를 조절해주는 세계 휠체어 보급회 직원.

가운데 오른쪽: 세계 장애 어린이들에게 휠체어를 전달하는 여행에 나선 베키 (1999년).

아래: 휠체어를 한 장애 어린이에게 전달하면서 부품을 조정하고 있는 베키 아버지.

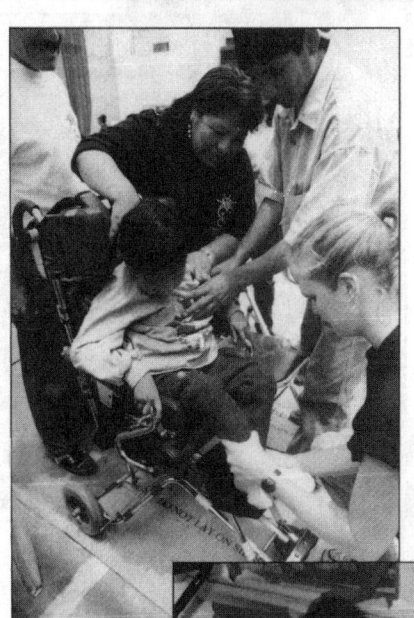

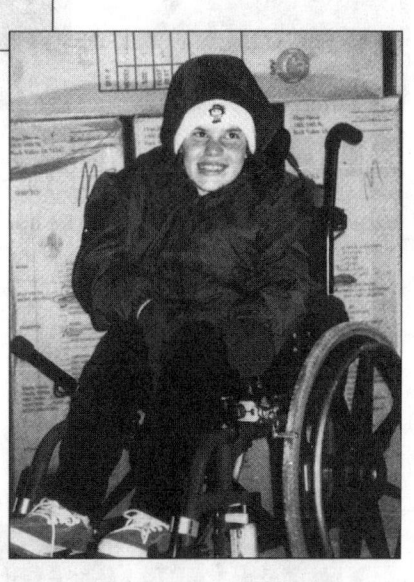

위: 레슬링 협회 명예의 전당에 아버지의 동판 초상을 헌정하는 식장에서 어머니와 함께한 조니 (1996년).

가운데: 함께한 4대 가족. 오른쪽부터 조니 언니 제이, 조니 어머니, 조니 조카 제이미, 조카 제이미의 아들 켄.

아래: 조니와 함께한 남편 켄의 가족들: 여동생 캐롤, 어머니, 조카 카일 (1997년).

위: 조니의 친정 어머니 린다 이어렉슨 및 시어머니 케이 타다.

아래: 1999년 크리스마스에 어머니와 함께 한 조니.

위: "조니와 친구들" 방송 녹화를 하고 있는 조니.

가운데: 조니의 50회 생일을 축하하는 카드들!

아래: 부인 버나 및 자녀들과 함께한 스티브 에스트 (1998년).

제3장
치유: 하나의 수수께끼?

한·걸·음·더 한·걸·음·더 한·걸·음·더

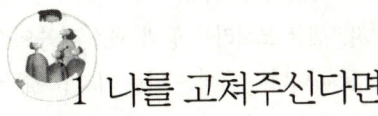 1 나를 고쳐주신다면

  오늘 오후는 온 집안이 아주 조용합니다. 조잘대는 애들을 가득 실은 학교 버스를 타고 내 조카 케이가 집으로 돌아오려면 아직 한시간 정도 더 남았습니다. 나의 화실 창 밖으로 텃밭을 가꾸고 있는 제이 언니가 보입니다. 오늘따라 친구도 방문객도 찾아와 주지 않습니다. 이런 날은 매우 힘듭니다. 그래서 지금은 나 혼자 집 전체를 지키고 있는 기분입니다. 이럴 때는 독서하기에 안성맞춤입니다.

  읽으려고 했던 책 한 권이 내가 지금 마주 앉은 책상 구석에 놓여 있습니다. 이 책은 팔꿈치로 쿡 찌르면 될 정도의 거리에 있어 보입니다. 손이나 손가락을 쓸 수 없기 때문에 "팔꿈치로 찌른다"는 말이 적당합니다. 내가 할 수 있는 전부는 이 책 곁에 팔을 갖다 대고서는 약하고 어색한 동작으로 한 번씩 꿈틀거리며 그 책을 내 앞으로 끌어오는 것입니다. 내가 사고를 당한 후 이런 동작을 익히는 데도 오랜 시간이 걸렸습니다. 그래서 지금은 이렇게 팔꿈치라도 움직일 수 있게 된 것을 감사하게 여기고 있습니다. 심지어 제본을 떼어낸 책이라면 팔꿈치를 움직여 내 스스로 페이지를 넘기고, 동시에 페이지가 넘어가지 않게 팔꿈치로 잡는 것까지 할 수 있습니다.

  그러나 오늘은 내 팔을 지지하고 있는 보조기가 연필 통이 놓여 있는 곳은 지나칠 수 있지만 이 책까지 닿으려면 10여 센티 정도가 모자라는 것 같아 곤란하게 되었습니다. 팔꿈치가 닿을 수 있는 한계선 바로 너머에 이 조그만 책이 있는 것입니다. 어—우—. 이것 좀 펼쳐 봐야겠는데. 팔목을 이 책에 갖다 댈 수 있지만, 팔목이 책 뒤쪽으로 조금 더 가야 책을 내 쪽으로 끌어당길 수 있습니다. 나는 약간의 전략이 필요합니다. 옳지, 지그재그로 책을 끌어보자. 책상 모서리를 향해 책을 왼쪽으로 끈 다음 다시 오른쪽으로 끌고, 좌우로 끌 때마다 조금씩은 뒤로 가지만 결국은 가까이 다가 올 것이다. 장애자들은 아주 간단한 일도 수월치 않은 골치거리가 되는 것에 익숙해야만 합니다.

오늘따라 이 작은 책은 내가 보통 팔을 펴면 닿을 수 있는 거리보다 불과 수 센티 정도 더 떨어져 있습니다. 내가 이 책을 움직이게 할 수는 있습니다마는 내 쪽으로 오게 하지는 못하는군요. 야, 이 책아, 좀 이리 와 다오. 팔꿈치로 툭툭 건드릴 때마다 오히려 이 책은 더 멀어지는 것 같습니다. 이제 나의 마지막 유일한 소망은 내 팔의 무게로 이 책을 내리 누른 다음 재빠르게 내 쪽으로 휙 낚아 채 보는 것입니다. 심혈을 기울여서 나는 책에다 팔목을 없습니다. 매우 약한 근육이지만 온 힘을 다해 내리 누른 후 잽싸게 당깁니다!

그러나 내가 성공한 것은 이 책을 땅바닥에 떨어뜨리고 마는 것입니다. 오 어, 아냐! 이 책아, 거기 그렇게 떨어져 있으면 어떻게 하니, 이젠 너를 잡지도 못한다. 창 밖을 내다봅니다. 제이 언니는 여전히 밭에서 일하고 있습니다. 내가 여기서 소리질러도 언니에게는 결코 들리지 않을 것입니다. 책을 주어 줄 사람은 아무도 없습니다. 손에 닿을만한 거리에 다른 책이 있는 것도 아닙니다. 나는 약이 올라서 속절없이 책꽂이를 노려보며 독서를 기대했던 60여분 동안 아무 것도 못하고 멍청히 앉아 있어야 할 판입니다.

바로 이런 때 나는 고침 받기를 소망합니다. 오해는 마세요. 내가 항상 이런 기분인 것은 아닙니다. 결코 자주 이런 기분이 드는 것도 아닙니다. 그렇지만 오늘 같은 날 내 몸이 고쳐졌다면 정말 도움이 될 것입니다! 나는 이와 같은 날을 "내—팔이—정상으로—돌아왔으면" 이라는 날로 부릅니다. 물론 현 상태에 만족하고 즐기기까지 하는 것을 배운 나지만, 정상인의 삶으로 돌아오는 것을 기대하는 것만으로도 신이 나는 것입니다. 솔직히 말씀드려서 기독교 장애인이던 그렇지 않은 장애인이던 고침을 받고 싶은 심정은 똑같을 것입니다. 내가 하나님과의 관계를 바르게 설정하고, 내 팔 다리를 다시 사용할 수 있게 된다는 것이 의학적으로 불가능하다는 것을 알고 난 후, 성경에서 이야기하는 기적적인 치유에 대해 내가 심각하게 관심을 갖게 된 것은 상당히 자연스런 일이었습니다.

나는 할 수 있는 모든 방법을 동원하여 기적적인 치유에 대해 조사하기 시작했습니다. 성경말씀을 연구하고, 책들을 읽고, 친구들 및 다양한 기독교 지도자들의 상담과 조언을 받았습니다. 모두가 동의한 것은 문제가 아무리 심각한 경우라 하더라도 분명히 하나님은 누구든지 고치실 수 있으시다는 사실이었습니다.

그러나 진정한 믿음을 갖고 하나님께 나오는 모든 사람을 하나님께서 고치길 원하시는지 안 원하시는 지에 대해서는 의견이 분분했습니다. 나는 두 가지 극단적인 의견이 있음을 알았습니다. 기적의 시대는 완전히 지나갔기 때문에 오늘날에는 기적을 구하지도 말고 예상해서도 안 된다는 의견이 있고, 또 하나의 의견은 기적이란 기독교인 각자의 일상 생활에 한 부분일 수 있으며 질병으로부터 고침을 받는 것은 신자가 누릴 중요한 유산 중에 하나라는 것입니다. 이 극단적인 두 개의 견해로 기독교인들의 의견이 양립되는 것을 나는 알게 되었습니다. 이 논쟁은 오늘날까지도 계속되는 것이며, 내가 강조하고 싶은 것은 양쪽에 속한 사람들 모두 예수 그리스도를 주님으로 모시고 성경을 하나님의 말씀으로 받아들이는 신실한 기독교인들이라는 점입니다. 이 논란은 신자와 불신자의 논쟁도 아니고 선한 사람들과 악한 사람들 간의 논쟁도 아닙니다. 이것은 일종의 집안 논쟁입니다.

이런 두 가지 견해를 알고 있는 나는 가능한 경우를 좁혀 가기 시작했습니다. 먼저 말씀드릴 것은 오늘날 신유의 치유는 더 이상 존재하지 않는다는 견해에 내가 동의할 수 없었다는 것입니다. 우선 도대체 누가 이렇게 말할 수 있는 것입니까? 단지 신유의 치유를 받은 사람을 내가 알지 못한다는 이유가, 내 생애 속에 주님께서 기적을 행하시지 않았다는 것의 증거가 되는 것입니까? 하나님은 자신의 뜻에 따라 사람들을 대하십니다. 어떤 사람에게는 비교적 쉽고 편안한 삶을 주시는 반면, 어떤 사람에게는 포로 수용소에서 하나님을 위하여 고통의 특권을 누리는 삶을 주시기도 합니다. 어떤 이들에게는 그들의 믿음에 대한 주님의 보상이 이 세상에서 나타나기도 하고, 어떤 이들에게는 그들이 죽은 후에 나타납니다(히 11:32-39). 하나님이 나를 기적적으로 고쳐 주시지 않았다는 사실이 주님께서 다른 사람들의 질병을 다루시는데 절대적인 기준에 될 수는 없습니다. 내게 기적의 치유가 없었다고 다른 사람의 경우도 그러할 것이라고 할 수 없을 것입니다. 신유의 능력으로 고침을 받은 사람이 내 생애에 없었다고 내가 확신을 갖고 말할 수 있으려면, 기적적으로 고침을 받았다고 주장하는 모든 경우를 빠짐없이 내가 확인할 수 있어야 할 것입니다. 게다가, 자신들이 주님의 능력으로 고침을 받았다고 주장하는 기독교인들의 모든 간증을 모조리 부인할 수는 없습니다.

이런 분들 중에 내 친구도 하나 있습니다. 신앙심 깊은 그녀는 심각한 백혈병을 앓았습니다. 모든 의학적인 노력이 수포로 돌아갔고 의사들은 얼마 못 살 거라고 했습니다. 그러나 그녀와 주위 사람들은 기도했고, 그녀가 검사를 받으러 의사한테 갔을 때, 의사는 놀라 입이 딱 벌어지고 말았답니다. 이 의사는 믿는 사람이 아니었는데, 일정 기간 혈액검사를 반복해서 실시하고 나서는 그녀에게 이렇게 이야기했다고 합니다. "의학적인 설명도 자연적인 설명도 드릴 수 없습니다. 당신은 가망이 없는 경우이었는데... 내가 드릴 말씀이라고는 이것은 기적이라는 것 뿐입니다." 이 일이 벌어진 것은 15년 전이었고, 그녀는 아직도 건강합니다. 내가 확실히 말씀드리지만 그녀가 내게 거짓말을 할 사람도 아니고 그녀 자신이 기적이 아니라고 믿도록 어떤 속임에 빠진 사람도 아닙니다.

물론, 나았다고 간증하는 사람들 중에는 단지 나았다고 생각하는 사람이 있을 가능성도 있습니다. 아마도 너무 감정적인 사람들은 그럴 수 있을 것입니다. 개중에는 관심을 끌기 위해서 심지어 거짓말로 병이 나았다고 한 사람도 있을 것입니다. 그리고 성경 몇 구절을 보면(예, 마 7:22-23; 24:24; 살후 2:9) 어떤 기적은 사탄으로부터 온 것일 수도 있음을 암시하고 있습니다. 그렇지만 모든 사람의 간증을 이런 것으로 분류할 수는 없을 것입니다.

신유의 치유가 존재하지 않는다고 어떤 사람이 확신할 수 있으려면, 그는 모든 사람들과 항상 함께 있어봐야 할 것이라고 앞에서 말씀드렸습니다. 그런데, 실제로 또 다른 방법으로 신유의 치유 여부에 대해 판단할 수 있습니다. 어떤 시점부터 하나님께서 어느 누구도 기적적으로 고치지 않겠다고 말씀으로 약속하셨다고 가정해 봅시다. 그러면, 그 이후로부터 모든 소위 신유의 치료는 사기극이던지 아니면 사탄의 짓일 것입니다. 실제로 성경이 가르쳐 주는 것이 이 경우라고 느끼는 기독교인들이 꽤 있습니다. 이들은 아무리 믿을 만해도 모든 치유의 간증을 무시해 버립니다.

모든 경험을 성경에 비추어서 파악해야지, 경험에 비추어서 성경을 파악해서는 안 된다고 주장하는 분들의 의견에 내가 전적으로 동감한다는 것을 꼭 말씀드리고 싶습니다. 현대 기독교인들은 어떻든 자신들의 경험에 많은 비중을 두는 경향이 있습니다. 그리고는 경험이 주는 결론을 일종의 절대적인 진리로 믿고 모든 것을 해석하고, 자신들의 경험을 성경말씀과 동등한 수준으로 올려놓는 것입니다.

물론 우리의 경험을 완전히 무시해야 한다는 말씀은 **아닙니다**. 기적적인 치유를 받았다고 주장하는 분들이 너무 많이 있기 때문에 이들의 주장을 단순히 무시해 버릴 수는 없습니다. 많은 경우 간증하는 분들이 신앙적으로 성숙한 분들이며 의학계에 종사하고 있는 분들도 많이 있습니다. 이러한 사실들은 더 이상의 기적을 인정하지 않는 자들에게 경고의 불빛을 던져 줍니다. 성경에서 보여주던 기적은 이 시대에 더 이상 존재하지 않는다고 느끼는 자들 중에 우리도 속해있다면 우리 정신에도 경고 등이 켜져야 할 것입니다. 우리가 다시 성경으로 돌아가서 하나님의 말씀을 올바르게 이해했는지 점검해야 할 것입니다.

하나님이 오늘날에는 더 이상 기적적인 치유를 행하지 않으신다는 주장에 나는 적어도 현재로서는 동의할 수 없습니다. 내 견해입니다마는 성경에 기적이 죽었다고 가르쳐주지 않으며, 우리의 경험도 이런 견해를 결코 지지하지 않습니다.

하지만 반대 입장은 어떻게 합니까? 기적적인 치유가 오늘날에도 가능하며 누구에게나 가능하다는 입장 말입니다. 예수님께서 고쳐주실 것을 진실로 믿는 자들을 결코 외면 하지 않으실 것을 주장하는 사람들을 어떻게 할 것입니까?

내가 목을 다친 지 얼마 안 되었을 때 내 상태를 잘 아는 친구와 주변 사람들이 바로 이런 견해를 갖고 자신들의 견해를 나와 나누기 시작했습니다. 이 견해를 신봉하는 많은 성도들이 나와 나누기를 원한다며 지금까지도 내게 편지를 보냅니다. 어떤 분은 책을 보내기도 하고, 많은 분들은 내가 나을 수 있을 뿐만 아니라 나아야만 한다는 근거를 입증해주는 성경 구절들을 모아서 보내 주기도 합니다. 여기 편지 몇 개를 소개해 드립니다:

"…요점을 말씀드립니다. 조니, 나는 당신이 나을 수 있다는 것을 믿습니다. 당신이 어떻게 배웠는지, 치유에 대해 어떻게 생각하는지 모릅니다. 그렇지만 고침은 오늘을 위한 것이고, 어떤 상태이던 간에 모두를 위한 것이라고 성경은 여러 곳에서 말해 주고 있습니다…"

"하나님이 당신을 지금의 상태로 있기를 원하신다고 당신은 믿고 있다고 들었습니다. 그러나 나는 믿을 수 없습니다. 그 이유는 이렇습니다…(이 점에 대해 수많은 성경 구절이 입증해주고 있습니다). 조니, 당신의 전신마비로 당신은 하나님께 영광 드린다고 말씀하실지 모릅니다. 그러나 당신이 고침을 받는다면 얼마나 더한 영광을 돌리겠습니까! 예수님께서 사람들을 고쳐주셨을 때, 고침을 받고 난 자들이 하나님께 영광을 돌렸다고 성경을 말씀해 주고 있습니다. 당신은 전 세계에 알려진 분입니다. 만약 당신이 고침을 받는다면, 그것이 얼마나 굉장한 일이 될지 상상해 보셨습니까? 하나님께서 얼마나 더 영광을 받으실 수 있는지 상상해 보셨습니까?…"

"요한복음 10:10을 보면, 우리가 풍성한 삶을 누릴 것이라고 되어 있습니다. 전신이 마비된 당신은 풍성한 삶을 누리고 있다고 본인 스스로에게 솔직히 말할 수 있습니까? 예수님께서는 인간들을 자유케 하기위해 오셨습니다. 당신은 휠체어에 갇혀 있습니다. 당신의 몸은 성령이 거하는 성전입니다. 주님께서 자신의 성전이 부서지고 구제불능의 상태로 있길 원하신다고 당신은 생각하십니까?…"

"…당신의 책에 한 장이 더 써진 것을 보고 싶습니다. 이 새 장의 제목이 '어떻게 하나님께서 나를 고치셨나'로 된 글을 보고 싶습니다."

참된 기독교인이면 누구든지 하나님께서 고쳐주실 수 있다는 것을 기대해야 한다고 하면서 그 이유를 나에게 적어 보내준 모든 편지를 여기서 나열할 필요는 없을 것입니다. 그렇지만, 내가 받은 여러 통의 편지로부터, 내가 읽은 책들로부터, 논의한 결과로부터, 나에게 제시된 공통적인 점들을 여기 요약해 봅니다:

1) 질병과 죽음은 사탄의 일이며 그의 행사라는 것(눅 13:16; 행 10:38). 예수님이 이땅에 오신 목적은 마귀의 권세를 무너뜨리는 것이었기 때문에(요일 3:8), 예수님을 믿는 자들은 질병으로부터 자유함을 기대할 수 있다는 것.
2) 예수님은 자신의 공생애에 사람들을 고쳐 주셨다는 것. 히브리서 13:8 같은 구절은 하나님이 여상 하시며, 예수님이 "어제나, 오늘이나, 내일이나 똑같으시다"는 것을 전해 준다는 것. 따라서, 주님은 과거에 그러하셨듯이 오늘도 여전히 사람들을 고쳐 주심에 틀림없다는 것.
3) 우리가 예수님의 이름으로 무엇을 요구하던 우리를 위해 이루어 주실 것이라는 성경의 약속을 우리는 갖고 있다는 것(요 14:12-14; 막 11:22-24; 요일 3:22; 기타 여러 곳). 이 약속 중에는 치유의 기도에 대한 주님의 약속도 포함한다는 것.
4) 믿는 자들의 건강과 치유를 구체적으로 보장하는 성경구절이 여러 곳 있다는 것. 가장 잘 알려진 것으로 이사야 53:5에, "그가 채찍에 맞음으로 우리가 나음을 입었도다." 또 다른 곳으로 시편 103:1-3에, "내 영혼아 여호와를 송축하라... 네 모든 병을 고치시며", 베드로전서 2:24, 야고보서 5:15 등이 있다는 것.

이 요약에 나타난 것들은 이치에 맞게 보였습니다. **"이제 내가 어떻게 해야만 하나"**라는 나의 질문에 해답을 주는 것으로 생각되었습니다. 신유의 치유가 있는가 없는가라는 문제에 대한 생각을 정리한 나는 고침을 받을 수 있다고 믿게 되었습니다.

2 나는 왜 고침을 받지 못했나?

비가 내리는 1972년 초여름 오후에 나의 가족, 친한 친구, 장로님과 목사님 몇몇 분 등 15여명이 우리집에서 가까운 조그만 오두막 교회에 모였습니다. 간단한 식순에 따라 우리는 돌아가며 성경구절 여기저기를 크게 읽었습니다. 읽은 구절 중에는 신약에서…

"그 후에 예수께서 성전에서 그 사람을 만나 이르시되 보라 네가 나았으니 더 심한 것이 생기지 않게 다시는 죄를 범치 말라 하시니"(요 5:14-15)

구약에서…

"오직 여호와를 앙망하는 자는 새 힘을 얻으리니 독수리의 날개 치며 올라감 같을 것이요 달음박질하여도 곤비치 아니하겠고 걸어가도 피곤치 아니하리로다"
(이 40:31).

등이 있었습니다. 그리고 여러분들이 치유를 약속하는 구절을 읽었습니다…

"너희 중에 병든 자가 있느냐 저는 교회의 장로들을 청할 것이요 그들은 주의 이름으로 기름을 바르며 위하여 기도할지니라. 믿음의 기도는 병든 자를 구원하리니 주께서 저를 일으키시리라 혹시 죄를 범하였을지라도 사하심을 얻으리라"
(약 5:14-15).

어떤 분은 고침을 받은 사람들의 이야기를 읽었습니다…

"…내가 네게 이르노니 일어나 네 상을 가지고 집으로 가라 하시니, 그가 일어나 곧 상을 가지고 모든 사람 앞에서 나가거늘 저희가 다 놀라 영광을 하나님께 돌리며 가로되 우리가 이런 일을 도무지 보지 못하였다 하더라!"(막 2:1-12).

읽기가 끝난 후, 그들은 올리브 기름을 내 목에 발랐습니다. 그리고는 나의 치유를 믿는 기도를 단도직입적으로 열렬하게 드렸습니다. 나를 다시 걷게 해 주심으로 주님께 영광을 돌릴 수 있게 해 달라고 우리는 주님께 간구했고, 주님께서 그렇게 해 주실 것을 우리는 믿었습니다.

우리의 간단한 예배가 끝났을 때, 비가 멎었습니다. 교회 정문을 나설 때, 안개 속에 저 멀리 무지개가 금빛 태양 빛을 머금고 빤짝이며 우리를 반겨주었습니다. 그때 바로 그 순간이 우리 모두에게 아주 감정적인 순간이었다고 말할 수는 없습니다. 그러나, 그 광경은 분명히 하나님께서 거기에 있었던 우리를 내려다 보셨고 우리의 기도를 들으셨다는 것을 나에게 다시 한번 확인 해 주는 것이었습니다.

나는 그 교회로 들어 갈 때의 마음가짐과 똑 같은 마음으로 교회 주차장을 빠져 나왔습니다. 하나님이 고쳐주실 것을 완전히 기대하면서… "주님 감사합니다." 차가 빠져 나올 때 나는 속으로 기도 드렸고, 주님께서 역사하시기 시작한 것을 내가 확신하게 된 것에 대해 주님께 찬양 드렸습니다.

❦

일주일이 지나고… 또 다시 일주일… 또 다시. 내 몸이 나아졌다는 말씀을 나는 여전히 받지 못하고 있었습니다. 내 머리는 "움직여!"라고 명령을 내렸지만, 손가락과 발가락은 여전히 움직이지 않았습니다. 나는 생각했습니다, 아마 고침은 천천히 나타날 거야, 점진적으로 회복되는 일종의 느린 과정.

나는 계속 기다렸습니다. 그러나 3주일은 한 달이 되고, 한 달은 두 달이 되었습니다.

내게 의구심이 일어나기 시작했을 것이라고 여러분은 상상하실 수 있습니다. 내 인생에 어떤 죄가 있는 것인가? 물론, 모든 기독교인들의 삶에 죄는 여전히 있습니다. 죄가 없는 사람은 아무도 없습니다. 하지만 내가 의식적으로 하나님께 반항한 적은 없었습니다. 나는 주님과 긴밀히 친교하며 지냈고, 매일 매일 주님께 대한 나의 죄와 잘못을 고백하고 용서의 확답을 받는 식으로 그때 그때 점검하며 살고 있었습니다.

우리가 뭐 잘못한 게 있지는 않았나? 하고 내가 친구 벳씨에게 물었을 때, 그녀는 그렇지 않다고 확신시켜 주었습니다. "조니, 우리는 잘했어. 성숙치 못한 이상한 신자들이 교회 지도자들의 권위 밖에 있는 이상한 일을 하려고 하지. 우리는 정식으로 안수 받은 목사님들과 장로님들에게 안수기도를 받았다구."

"그래 네 말이 맞지." 나는 고개를 끄덕였습니다. "우리는 야고보서 5장 및 다른 말씀에서 하라는 대로 그대로 했을 뿐이지."

그러나 그때 한가지 의문이 내 머리에 떠올랐습니다. 그것은 내가 지난 수년간 만났던 수많은 사람들이 기도한대로 고침을 받지 못했을 때 갖는 의문이었습니다. 나는 고쳐질 것을 정말로 믿었나?

이 의문이 얼마나 죄책감을 불러일으키는 것입니까. 이것은 절망적인 생각을 계속하게 하는 것입니다: 내게 무엇인가 잘못이 있어서 나를 고쳐주시지 않은 거야. 나는 완전히 믿지 않은 것이 분명해. 이렇게 되면 얼마나 괴로운 생각의 굴레에 빠져드는지 쉽게 짐작이 가실 겁니다.

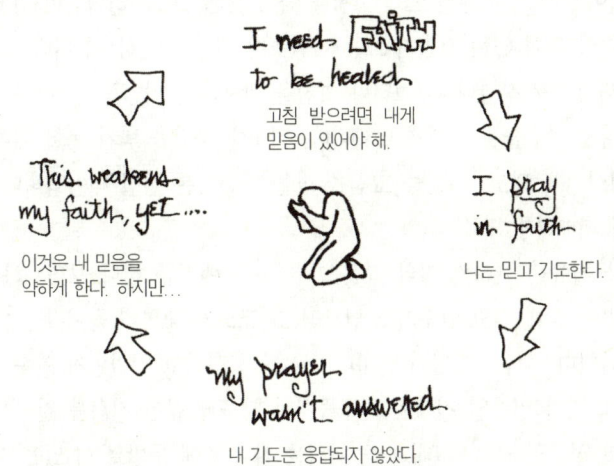

신체에 이상이 있는 기독교인은 자신의 친구에게 물을 겁니다. "내가 하나님께 간구하면, 하나님께서 고쳐주실 것으로 너는 생각하니?"

"물론이지, 주님은 고쳐주시고 말고." 친구는 확신 시켜줍니다. "그렇지만 의심을 해서는 안 돼. 조금이라도 의심하면 고침을 받지 못한다구."

믿음은 하나님의 말씀을 듣는 데서 온다는 것을 알고 있는 이 환자는 그래서 성경에 매달립니다. 하나님의 전능하신 능력과 약속의 말씀을 읽으며 믿음을 굳건히 합니다. 마침내 그는 치유를 받기 위해 기도할 준비가 됩니다. 그는 홀로도 기도하고, 교회 장로들과 함께 기도 하고, 치유 집회에서도 기도하고, 기타 할 수 있는 모든 수단을 다해 기도합니다. 그러나 그는 고침을 받지 못합니다.

"어떻게 된 거야? 뭐가 잘못된 거야?" 그는 자문해 봅니다. 때로는 주위로부터 이런 얘기를 듣습니다. "하나님은 잘못이 없으셔. 주님은 항상 준비가 되어 있고, 기다리신다고. 아마도 네가 주님을 끝까지 전적으로 신뢰하지 않았을 거야." 하지만 이 불쌍한 환자는 자신이 안수기도 받을 때 만큼 하나님께 전적으로 매달려 기도한 적이 자기생애에 또다시 없었음을 잘 알고 있습니다.

자, 일이 어떻게 귀결될까요? 고침을 받지 못했으므로 하나님이 정말로 그를 고쳐주실 뜻이 있는 것인지 그는 자연스레 의심하기 시작합니다. 그의 믿음은 약해지기 시작합니다. 그러나 고침을 받으려면 더 굳세게 하나님을 믿어야 한다고 사람들은 그에게 말합니다. 기도에 응답을 받지 못할 때마다 그는 더 의심하게 되고, 그만큼 고침을 받을 가능성은 점점 적어집니다. 결국 싸움에서 패배하게 되죠.

그러나 치유를 둘러싼 이와 같은 가슴 아픈 얘기를 하다 보면, 하나님의 치유 능력을 굳게 믿고 안수기도 받으러 그 조그만 교회에 들어갔던 내 자신이 기억납니다. 나는 그 당시 얼마나 치유를 확신하고 있었던지 안수 받으러 그 교회에 가기 일주일 전에는 친구들에게 다음과 같은 전화를 걸어 그들을 놀라게 할 정도였습니다: "내가 곧 너희들 집 현관에 두발로 서 있을 테니 두고 봐. 나는 고침을 받을 거니까."

믿음이 충분하지 못해서 고침을 받지 못했다는 것은 터무니없는 얘기입니다. 그럴 수는 없습니다. 고침을 받지 못한 이유는 다른 데에 있는 것이 분명합니다.

이 사건 이후로 나는 휠체어에 앉아 "왜 나는 고침을 받지 못했나?" 자문하며 수년을 보냈습니다. 치유에 관한 많은 책을 읽었고, 많은 사람들과 얘기도 해봤고, 성경 공부와 기도도 많이 했습니다. 아직도 완전한 해답을 얻었다고 말씀드릴 수는 없습니다. 그렇지만 몇 개 해답을 갖게 되었습니다. 그 해답은 성경이 준 것이었고 나에게 큰 도움이 되었습니다. 이 해답은 내가 지난 6년 동안 해답을 찾아 조사한 결론입니다. 그 내용이 어떤 것인지 말씀드리겠습니다.

그러나 나의 결론을 말씀드리기 전에 우선 경고의 말씀을 먼저 드리겠습니다. 간단히 한마디로 답변할 수 없는 기적의 치유와 같은 문제에 대해 우리는 종종 질문을 하지만, 질문에 대한 답변을 듣는 데에는 별로 인내심을 갖고 있지 못합니다. 한때는 나의 태도가 이런 적도 있었습니다. "내게 어떤 신학적인 세부 사항을 전해 주려고 하지마. 내 질문에 대답만 하라구." 그리고는 시간을 갖고 정신을 집중해서 답변을 듣고 생각해 보기를 내 스스로 거부했기 때문에, 해답이 없다고 스스로 간주해 버리고 자리를 뜨곤 했습니다.

성경에서 해답을 찾을 때 자칫하면 우발적으로 그리고 피상적으로 성경에 접근하기 쉽습니다. 그래서 느슨한 태도로 이곳 저곳을 뒤적거리다 말씀의 논지를 놓치고, 수사의 의미를 바로 이해하지 못하게 됩니다. 하지만 바울 사도는 진리의 말씀을 바르게 다루어야 한다고 전해줍니다(딤후 2:15). 말씀을 **부정확하게** 다룰 가능성이 분명히 있습니다. 베드로후서 3:15-16에서 베드로는 성경을 곡해하지 않을 것을 경고하고 있고, 성경의 어떤 부분은 이해하기 어렵다는 점을 환기시켜 주고 있습니다. 우리는 하나님의 말씀에 진지하게 접근해서, 말씀이 전하고자 하는 의도를 올바로 이해하려고 힘쓰는 자세가 필요합니다. 기적의 치유와 같이 논쟁의 여지가 있고 감정으로 치닫기 쉬운 사안에 대해 성경을 공부할 때는 특별히 신중하게 말씀을 상고할 필요가 있습니다.

이 점을 염두에 두고 기적의 치유에 대해 내가 내린 결론을 말씀드립니다: 하나님은 오늘도 기적적인 방법으로 질병을 고치실 수 있고, 실제로 고치십니다. 그러나 믿음을 갖고 하나님께 오는 모든 자들을 고쳐 준다고 성경은 우리에게 가르쳐 주지 않습니다. 고치시고 안 고치시고는 전적으로 하나님의 소관입니다.

어떻게 내가 이 결론에 도달했는지를 이해하기 위해서 다음과 같은 질문을 여러분 스스로에게 해보시기 바랍니다: "도대체 질병이란 무엇인가?"*

내가 의미하는 것은 "질병이 의학적으로 무엇이냐?" 도 아니고 "질병의 육

---

* 내가 사용하고 있는 질병이라는 단어는 모든 신체적인 문제들과 이상 증세들을 다 포함하는 것입니다. 예컨대 병, 기형, 장애, 수족 절단, 통증 등등.

적인 원인이 무엇이냐?"도 아닙니다. 내가 의미하는 것은 "질병이 성경적으로 무엇이냐? 왜 있는 거냐? 목적이 무엇이냐?" 하는 것입니다. 이런 질문에 대한 답변이 치유라는 주제에 많은 빛을 비춰줄 것입니다. 그리고 이 해답을 찾기 위해서 우리는 최초 우리의 조상과 에덴 동산으로 거슬러 올라갈 필요가 있습니다.

태초에 하나님이 우주를 창조하셨고 지구상에 인간을 창조하시며 그에게 지구를 다스릴 것을 위임하셨습니다(창 1:26). 하나님의 권위아래 아담과 이브는 지구를 다스렸습니다. 죄도 없었고, 따라서 죄의 흉악한 결과도 없었습니다. 오염도 없었습니다. 자연은 인간에게 호의적이었습니다. 인간의 생존을 위협하는 허리케인도, 홍수도, 화산 폭발도 없었습니다. 인간은 죽음과 질병이라는 것을 몰랐습니다. 에덴 동산의 향기로운 과일들이 치명적인 독을 갖고 있으리라는 위험은 없었습니다. 인간과 자연 모두에게 진정한 낙원이었습니다.

그러나 지구상의 낙원은 오래가지 못했습니다. 하나님께 대항해서 자존심 싸움을 건 사탄은 자신의 군대인 마귀들을 이끌고 하나님께 대적하는 왕국을 세웠습니다. 지구는 사탄의 활동처가 되었습니다. 인간은 죄의 유혹을 받아 금단의 열매를 따 먹었고 그 결과 이 땅에 저주가 내려졌습니다.

로마서 8:20-23은 사람뿐만이 아니고 자연계인 지구 자체도 허무와 탄식에 빠졌고, 끝이 없는 변천와 부패의 굴레에 떨어진 것을 분명히 말씀해주고 있습니다. 저주가 있기 전에는 모든 동물이 아마도 초식성이었던 것 같습니다만, 이제는 서로가 서로를 잡아 먹게 되면서 폭력이 정글을 지배하게 되었습니다.

자연은 스스로 뿐만 아니라 인간에게도 잔악해졌습니다. 한때는 자연과 인간이 협동을 이루었으나 지금은 서로 투쟁하게 되었습니다. 한때는 인간의 고된 수고 없이도 땅은 과실을 산출해냈습니다마는 이제는 잡초의 세상이 되었습니다! 야생 동물은 사람의 생명을 노리고, 홍수와 기근은 인류를 박멸할 위협이 되었습니다.

죄의 결과 사람은 육신과 영혼 모두의 문제들을 경험하기 시작했습니다.

하나님께 불순종한 직후, 아담과 이브는 죄책감을 갖게 되었습니다. 이것이 이 세상에 첫 부부싸움을 초래했습니다. 아담은 자신의 죄를 이브에게 돌렸습니다. 고독, 좌절, 슬픔, 인간의 모든 내면의 문제들이 여기에서 나타나기 시작했습니다. 머지않아 질투와 살인이 나타났습니다. 이후로 모든 인류는 하나님에게서 떠나 영적으로는 죽은 상태로 죄성을 갖고 태어나기 시작했습니다.

가시와 엉겅퀴가 지구를 공격해온 것과 같이 질병과 약함이 인간의 육신을 공격하기 시작했습니다. 창세기를 읽으면서 인간의 수명이 점점 짧아 진 것을 알 수 있습니다. 초창기 인류가 그러했던 것처럼 사람은 더 이상 수백 년 씩 살 수 없게 되었습니다. 질병이 온 세상에 횡행하고 말았습니다. 기형아와 정신박약아의 탄생은 일상적인 것이 되어 버렸습니다. 가장 최악의 현실은 모든 과정들이 죽음으로 끝이 난다는 것이었습니다. 동물들도 죽고 사람도 죽는다는 것.

그렇습니다. 죄가 그 특유의 결과를 초래했습니다. 사탄은 이 지구상의 왕이 되었습니다. 사탄은 "이 세대의 신"(고후 4:4), "공중 왕국의 권세 잡은 자"(에베소서 2: 2), "이 세상의 왕자"(요 12:31)가 된 것입니다.

이쯤되면, 우리의 질문에 이미 답을 한 셈입니다: "성경에서는 질병을 어떻게 보고 있습니까?" 질병은 죽음, 슬픔, 죄의식, 자연재해 등 인간의 죄로 말미암아 나타난 많은 결과들 중에 하나일 뿐입니다.[9] 인류의 죄 때문에 인류가 총체적으로 겪어야만 하는 신의 일반적인 저주 중에 일부분이 질병입니다.

그러면 죽음과 질병을 초래한 저주는 어떤 것입니까? 하나님께서는 단순히 이 세상을 포기하고 절망상태로 내버려두신 것입니까? 아닙니다! 그렇지 않습니다. 창세기로 거슬러 올라가면 언젠가 구속자가 오셔서 모든 죄를 심판하실 것임을 하나님은 약속하셨습니다. 구약 전체는 오실 구주를 예견하고 있고, 페이지를 넘길수록 메시아의 오실 모습은 점점 더 선명해집니다.

우선, 구약은 메시아가 죄를 다루실 것임을 명백히 하고 있습니다. 하나님의 백성은 용서하고 하나님께 불순종한 이방 죄인들은 멸망시키는 것으로 메시아는 이 문제를 다루실 것입니다.

둘째로, 구약은 메시아가 죄를 심판하실 것임을 명백히 하고 있습니다. 실제로 이사야서를 보시죠. 어떻게 자연계가 회복될 것이라고 말하고 있는지 들어 보시기 바랍니다. "...광야에서 물이 솟겠고 사막에서 시내가 흐를 것임이라 뜨거운 사막이 변하여 못이 될 것이며 메마른 땅이 변하여 원천이 될 것이며..."(이 35:6-7). 지구의 자연과 동물들이 모두 영향을 받을 것입니다. "이리와 어린 양이 함께 먹을 것이며 사자가 소처럼 짚을 먹을 것이며 뱀은 흙으로 식물을 삼을 것이니 나의 성산에서는 해함도 없겠고 상함도 없으리라..."(이 65:25). 옛날 이사야 선지자는 인류의 슬픔과 좌절이 변할 것임을 예견하였습니다. "여호와의 속량함을 얻은 자들이 돌아오되 노래하며... 희락을 띠고 기쁨과 즐거움을 얻으리니 슬픔과 탄식이 달아나리로다"(이 35:10). 또 질병에 관해서는 "그때에 소경의 눈이 밝을 것이며 귀머거리의 귀가 열릴 것이며 그때에 저는 자는 사슴 같이 뛸 것이며 벙어리의 혀는 노래하리니"(이 35:5-6).

이런 구약시대의 약속들과 함께 메시아에 대한 기대감은 예수님이 오셨을 당시까지 잔뜩 부풀어 있었습니다.

그러나 많은 사람들이 구약의 예언들을 두 가지 점에서 잘못 이해했습니다. 첫째로 이 모든 좋은 약속들이 이스라엘 족속에게만 해당되는 것이 아니고 전 인류에 해당된다는 것을 깨닫지 못했습니다. 둘째로 메시아가 단 한번에 오셔서 모든 것을 다 이루실 것으로 생각했다는 것입니다. 그들의 왕이 처음에는 겸손히 섬기는 자의 모습으로 오고, 그 다음에 왕의 광채로 오실 것임을 그들은 이해하지 못했습니다. 그들의 잘못은 모든 것이 단 한번에 모두 나타날 것으로 생각한 것이었습니다.

복음서의 초반부를 보면 유대 광야로부터 세례 요한이라는 야성적인 설교자가 나타난 것을 볼 수 있습니다. 요단강가에서 "천국이 가까이 왔다"(마 3:2)[10]고 하며 무리를 향해 회개할 것을 외칩니다. 하지만 예수님이 나타나셨을 때, 그는 그 천국이 이미 왔음을 선언합니다.[11] 예수님께서 귀신들린 사람을 해방시켜주고 나신 후 한번은 이렇게 말씀하셨습니다. "내가 하나님의 성령을 힘입어 귀신을 쫓아내는 것이면 하나님의 나라가 이미 너희에게 임하였느니라"(마 12:28; 눅 11:20). 또 한번은 바리새인들이 예수님께 "하나님의 나라가 어느 때에 임하나이까?" 물었을 때, 예수님께서는 놀라운 답변을 하셨습니다. "하나님의 나라는 볼 수 있게 임하는 것이 아니요 또 여기 있다 저기 있다고도 못하리니 하나님의 나라는 너희 안에 있느니라"[12](눅 17:20-21).

바리새인들은 하나님의 나라가 단 한번에 나타나는 것으로 기대하여서(눅 19:11), 그때 하나님께서 그의 적들을 물리치고 성스러운 "불꽃놀이"를 장엄하게 펼치며 예루살렘에 그의 왕국을 세울 것으로 예상했습니다. 그러나 그들은 그 왕이 바로 자기들 곁에 서있다는 것을 깨닫지 못했습니다. 하나님의 나라는 한 측면에서 이미 시작되었던 것입니다. 비록 하나님의 나라의 완전한 전개는 여전히 앞으로 닥칠 일이지만,[13] 예수님의 오심과 함께 그 나라는 이미 시작된 것입니다. 그렇기 때문에 마태복음 4:23에서와 같이 예수님은 "천국 복음"을 선포하신 것입니다. 예수님께서 오신 것은 이 땅의 주관자임을 자처하는 사탄을 대적하고, 자신의 의를 되찾고 만왕의 왕 되심을 확립하기 위함이었습니다. 인간의 잘못으로 인간을 죄로 떨어뜨려 버린 저주를 돌이키시기 위해 예수님은 오셨습니다. 죄와 죄의 결과에 대한 문제를 처리하기 위해 예수님은 오셨던 것입니다.

예수님께서 죄를 어떻게 처리하셨습니까? 예수님께서는 십자가상에서 대가를 지불하고 인간들의 죄 된 행동과 태도들을 정면 대응하여 죄를 처리하셨습니다.

예수님께서 죄의 결과를 어떻게 처리하셨습니까? 예수님께서는 죄의 결과가 미치는 모든 영향들을 되돌리셨습니다. 예수님께서는 죄책감에 정면 대응하여 인류의 죄를 용서하셨습니다. 예수님께서는 병든 자를 고쳐 주셨습니다. 귀신들린 자들을 보고 강력한 명령으로 귀신을 쫓아 내셨습니다. 폭풍을 "잠잠할 지어다" 꾸짖어 잔잔케 하시며 거친 자연의 위협을 물리치셨습니다. 풍랑으로부터 자신들의 목숨을 구원받았을 때 제자들은 안도의 한숨을 쉬며 놀라움을 금치 못해 이르기를, "바람과 파도마저 그에게 복종하는도다" 하였습니다. 예수님께서는 단순히 "인생의 풍랑" 속에서도 우리를 도와줄 수 있음을 입증해 주신 것만은 아닙니다. 자연에 미친 죄의 영향을 뒤집어엎을 수 있는 능력을 예수님은 입증하심으로 지구의 자연 법칙을 다시 회복시켰음을 보여 주신 것입니다. 마치 예수님께서 이와 같이 말씀하시는 듯 했습니다. '너 파도야 내가 이곳의 왕인 것을 모르느냐? 사탄은 이 땅을 그 동안 충분히 지배했다. 사탄의 영향으로 너 파도가 인간에게 많은 해를 주었으나, 이제 이 모든 것의 종지부를 찍기 위해 내가 왔노라."

그렇습니다. 죄와 죄의 결과를 다루시기 위해 예수님께서는 자신의 왕국을 시작하셨습니다. 그러나 시작이란 말에 밑줄을 그으십쇼. 그것이 고침이라는 전체적인 문제에 대단히 중요하기 때문입니다. 예수님은 일을 시작하셨습니다. 그러나 예수님은 그때 거기에서 끝내신 것이 아닙니다. 사도행전 1:1은 누가복음에 있는 예수님의 기록을 언급하고 있습니다. "예수의 행하시며 가르치시기를 시작하심부터."

예수님께서 귀신을 몰아내신 것은 분명합니다. 그러나 예수님은 귀신들림이라는 것을 완전히 박멸하신 것은 아닙니다. 예수님이 승천하신 후에도 귀신들린 사람들은 여전히 존재했습니다.

예수님께서 병든 자를 고쳐주신 것도 분명합니다. 그러나 다른 나라는 고사하고 예수님이 거하셨던 나라에서조차도 예수님이 결코 만나지 못하고 결코 고쳐주지 못했던 많은 사람들이 있었습니다. 그리고 예수님께서 고쳐주신 사람들마저도 나중에는 늙어 죽었습니다.

예수님은 폭풍을 멈추게 하심으로 자연에 나타난 죄의 결과를 제어하는 능력을 보여주셨습니다. 그러나 자연의 모든 재앙이 영구히 없어진 것을 의미합니까? 결코 그렇지 않습니다.

예수님은 죽은 자를 살리셨고, 이것은 정말로 놀라운 것이었습니다. 그러나 예수님이 살리시지 않은 신실한 하나님의 사람들은 훨씬 더, 아주 더 많이 있었습니다. 살려준 사람이 오히려 예외적으로 적고, 그나마 그들도 나중에는 역시 죽었습니다.

예수님은 사람들의 죄를 용서하여 주셨습니다. 인류를 하나님 앞에 의롭게 하셨습니다. 하지만, 예수님께서 사람들의 전 생애 곳곳에 도사리고 있는 죄로부터 자유롭게 하신 것입니까? 사람들의 본질적인 죄성으로부터 해방시키신 것입니까? 이것 모두 아닙니다. 예수님의 목적은 이 땅에 계셨던 그 당시에 주님 나라의 마지막 벽돌을 쌓아 건축을 완료하는 것이 아니었습니다. 만약 당시에 예수님께서 그렇게 하셨다면, 대부분의 세계는 복음을 들어볼 시간조차 가져보지 못했을 것입니다. 예수님의 계획은 그의 나라를 시작하는 것이었습니다. 주춧돌을 놓는 것이었습니다. 하나님의 나라가 완성되어지는 마지막 시점에 벌어질 일들을 미리 암시해주는 것이 예수님의 목적이었습니다.

서신으로 복음을 전한 사도들은 우리 기독교인들이 두 세계를 동시에 살고 있음을 강조하였습니다. 우리는 다가올 세계의 능력을 맛보고 있지만 동시에 이 세계의 시련과 다양한 문제들을 경험하고 있습니다. 지금 하나님은 왕이십니다. 그러나 하나님이 항상 왕의 완력을 휘두르시는 것은 아닙니다. 죄와 죄의 결과를 완전히 박멸하시는 대신에 하나님은 기독교인들에게 완전한 하늘나라 모습의 일부를 맛보게 하시는 것입니다.

예를 들어, 우리가 천국에 가면 우리는 완전하게 의롭고 성스럽게 될 것입니다. 그러나 한편으로 우리가 비록 죄인들이지만, 하나님께서는 우리에게 "약속의 성령으로 확증을 해주셔서, 그 성령이 우리의 유산에 보증이 된다고..." 하셨습니다(엡 1:13-14). 우리가 하나님을 사랑하고 이 생에서 올바르게 행하는 것을 소원하도록 성령이 도우신다는 것은 하나님이 장차 우리를 완전히 거룩하게 하시고 우리를 통해 찬양 받으실 것을 미리 언급하신 말씀입니다. 어머니가 저녁식사 전에 고기찜을 자녀들에게 맛보기로 주는 것과 같이 그렇게 예수님도 기적을 통해서 그리고 성령님도 우리 안에 계심을 통해서 천국이 어떠한 지를 미리 조금 보여 주시는 것입니다. 그러나 한편으로는 "우리의 속은 날로 새롭지만 겉사람은 후패한다"고 했습니다(고후 4:16). 비록 우리가 어느 날인가 전체를 받을 것이지만, "우리가 여기 있어 탄식하며"(고후 5:2-4)라고 했습니다.

여러분은 이제 내가 왜 죄, 죄의 결과, 하늘나라 등의 주제에 대해 신학적인 논지를 밝혔는지 이해하실 수 있겠습니까? 질병은 죄의 많은 결과들 중에 하나에 지나지 않습니다. 예수님이 시작하셨으나 끝을 내지 않으셨고, 이 땅에 계셔서 그의 나라를 시작하실 때 다루셨던 문제일 뿐입니다. 치유를 포함해서 예수님이 이적을 행하셨지만 그 사실이 어떤 죄와 죄의 결과의 종말도 보장하진 않았습니다.

종종 자비로우신 하나님께서는 장차 나타날 일의 맛보기 은총으로 우리에게 치유를 허락하실 수 있습니다. 하나님께서 종종 그렇게 하신다는 것이 나의 견해입니다. 그러나, 하나님 나라가 아직 완전히 도래하지 않았다는 사실의 관점에서 볼 때, 우리가 하나님의 치유를 당연한 것으로 기대해서는 안 될 것입니다. 왜 우리가 많은 죄의 결과의 한가지에 불과한 질병을 임의로 부각시켜서 특별한 것으로 취급하고, 오늘날의 기독교인들이 견뎌내서는 안 될 그 무엇으로 여기는 것입니까? 우리는 "현재 이 시대에" 살고 있으며, 신약성경은 이 땅에서 우리가 오랫동안 참아야 하는 고난을 강조하는 듯한 인상을 줍니다!

예수님께서는 자신의 자녀들을 위해 최선으로 해 주길 원하셨나요? 예, 그는 정녕 그러하셨습니다. 그러나 그것이 융단 베개의 푹신한 쿠션과 같은 편안하고 안락한 인생을 주길 원하셨다는 것을 의미하지는 않습니다. 그래서 욥이 종기로 고통 받은 것과 같이 병상에서 받는 통증이 나를 괴롭힐 때, 나도 욥과 같이 기도해야만 했습니다. "우리가 하나님께 복을 받았은즉 재앙도 받지 아니하겠느뇨?"(욥 2:10) 그리고 바울 사도가 사슬에 매인 것처럼 내가 휠체어에 묶여진 것 같은 느낌을 받을 때, 나도 바울 사도와 함께 말할 것입니다. "그리스도를 위하여 너희에게 은혜를 주신 것은 다만 그를 믿을 뿐 아니라 또한 그를 위하여 고난도 받게 하심이라"(빌 1:29). 나는 사도 바울의 말씀을 기억할 것입니다:

> "이뿐 아니라 또한 우리 곧 성령의 처음 익은 열매를 받은 우리까지도 속으로 탄식하여 양자 될 것 곧 우리 몸의 구속을 기다리느니라. 우리가 소망으로 구원을 얻었으매 보이는 소망이 소망이 아니니 보는 것을 누가 바라리요. 만일 우리가 보지 못하는 것을 바라면 참음으로 기다릴지니라"(롬 8:23-25).

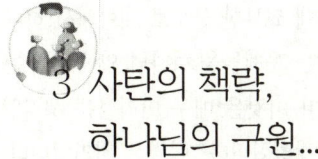

3 사탄의 책략, 하나님의 구원...

휴! 상당히 무거운 주제를 바로 앞 장에서 다루었습니다. 그렇죠? 지금쯤 이렇게 생각하는 분이 계실 것입니다: "그렇다면, 147페이지에서 요약으로 제시한 네 가지는 어떻게 되는 겁니까?"

예, 맞습니다. 그 문제는 잊지 않고 있습니다. 나는 치유라는 문제에 대해 일반적인 접근을 먼저 하고 싶었던 것입니다. 기초를 닦아 놓은 셈이니, 이제 치유에 관해 여러분들이 내게 편지로 보내준 구체적인 사안들에 대해 147페이지의 요약과 연결 시켜가며 해답을 찾아봅시다.

먼저, 사탄이 질병을 초래하고 예수님은 사탄이 하는 일을 무너뜨리려고 오셨으니, 우리가 믿음으로 구하기만 하면 예수님은 언제든지 고쳐주신다는 견해를 상고해봅시다.

이런 견해는 질병을 초래하는데 있어 하나님과 사탄(또는 모든 재앙)의 관계와 같은 중요한 주제에 대해 성경이 가르쳐주고 있는 것을 잘못 이해한 것이라고 나는 생각합니다. 우리가 알아야 할 첫째 원리는 **사탄이 종종 질병을 초래하긴 하지만, 하나님이 허락하시는 것만을 사탄은 할 수 있다는 것입니다.**

항상 그렇지는 않지만, 우리 내부 깊은 곳에서 거의 무의식적으로 하나님과 사탄 사이에 팔씨름과 같은 투쟁을 하고 있다고 나는 생각합니다. 하나님의 팔이 한때는 우세하다가, 그 다음에는 사탄의 팔이 우세하고... 결국은 하나님이 이기실 것이라고... 우리는 스스로에게 일깨워줍니다. 하나님이 조금 더 힘이 세시고 조금 더 오래 버티시니까… 그러나 이 승리에는 오랜 시간과 노력이 요구될 것이며, 간신히 이기는 경우도 있을 것입니다. 사탄이 하나님의 계획에 교묘한 음모로 대항해서 하나님을 무방비 상태로 만들고, 하나님이 원치 않는 문제들을 하나님 앞에 내놓는 것같이 보일 때도 있습니다.

그러나 이것은 매우 어리석은 생각입니다. 하나님은 사탄과 비교가 안 될 정도로 강하십니다. 이것은 진리입니다. 요한일서 4:4은 이렇게 전해줍니다, "너희 안에 계신 이(하나님)가 세상에 있는 이(사탄)보다 크심이라." 왜 그렇습니까? 사탄의 존재가 하나님께 달렸기 때문입니다. 욥을 괴롭히기 전에 사탄은 하나님의 허락을 받아야만 했고 괴롭힐 때에도 명백한 제한이 있었습니다. 예수님을 두려워한 사탄의 세력은 예수님의 명령에 복종했습니다. 그리고 주님께서 때가 되면 사악한 사탄을 영원히 파멸하실 것임을 성경은 분명히 하고 있습니다.[14]

하나님이 성도들의 기도에 귀 기울이시느라 정신이 없는 사이에 사탄이 슬쩍 들어와 폐렴과 암을 일으키는 식으로 질병이 올 수는 없습니다. 전지전능하신 하나님께서 그렇게 하라고 허락하실 때만 사탄은 할 수 있습니다. 하나님께서는 우리에게 약속하셨습니다: 우리에게 좋지 않은 것이나, 너무 힘들어 감당치 못 할 것은 어떤 것도 하나님이 우리에게 허락하시지 않으십니다(롬 8:28; 고전 10:13).

그러나 하나님이 사탄에게 어떤 것을 하도록 "허락하신다"라고 말할 때, 종종 잘못 생각하는 것이 있습니다. 사탄이 하나님의 팔을 비틀어 대니까, 하나님이 "어, 네가 아무렇게나 해도 좋다… 단, 이번 만이고 너무 심하게는 하지 말아!" 하는 식으로 마지못해 허락하는 것이 결코 아닙니다. 또한 다음과 같이 상상해서도 안 됩니다: 하나님이 일단 허락하신 후에는 연장 도구를 들고 사탄 뒤를 노심초사 따라다니며 사탄이 망가뜨린 것을 고치면서 중얼거리신다. "자 이제 내가 이것을 어떻게 해야 바르게 바꿀 수 있나?" 더 잘못된 생각은 병든 기독교인은 자신을 위한 "하나님의 가장 좋은 계획"을 잃어버린 것이며, 따라서 하나님께서는 그에게 "차선의 계획"을 줄 수밖에 없다라는 것입니다.

하나님은 사탄의 책략에 의해 좌절하시거나 방해받지도 아니하실 뿐더러, 실제로는 자신의 목적을 달성하기 위해서 사탄의 행위를 이용하십니다.

일례로 예수님의 십자가 처형을 생각해 보시죠. 전 과정을 선동하는데 사탄이 주도적인 역할을 한 것은 명백합니다. 사탄은 예수님을 판 반역자 유다의 마음에 들어갔습니다(요 13:2, 26-27). 사탄은 유대 군중들의 마음에 작용하여 예수를 처형하라고 예루살렘 거리에서 외쳐댔습니다. 정치적 인기를 얻기 위해 무고한 사람에게 벌을 내렸던 빌라도의 날조된 심판 뒤에는 사탄이 후원하는 자만심과 공포심이 버티고 있었습니다. 사탄이 후원한 죄악은 군병들을 자극하여 고문과 조롱으로 예수님 생의 마지막 순간에 고초를 더욱 심하게 했습니다.

그러나 하나님을 올바른 관점에서 바라보았던 초대교회 기독교인들은 이 사건을 어떻게 받아들였습니까? 예수님을 죽인 것은 "하나님의 권능과 뜻대로 이루려고 예정하신 그것을 행하려고"(행 4:28) 한 것뿐이라며 하나님을 찬양하였습니다. 하나님의 계획을 좌절시키려는 마지막 발악으로 사탄은 자신 스스로의 목을 잘랐고 인류 구원을 위한 하나님의 마지막 섭리를 수행하였습니다. 세계 최악의 살인이 세계 유일의 구원이 되었고 죄와 사탄에 종말을 가져다 주었습니다.

자 이제 하나님 아버지께서 현대의 많은 기독교인이 갖고 있는 다음과 같은 견해를 수용하셨다고 가정해봅시다: 사탄이 원하는 모든 것은 하나님의 백성들에게 나쁜 것들임에 틀림없다. 이것이 의미하는 바는 이렇습니다: 만약 사탄이 어떤 일이 벌어지길 원한다면, 하나님은 그와 정반대 일이 일어나길 원하실 것이 틀림없다. 하나님의 생각이 정말로 이러하셨다면 결과가 어떻게 되었을까요? 하나님은 가룟 유다가 배반하지 못하도록 하셨을 것이고, 빌라도와 군병 같은 로마인들이 예수님을 십자가에 못박지 못하게 하셨을 것입니다. 한마디로, 하나님은 예수님의 십자가 처형을 취소 시키셨을 것입니다! 그리고 하나님께서 이것을 취소 시키셨다면, 어떤 결과가 나타났겠습니까? 우리 누구도 구원받지 못하게 되었을 것입니다!

따라서 진리는 이렇습니다: 사탄과 하나님이 똑 같은 사건이 일어나길 원할 수 있으나 원하는 이유는 서로 다르다. 예수를 십자가에 못 박은 사탄의 동기는 배반이었습니다. 그러나 하나님의 동기는 사랑과 자비이었습니다. 사탄은 십자가 사건의 부차적인 원인이었습니다. 그 사건을 궁극적으로 원했고, 의도했고, 사탄으로 하여금 수행하도록 허락한 분은 하나님이었습니다. 이와 똑 같은 진리가 질병에 대해서도 적용됩니다.

혹자는 이렇게 반응할 것입니다. "그렇지만, 조니, 어떻게 질병 배후에 하나님이 계시다고 말할 수 있소. 그렇다면 하나님이 원하니까 질병이 있다는 말 아니오? 성경은 예수님께서 질병을 고쳐주셨다고 우리에게 얘기해주고 있지 않소. 이 사실은 하나님께서 질병을 원치 않으신다는 것을 분명히 입증하는 것 아니오."

나는 이런 분들에게 모세에게 하신 하나님의 말씀을 들려드리고 싶습니다: "여호와께서 그에게 이르시되 누가 사람의 입을 지었느뇨 누가 벙어리나 귀머거리나 눈 밝은 자나 소경이 되게 하였느뇨 나 여호와가 아니뇨?"(출 4:11). 또 여기 예레미야 선지자의 말도 있습니다: "화, 복이 지극히 높으신 자의 입으로 나오지 아니하느냐?"(애 3:38) 또 이사야를 통해 하나님이 말씀하십니다: "나는 빛도 짓고 어두움도 창조하며 나는 평안도 짓고 환난도 창조하나니 나는 여호와라 이 모든 일을 행하는 자니라"(이 45:7).

그러면 하나님이 질병을 원하신다는 것입니까? 여기서 핵심이 되는 것은 우리가 "**원하신다**" 라는 말을 어떻게 사용하느냐 하는 것입니다. 하나님은 질병을 **즐기신다**는 의미로 질병이 존재하는 것을 원하지는 않으십니다. 죽음, 죄책감, 슬픔 등 모든 죄의 결과들을 싫어하시듯이 질병도 하나님은 싫어하십니다. 그러나 그가 질병이 존재하길 **의도하신다** 또는 **선택하신다**라는 의미로 하나님은 질병이 존재하길 원하심이 분명합니다. 왜냐하면, 만약에 하나님이 질병을 원하지 않으신다면 하나님은 일시에 질병을 사라지게 하실 것이기 때문입니다.

그것은 마치 다음과 같습니다. 여러분이 판사이고, 한 십대 소년이 가게에서 도둑질을 하다 잡혀 여러분 앞에 끌려 왔다고 가정해 봅시다. 그리고 이 소년의 아버지가 여러분의 가장 친한 친구라고 가정합시다. 판사로서 그 소년의 잘못에 합당한 판결을 내리고 여러분은 즐거워하겠습니까? 결코 그렇지 않을 것입니다. 감정적으로는 여러분도 슬퍼할 것입니다. 하지만 여전히 여러분은 그 소년에게 벌을 내리는 것을 **선택할** 것입니다. 왜냐하면 그것이 옳고 도덕적인 것이기 때문입니다.

그래서 하나님은 질병의 선택을 허락하십니다. 여러 가지 이유로! 그 이유 중에 하나가 기독교인답게 성장시키기 위해서 입니다. 하나님은 악의 한 형태인 질병을 통해 또 다른 형태의 악인 개인의 죄를 제거하는데 도움이 되도록 질병을 활용하십니다. 물론 다른 이유들도 있습니다. 우리가 얻는 유익함을 다른 시련에 적용할 수 있다고 이 책 앞에서 언급하였는데, 질병이라는 시련에도 똑같이 적용할 수 있습니다. 그러나 아마도 가장 위안이 되는 질병의 이유는 전 장에서 언급한 것입니다. 하나님께서는 좀 더 많은 세상 사람들이 복음에 접할 때까지 죄와 죄의 결과를 종식시키는 것을 늦추고 계십니다. 왜냐하면 만약에 오늘 하나님께서 모든 질병을 제거하신다면, 질병의 원인이 되는 죄도 제거하셔야만 할 것이고, 그것은 곧 죄인인 모든 인간을 멸망시키시는 것을 의미하기 때문입니다. 질병과 죄에 대한 하나님의 심판을 늦추시는 것은 하나님의 은혜입니다.

그러나 이 장에서 내가 밝힌 하나님과 질병과의 관계에 대해 또 다른 이의를 제기할 수 있다고 나는 생각해봅니다. 그것은 사탄과 관련이 있습니다. 사탄이 질병을 퍼뜨리는 것을 하나님이 허락한다는 것이 맞습니까? 어떤 분은 다음과 같이 말할 것입니다. "사탄이 하는 모든 짓은 반역의 죄에서 비롯되는 것이므로, 하나님이 사탄으로 하여금 범죄케 하여 질병이 생기게 하는 것이라고 주장한다면, 그것은 곧 하나님을 죄인으로 만드는 것이다."

이 주장에 대한 답변은 쉽지 않습니다. 그리고 하나님과 사탄의 관계에 대해 내가 완전히 이해하지 못한다는 것도 분명합니다. 그러나 성경은 다음 두 가지에 대해 절대적으로 분명히 하고 있습니다: 하나님이 한편으로는 사탄의 행동까지도 통치하시지만, 또 한편으로 하나님은 결코 죄인이거나 죄를 만드시는 분이 아니라는 점입니다![15]

이와 같이 서로 상반되어 보이는 두 가지 진리를 성경이 우리에게 보여줄 때, 우리는 이것을 어떻게 받아들여야 할까요? 이 두 가지를 우리가 어떻게 서로 조화시킬 수 있습니까? 쉬운 해결책은 어느 한쪽을 부인하는 것 같아 보입니다.(앞의 두 진리의 경우라면, 보통은 사탄에 대한 하나님의 통치권을 부인하는 쪽을 선택하겠죠.) 그러나 이것은 잘못입니다. 우리는 먼저 두 가지 모두가 성경에서 가르쳐주는 진리라는 것을 분명히 알아야 합니다. 이것을 분명히 한 후에 우리는 하나님 말씀의 권위에 겸손히 순종해야 합니다. 그래서 믿음으로 두 가지 모두를 진리로 받아드려야 합니다. 우리의 유한한 정신으로 보면 하나님의 말씀이 모순처럼 보인다 하더라도 하나님이 우리에게 말씀하시는 것은 믿어야 합니다.

이것에 대해 나는 가장 좋은 예로 성삼위일체를 생각해봅니다. 성경은 오직 하나님 한 분만 계시다고 분명하게 말씀합니다. 동시에 성경은 아버지, 아들, 성령이 명백한 세 개체의 인성이지만 하나하나가 하나님이라고 또한 분명하게 가르쳐줍니다. 인간의 이성으로는 이 셋을 함께 합치시킬 수 없지만, 어떤 진실한 기독교인도 이 진리를 부인하지 않습니다. 마찬가지로 하나님은 죄가 없는 본성을 가짐과 동시에 사탄을 다스리는 권한도 갖고 계시다는 성경의 진리를 어떻게 우리가 받아들이지 않을 수 있겠습니까?

이 세상의 왕으로서 사탄은 파괴하고 재난을 만드는 힘을 허락 받았습니다. 사탄은 인류와 하나님을 미워하기 때문에 질병과 근심 걱정을 몰고 옵니다. 그러나 하나님은 사탄의 악한 의도를 자신의 사역(service)에 활용하십니다. 이것은 "모든 일을 그 마음의 원대로 역사하시는 자의 뜻을 따라"(엡 1:11)와 같이 행하시는 하나님의 능력의 또 한가지 예입니다.

사탄은 비를 내려 교회 소풍을 망치게 하여 교인들로 하여금 주님을 원망하게 만들고자 합니다. 그러나 하나님께서는 그 비로 교인들의 인내심을 기르게 하십니다. 사탄은 선교사에게 여행을 가게 한 후 다리를 다치게 하여 효과적인 선교사업을 방해할 계획을 세웁니다. 그러나 하나님은 그 사고가 일어나게 허락하시지만, 아픔과 불편함에 대한 그 선교사의 인내심으로 하나님께 영광을 돌리도록 하십니다. 사탄은 어느 작은 인디언 마을에 돌풍을 불어닥치게 해서 수천명의 사람을 죽게 하고 이 재앙으로 인한 불행과 파괴를

제3장 치유: 하나의 수수께끼를? _ 167

즐깁니다. 그러나 하나님은 그 폭풍을 자신의 놀라운 능력을 전개하는데 사용하셔서, 죄가 이 세상에 가져온 끔찍한 귀결을 사람들에게 보여주시고, 여전히 죄 가운데 있는 사람들에게는 죄 속에서 더 완악하게 하시고, 하나님이 원하시는 대로 임의로 하실 것을(이에 대해 우리가 결코 이해하지 못할 것임) 우리에게 환기시켜 주십니다. 사탄은 책략을 세워서 17살 난 조니라는 계집아이의 인생을 망칠 생각으로 조니의 목을 다치게 했지만, 하나님은 조니의 기도에 대한 답변으로 다친 목으로 주님과 함께 동행하게 하셨고, 그녀의 휠체어를 주님의 여상하신 은총의 발판으로 삼으셨습니다.

사탄이 우리를 병들게 하거나 재난을 입힐 때 하나님을 찬양하세요. 요셉이 자기를 노예로 팔아 넘긴 자기 형제들에게 대답했던 말, "당신들은 나를 해하려 하였으나 하나님은 그것을 선으로 바꾸사"(창 50:20) 과 같이 그렇게 우리도 답변할 수 있습니다.

사탄과 질병과의 관계는 이정도로 하지요. 기적적인 치유와 관련해서 사람들이 내게 써 보낸 두 번째 사안을 살펴봅시다.(기억이 나십니까? 147페이지의 네 가지). 내용은 이렇습니다: 예수 그리스도는 어제나 오늘이나 내일이나 변함없으시고, 믿음을 갖고 예수님께 온 모든 사람을 고쳐주신 것이 복음서에 있기 때문에, 예수님께서 오늘날도 똑같이 고쳐 주셔야 하는 것 아닙니까? 이 주제는 내가 그 오두막 교회에서 안수기도를 받고 난 후 떠올랐던 생각입니다.

스티브와 내가 벽난로 가에 앉아 있던 어느 추운 겨울 저녁에 떠오른 주제였습니다. 내 가족 식구 중 몇 명은 눈 내리는 밖으로 나가려고 따뜻한 옷을 챙겨 입으며 부엌에 서 있었습니다. 언니와 동생이 코트와 목도리를 두르는 것을 동경어린 모습으로 지켜보는 내 눈치를 스티브가 알아차렸습니다.

"조니, 너는 정말로 저희들과 함께 눈 맞으러 나가고 싶겠지. 그렇지?" 스티브가 물어왔습니다.

놀라서, 내가 대답했습니다. "오, 아냐, 그게 아니고..." 그러나 나는 잠시 머뭇거린 뒤 계속 말을 이었습니다. "어, 그래, 내 발로 걸어 나갈 수 있다면 근사하겠지. 스티브, 알 잖아. 그 교회에서 안수기도 받은 지 벌써 일년이 넘은 거."

내가 심각한 화제로 들어가고 있는 것을 감지한 스티브가 의자를 끌어 당겨와 가까이 앉았습니다.

"보라구." 내가 따지고 들었습니다. "고침을 받길 원하는 사람을 예수님께서 거절하시고 돌려보내신 일이 성경에 어디 있냐구?"

스티브는 이마에 주름을 지으며 잠시 생각에 잠겼습니다. "아니 그러신 적이 없다고 생각해." 스티브는 고개를 가로 저으며 대답했습니다.

"그럼 예수님께 데려온 사람들을 예수님께서 고쳐 주셨다는 복음서의 성경 말씀을 믿어?"

"오, 물론 믿지," 스티브가 대답하며 테이블에 있는 성경을 잡았습니다.

"그리고 하나님의 말씀에 의하면 예수 그리스도는 어제, 오늘, 내일 똑같으시다고 하잖아."

"물론이지."

"또 하나님은 결코 변하시지 않는다고 하셨어, 맞지?"

"맞아."

"그러면 믿음을 갖고 예수님께 온 모든 자들을 예수님이 고쳐 주셨고, 예수님은 결코 변함이 없으시다면, 오늘날에도 믿음을 갖고 예수님 앞으로 나오는 모든 사람들을 분명히 고쳐주셔야 하잖아?

스티브는 자리에서 일어나 테이블 주위를 천천히 서성이기 시작했습니다. 그는 깊게 심호흡을 한 뒤, 생각을 모으려는 듯 잠시 멈칫거리더니, 말에 힘을 주어가며 대답하기 시작했습니다. "조니, 너의 논리는 빠져 나갈 데가 없이 빈틈이 없구나. 예수님은 당시 자기에게 요구한 모든 사람을 고쳐주셨지. 그리고 그는 변함이 없으시지. 그러나 그가 오늘날도 똑같이 행동하셔야 한다고 결론짓는다면 나는 "아니"라고 밖에 대답할 수 없어."

내 얼굴에 "왜"라는 표정을 읽어낸 스티브는 설명을 하기 시작했습니다. "이런 결론에 도달하도록 생각하는 것의 기본적인 잘못은 **하나님이 누구신가**

와 하나님이 무엇을 하시는가를 잘 구별하지 못하는 데서 온다고 나는 생각해. 그가 누구신가는 결코 변하지 않아. 하지만 그가 무엇을 하시는 가는 종종 변하는 거야."

하나님의 속성은 하나님에 관한 것으로 변할 수가 없다고 스티브는 계속 설명했습니다. 예컨대, 하나님은 자신의 지금 상태보다 더 거룩하실 수는 없다는 것 또는 더 사랑하실 수, 더 신실하실 수 없다는 것을 말했습니다. 그리고 덜하실 수도 없다는 것. 왜냐하면 하나님의 모든 속성에서 이미 하나님은 완벽하시기 때문이라는 것, 그리고 하나님에게 어떤 변화가 있다면, 그것은 오히려 불완전을 향한 변화라는 것을 얘기했습니다.

이것을 마음에 새길 시간을 주려는 듯 스티브는 벽난로로 가서 장작 하나를 더 불에 얹었습니다. "자, 이것을 좀 더 분명히 하자구. 그것은 마치 사람이 북극점에 서 있는 것과 같아." 스티브는 특유의 손짓을 써가며 비유를 제시했습니다. "거기에 있으면 북쪽으로 갈 수 있는 한 최대로 간 것이지. 그곳에서 아무 방향으로든 한 발자국만 움직여 봐, 그러면 그것은 남쪽으로 움직인 것이 되지."

내가 물었습니다. "하나님이 변하신다면, 그는 더 이상 하나님이 아니라는 말이지?"

"바로 그거야." 스티브가 손뼉을 치며 확인했습니다. "정상에 있을 때, 움직이려 한다면, 갈 곳이라고는 내려가는 것 밖에 없지. 하나님의 속성은 '정상에' 있는 것이기 때문에, 그의 속성은 변할 수가 없어. 성경의 표현대로 한다면, '그는 어제 오늘 내일 똑같으신 분야.'"

스티브는 계속했습니다. "그렇다고 하나님이 상자 안에 들어 앉은 존재이기 때문에 아무 행동도 하실 수 없다는 뜻은 아니야. 코에 앉은 파리마저 쫓으려 하지 않은 채 수 시간씩 요지부동으로 앉아 있는 신비한 도인으로 하나님을 연상해서도 안 되고. 성경은 하나님의 행동으로 가득 차 있어. 그리고 모든 행동은 변화를 포함하고 있어."

나는 따라 중얼거렸습니다. "본성에는 변화가 없는데, 하시는 것에는 변화가 있으시다." 이제 일들의 아구가 서로 맞기 시작했습니다. 스티브가 동감을 표시하자 내 얼굴이 밝아졌습니다.

　하나님께서는 인류에 대해 계획을 갖고 있다는 사실과 역사는 계속 최후의 목표점을 향해 이동해가고 있다는 사실을 스티브는 자세히 설명하였습니다. 한때는 하나님께서 한 나라를 통해 행동하셨으나, 지금은 자신의 교회를 통해 행동하십니다. 한때는 예수님께서 자신을 조롱한 자들에 굴복하셨지만, 언젠가는 예수님의 적들에게 보복을 하실 것입니다. 한때 그의 계획에 맞던 것이 다른 때에는 맞지 않기도 합니다. 본성이 변하시지 않는 하나님은 거대한 드라마를 연출하고 계셔서 소도구와 대사는 계속해서 변하면서 마지막 장면과 무대의 막이 내리는 순간을 향해 계속 진행되는 것입니다.

　언니와 동생네 식구들이 썰매를 끌고 돌아오는 모습을 내다보며, 나는 읊조렸습니다. "그러면 내 질문에 대한 대답으로 치유의 기적은 오늘날에는 적합치 않다고 너는 말하는 거니?"

　"조니, 그 문제에 대해서는 그렇게 단순히 일반화 할 수는 없어. 하나님께서는 어떤 사람은 고치시고 또 어떤 사람은 고치시지 않는 것이 좋으실지도 몰라. 또는 고침을 받은 사람이라 하더라도 일생의 한 번은 고침을 받았지만 다른 때에는 고침 받지 못할지도 몰라. 사람들이 기도할 때, 하나님께서는 오늘날에도 때로는 여전히 기적적으로 고쳐주신다고 나는 믿어. 그러나 기적은 예수와 그의 제자들 시대에 특별한 위치를 차지했다고 나는 생각해." 스티브가 나를 창가에서 테이블 쪽으로 밀고 오면서 대답했습니다.

　내 곁에 앉으며, 스티브는 자신의 성경을 펼치며 설명을 했습니다. 예수님이 이스라엘의 메시아라는 자신의 주장을 입증시키는 데 예수님 시대 당시의 기적이 특별한 위치를 차지하는 것임을 나는 배웠습니다. 죽음 및 질병과 같은 죄의 무서운 결과를 되돌려 놓는 권세가 예수님께 있음을 이적을 통해 보여주셨습니다.

　이적은 사도들의 시대에도 특별한 위치를 차지했습니다. 왜냐하면 사도들 역시 아직 연약한 초대교회를 든든히 세우기 위해 예수님으로부터 특별히 선택된 자들이라는 것을 이적을 통해 입증했기 때문입니다. 사도들과 그들의 행적을 기록한 사도행전은 하나님의 사람들의 역사 속에 매우 특별했던 기간의 기록입니다. 독특한 문제를 가진 독특한 시간의 기록. 따라서, 당시 사도들과 같은 특별한 지도자는 이적을 필요로 했을 것입니다.

무엇보다, 초대교회 당시 이전에는 선교사라는 것이 없었습니다. 그럼에도 예수님은 그의 추종자들에게 온 세계에 복음을 전하라고 말씀하셨습니다. 얼마나 엄청난 임무입니까! 그래서 하나님께서는 초대교회 지도자들에게 이적을 행할 수 있게 해 주심으로 선교를 도와주셨습니다. 사도행전 2:43은 이렇게 전해줍니다. "사람마다 두려워하는데 사도들로 인하여 기사와 표적이 많이 나타나니."

초대교회가 가졌던 또 다른 독특한 문제는 유대주의 배경에서 자란 많은 새 기독교인들의 혼란이었습니다. 스티브는 일세기 초엽에 팔레스타인에 살았던 한 유대인 집안의 가장으로 이제 막 기독교도로 개종한 사람으로 나 자신을 상상해 볼 것을 요구했습니다.

"자, 조니, 네가 이제 막 기독교인이 된 이 가장이라고 상상해봐, 조니," 그가 웃었습니다. "수세기 동안 너의 백성들은 유대 율법을 충실히 지켜서 제물도 드리고, 사내 아이들은 모두 할례를 받게 하고, 특정 고기는 먹지 않고, 이방인들과는 교제하지 않았을 거야. 당연히, 옛날 생활 관습이 남아 네 생활 속에 젖어 있겠지. 결국, 너는 여전히 유대인인 셈이지. 어느 날 역시 기독교인이 된 너의 가장 친한 친구 유대인이(그렇지만 요즘 와서 좀 이상하게 행동하는 자가) 너에게 소식을 던져 준다:

"헤이, 내 친구야. 너 이 소식 들었니?"
"뭐, 무슨 소식?"
"큰 변화 소식 말야. 죄의 마지막 대속물로 하나님의 아들이 십자가 상에서 죽었으니까, 우리는 더 이상 제단에 짐승 제물을 바칠 필요가 없다구."
너는 팔을 흔들며, 놀라서 소리치겠지. "너 미쳤니?! 제물을 드리지 않는다구? 나도 예수를 믿지만, 우리는 항상 제물을 드려왔잖아."
"그것만이 아냐" 그 친구는 신이 나서 계속합니다. "우리는 우리 자식들에게 할례를 베풀지 않아도 된다구."
"뭐, 애들에게 할례를 안 해도 된다구! 왜(기침!)...그것은(헐떡거리며)...어떻게 네가 할 수...?"

"또 있어. 우리는 우리가 원하는 고기는 다 먹을 수 있다구. 그리고 이방인들을 마치 우리의 친구처럼 사랑해야 한다구! 실제로 오늘 저녁 돼지고기 식사에 너와 이방인 노인 마커스를 초대했다구."
"나와 돼지고기를 먹겠다고?!" 너는 손을 머리에 얹고 소리지르며 도망치겠지. "머커스와? 그 돼지 치는 자와?!!"

스티브가 이야기를 끝냈을 때 나는 웃을 수밖에 없었습니다. 스티브는 결론을 지었습니다. "유대인 기독교도와 이방인 기독교도 사이에 일어난 어려움을 너는 상상할 수 있을 거야. 책임을 지고 다툼을 해결할 수 있는 사도들과 같이 존경받고 유능한 지도자들이 당시에 필요했던 거야."

그는 기타 다른 것들이 어떻게 초대교회 사도들의 시대를 특별하게 만들었는지 계속 이야기했습니다. 당시에는 아직 신약성서와 같은 책도 없었습니다. 예수님의 가르침은 아마도 쉽게 잊어버렸거나 왜곡되었을지도 모릅니다. 비록 성령이 어떤 기독교인들에게 예언과 계시를 주어서 신약의 전 메시지가 쓰여질 때까지 진공을 매 꿔 주는 역할을 담당하기는 했지만, 사기꾼과 거짓 교사들도 많아서 자기 사랑의 욕구를 채우고 마치 늑대와 같이 나무 뒤에 숨어서 지나가는 하나님의 양떼를 낚아채고 틀린 길로 인도하곤 했습니다. 진리를 가늠할 일종의 절대적인 기준으로서 의지할 신약성서가 없었기 때문에, 사도들은 상황에 대처하고 교회를 잘못으로부터 권위있게 지켜야 하는 하나님의 사람들이어야 했습니다.

여전히 거짓 사도들이 날뛰는 가운데, 어떻게 예수님의 참 사도인지를 입증했겠습니까? 바울 사도는 고린도 교회에 보낸 서신에서 답변을 하고 있습니다. 자신이 진짜 사도인 것을 자신의 일관된 삶과 성공적인 사역을 사람들이 보고 알 수 있다고 바울은 주장하고 있습니다.[16] 그러나 그의 마지막 입증은 고린도후서 12:12에 있습니다. "사도의 표 된 것은 내가 너희 가운데서 모든 참음과 표적과 기사와 능력을 행한 것이라." 이적은 하나님께서 자신의 교회를 시작하고 이끄시기 위해 임명하신 자들을 밝혀내는 결정적인 목적이 있었던 것입니다. 사도들이 이적을 행하는 것에 추가하여, 자신들의 사역으로 다른 사람들이 놀라운 은사를 받은 사실로 하나님은 사도들의 권위에 무게를

더해 주었습니다. 명백히 이런 이적은 비 사도들의 사역에서는 일어나지 않았습니다.[17]

"특별한 시대를 위한 특별한 사람들" 스티브는 요약했습니다.

"그것이 사도들이었군. 실제로 그들은 너무 특별해서 에베소서 2:20은 이렇게 말해주고 있어: 전 교회가 예수님을 주춧돌로 삼아 사도들에 의해 그 토대가 세워졌다고. 자 이것은 우리들에게는 주어질 수 없는 대단한 영예이지."

"네 서가에 꽂힌 치유에 관한 저 모든 책들을 봐." 스티브가 내 책상 위를 가리켰습니다. 그 중 하나를 꺼내 페이지를 넘기며, 스티브가 말했습니다.

"나도 이 책을 읽었어. 여기를 보라구. 저자는 마태복음 10:8에 나오는 예수님이 열두 제자에게 하신 말씀을 인용하고 있지 '병든 자를 고치며, 죽은 자를 살리며, 문둥이를 깨끗하게 하며, 귀신을 쫓아내되 너희가 거저 받았으니 거저 주어라.'" 스티브의 손가락은 페이지를 따라 다음 단락으로 움직였습니다.

"자 여기서 저자는 같은 구절을 이용하며 우리도 나가서 똑같이 해야 한다고 하고 있지. 조니, 만약에 예수님의 이 말씀을 그대로 우리에게 적용한다면, 우리 모두가 나가서 죽은 자들을 살려내야 하는 것을 의미해!"

그는 결론지었습니다. "한 가지 더, 오늘날과 달리 그 당시에 이적이 얼마나 중요했나에 대해 우리가 무엇을 믿던지 간에 한 가지 분명한 것이 있어: 하나님이 어제 하신 일을 가지고 오늘도 똑같이 하셔야만 한다는 증거로 삼을 수는 없어. 만약 그것이 진실이라면, 하나님께서 오늘 우리의 구두와 옷이 닳지 않게 하셔야만 해, 왜냐하면 이스라엘 백성이 광야에서 방황할 때 하나님께서 그렇게 해주셨으니깐!"[18]

나는 이해가 되기 시작했습니다. 우리가 사도들에 관한 것을 읽으므로 많은 것을 배울 수 있지만, 그들이 했던 모든 것을 우리도 할 수 있다는 것을 의미하진 않습니다. 하나님께서는 사도들이 절실히 필요하던 시기에 교회를 돕기 위해 사도들을 보내셨습니다. 사도들이 했던 모든 것을 우리가 할 수 없다고 좌절하고 시기심을 느끼는 대신, 그들의 상황에 적절한 특별한 선물을 그들에게 주신 하나님을 우리는 찬양해야 하고, 우리에게도 우리 상황에 적절한 특별한 선물을 주시는 하나님을 우리는 찬양해야 합니다.

스티브와 나는 시간가는 줄도 모르고 이야기했습니다. 눈은 오래 전에 멈췄습니다. 난로의 불도 꺼졌습니다. 내가 잠을 자러 갈 시간도 훨씬 지났습니다. 스티브는 하품을 하며 기지개를 하고 일어섰습니다.

빈 콜라 병들을 주우며, 스티브는 잠시 머뭇거리더니 말을 이었습니다, "조니, 오늘 나눈 이야기는 힘든 것이었어. 휠체어에 앉은 너를 지켜 본 그 동안의 세월동안 나는 이 문제들과 씨름을 해야 했어. 어디에 누군가가 네가 걷는 것을 정말로 보고 싶어하는 자가 있다면, 그것은 나야."

"나도 알아" 나는 그에게 확인해 주었습니다.

"내가 오늘 이야기 한 모든 것을 네가 맹신적으로 받아들이기를 나는 원치 않아. 열린 마음으로, 기도하는 심정으로 오늘 이야기를 돌아보기를 바랄 뿐이야."

마찬가지로 독자 여러분도 이와 같이 묵상해 보시기를 나는 바랍니다.

# 4 기도와 약속

그렇지만 내가 안수기도를 받았던 그 오두막 교회에서 우리가 함께 읽었던 성경 구절들은 너무 분명했습니다! 기독교인들의 모든 기도는 응답 받는다는 것을 보장해주는 듯한 모든 성경 구절들을 나는 지금 말씀드리는 것입니다. 치유를 위한 기도의 응답도 물론이구요. 기억나십니까?

"너희가 내 이름으로 무엇을 구하든지 내가 시행하리니 이는 아버지로 하여금 아들을 인하여 영광을 얻으시게 하려 함이라"(요 14:13-14).
"내가 진실로 너희에게 이르노니 누구든지 이 산더러 들리어 바다에 던지우라 하며 그 말하는 것이 이룰 줄 믿고 마음에 의심치 아니하면 그대로 되리라"
(막 11:23-24).
"내게 능력 주시는 자 안에서 내가 모든 것을 할 수 있느니라"(빌 4:13).

이 문제가 147 페이지에서 요약으로 제시된 3번과 4번으로 우리를 데려가 줍니다: 성경은 우리가 예수님의 이름으로 무엇을 구하던지(건강과 치유를 포함해서) 우리를 위해 해주신 다는 것을 우리에게 약속해 주셨다는 요약 내용입니다.

이것은 놀라운 약속입니다. 그런데 여기 문제가 도사리고 있습니다. 내가 말씀드리고자 하는 것은 산이 들려 바다로 던져진 것을 여러분이 마지막으로 본 적이 언제냐는 것입니다? 신실한 기독교인들은 믿음으로 기도하고, 일어나지 않는 많은 일들을 일어나게 해달라고 예수님의 이름으로 기도합니다. 그런데, 그들이 기도응답을 받지 못할 때(즉, 하나님의 대답이 '아니'라고 하실 때), 앞에 성경 구절들을 우리는 대체 어떻게 받아들여야 하는 것입니까? 우리가 그 구절들을 단순히 외면해버리거나 기분 좋게 느껴지도록 해석을 달리 해보거나 할 수는 없습니다. 이 구절들이 새겨진 동판을 벽난로 위 벽에 걸어 놓고, 하나님이 글자 그대로 약속해주신 것이니까 우리가 원하는 대로 우리의 기도를 들어 주실 것이라고 여기는 것은 정말로 좌절감을 줄 수 있습니다. 나의 기도가 천장에 부딪쳐 되돌아오고, 결코 천정을 뚫고 올라가는 것 같은 느낌이 들지 않는 때가 종종 있다는 것을 나는 고백하지 않을 수 없습니다. 여러분들도 그렇게 느끼신 경험이 있지 않으십니까?

　왜 하나님께서 어떤 기도에는 응답하시고 어떤 기도에는 응답하시지 않는지 나는 그 모든 이유를 알지 못합니다. 그리고 앞에서 나열한 구절들의 완전한 의미도 나는 모릅니다. 하지만 앞에서 나열한 구절들을 성경의 다른 구절들과 비교해 보고 서로 연관시켜 조명해보는 것이 상당히 도움이 된다는 것을 나는 알았습니다. 또한 하나님은 정말로 기도에 대한 응답을 보장하신다는 것을 여러분은 알고 계십니까? 예수님께서 제자들에게 앞에 구절과 같은 약속을 하셨을 때, 예수님은 이렇게 말씀하신 것입니다: "봐라, 내가 너희들에게 할 일을 준다. 네게 약속하거니와 네가 이루어지길 원하는 모든 것을 네가 갖게 될 것이다. 너희 가는 길에 산이 가로막고 있다면, 내게 요구해라 내가 그 산을 치워줄 것이다." 실제로 제자들이 역사의 진로 방향을 바꾸었을 때 그들은 산이 옮겨진 것을 정말로 본 것입니다!

　그러나 내가 또 알게 된 것이 있습니다. 우리 기도의 응답을 보장받으려면 하나님이 제시하신 두 가지 조건이 충족되어야 한다는 것입니다: 주님과 우리가 가깝게 지내며 사는 것과 우리의 요구가 하나님의 뜻에 합치되어야 한다는 것입니다.

하나님과 친교

내가 고등학생이었을 때, 다른 많은 기독교인 학생들처럼 나도 하나님보다 나 자신을 삶의 중심으로 여기고 있었습니다. 나의 죄를 구원해주신 구주로 나는 예수님을 믿었고, 어느 정도 바르게 살려고 애썼습니다. 그러나 하나님 하면 내 마음에 기본적으로 떠오르는 생각은 이런 것들이었습니다: "그가 나를 위해 무엇을 하실 수 있나?" "그리스도를 섬기는 것이 어떻게 나를 즐겁게 할 수 있나?" "예배가 끝나면 내 기분이 어떻게 될까?" '하나님은—나를—행복하게—만드시는—분'이라는 식의 이와 같은 의식은 나의 기도 생활에도 영향을 미쳤습니다. 하나님은 우리들이 성결 해지길 원하신다는 것을 잊어버린 채, 나는 이렇게 생각했습니다: "만일 하나님이 나에게서 오로지 최선이라는 것만 원하신다면, 하나님은 틀림없이 나의 기도를 들어주실 것이다. 심지어 내가 천사처럼 살지 않는다 하더라도!"

하지만 나는 이런 생각에서 벌떡 깨어났습니다. 묵상을 하던 어느 날 시편을 넘기다가 다음 구절에 나는 넘어지고 말았습니다: "내가 내 마음에 죄악을 품으면 주께서 듣지 아니하시리라"(시 66:18). 이크! 어떻게 그럴 수가? 하나님은 모든 사람에게 귀 기울이신다고 생각했는데. 그러나 시간이 지나면서 같은 말씀을 하는 또 다른 구절을 발견했습니다. 야고보서 5:16에서 의인의 기도는 능력과 효과가 있다고 말씀해 주었던 것입니다. 오, 이것에 대해서는 걱정할 필요 없어. 나는 스스로를 위로하였습니다. 나는 기독교인이니깐, 내가 어떻게 살아도 하나님 보시기에 나는 의로운 자야. 그러나 야고보서 전체를 통해서 이야기하고 있는 의는 하나님이 우리에게 주신 합법적인 의가 아니고 우리가 하나님께 드리는 순종하는 의라고 누군가가 나에게 지적하여 주었습니다. 다시 말해서 내 기도를 하나님께서 들어 주시길 내가 원한다면, 나는 먼저 그로부터 듣기를 시작해야 한다는 것입니다.

야고보의 말씀에 추가하여 베드로의 말씀을 들어보면, 남편들은 아내들을 존경할 것을 주의 하면서 베드로는 그 이유를 이렇게 말했습니다: "이는 너희 기도가 막히지 아니하게 하려 함이라"(벧전 3:7). 예수님께서 복음서에 있는 그 놀라운 약속들을 사도들에게 주실 때 베드로도 바로 그 자리에 함께 있었다는 사실을 기억해보시죠. 그런데도 베드로는 예수님의 그 약속의 말씀을 다음과 같은 식으로 받아들이지 않았습니다: "기도는 공 수표와 같다. 너의 영적인 상태가 어떻든지 간에 언제든지 네가 원하는 금액을 써넣어 주기만 해라, 쓴 금액만큼 내가 현찰로 바꿔줄 것이니깐." 과연 이렇게 되겠습니까? 아닙니다. 타락한 신자나 신실하지 못한 신자의 기도는 들어주실 리가 없습니다.

놀라운 약속을 주셨던 예수님 자신도 약속을 받을 자격조건을 요한복음 15:7에 제시하셨습니다: "너희가 내 안에 거하고 내 말이 너희 안에 거하면 무엇이든지 원하는 대로 구하라 그리하면 이루리라." 그가 '내 안에 거하라'고 말씀하실 때, 그는 그와 항상 가까이 하는 꾸준한 생활 태도를 말씀하시는 것입니다. 들쭉날쭉한 영적인 생활을 말씀하신 것이 아닙니다.

내가 고등학교에 다닐 때, 매년 가을이면 체육시간에 몇 주에 걸쳐 장거리 달리기를 하곤 했습니다. 호각소리가 나면 우리 대부분은 완만한 속도로 달리기 시작했고, 곧 우리 대부분의 여자 애들은 어떤 속도를 유지해야 완주를 할 수 있는 지 알고있어서 무리하지 않고 일정한 속도로 뛰었습니다. 그러나 항상 몇몇 애들은 옆집 유리창을 야구공으로 깨트리고 도망치는 애들처럼 재빠르게 뛰쳐나갔습니다. 얼마안가서 이 애들이 가쁜 숨을 내쉬며 속도를 늦추고 있을 때 우리들은 이 애들을 추월했습니다. 조금 있다가 숨을 가다듬은 이 애들이 다시 우리를 추월했으나, 곧 지쳐 떨어져 다시 우리가 추월했습니다. 결국 달리기 시합의 결과는 꾸준히 뛰었던 우리가 가장 좋은 결과를 낸 것을 알게 되곤 했습니다.

마찬가지로 우리가 갑자기 영적인 열심을 가지고 돌진하게 되면, 그것이 반드시 우리가 "예수님 안에 거하는" 것이 되진 않습니다. 갑자기 열심을 내는 것이 나쁜 것은 아니지만, 기만적인 것이 될 수 있습니다. 내 개인 경험에 비추어 볼 때, 우리는 한 주일 안에 "수퍼 크리스찬"이 될 수 있고 그 다음주에는 실망한 포기자가 될 수 있습니다. 그러므로 주님과 꾸준히 동행하는 자의 기도를 들어주실 것을 하나님은 약속하시는 것이고, 이렇게 되려면 일종의 성숙함을 필요로 합니다. 물론 모든 기독교인들의 생활에 기복이 있기 때문에, 완전함을 내가 말씀드리는 것은 아닙니다. 가장 최고의 기독교인도 완전함 하고는 거리가 멉니다. 또한 하나님은 은혜가 풍성하시기 때문에 심지어 우리가 그와 동행하지 않고 떨어져 있어도 때에 따라서는 우리의 기도를 들어주실 수 있습니다. 그러나 우리의 삶이 더 꾸준하게 예수님과 동행하면 할수록, 우리 기도가 응답될 것을 우리가 더 많이 기대할 수 있습니다.

예수님께서 자기 안에 거하라고 우리에게 말씀하셨을 때 그가 일반적인 의미로 말씀하신 것은 아닙니다. 그는 "내 말이 너희 안에 거하면"하고 구체적으로 덧붙여 말씀하셨습니다. 이것은 단순히 성경에 붉은 색으로 인쇄된 예수님의 말씀만을 의미하는 것은 아닙니다. 그리스도의 말씀이 우리에게 거해야 한다고 해서 우리가 신학 학위를 받아야 한다는 말은 아닙니다. 성경의 인명과 지명을 달달 외어 성경퀴즈에서 이기는 것을 의미하지도 않습니다. 말씀이 우리의 영을 지배하지 않으면서도 성경과 신학에 해박한 지식을 가질 수 있습니다. 이 말씀을 하신 예수님의 의도는 성경의 말씀을 우리 마음에 새기고 또 새겨 하나님을 기쁘게 하고 그를 찬양할 새로운 길을 찾으라는 것이라고 나는 생각합니다. 이것은 마치 다윗이 한 말과 같습니다: "내가 주께 범죄치 아니하려 하여 주의 말씀을 내 마음에 두었나이다"(시 119:11).

그래서 우리는 말씀을 가지고 있습니다. 우리 기도의 응답을 받기 위해 우리는 주님과 동행하고 그의 말씀 안에 거할 필요가 있습니다. 그러나 우리 중에 많은 분이 바울 사도처럼 연단된 생활은 없으면서 바울 사도 같은 기도의 능력은 원한다는 것이 나를 두렵게 합니다. 때때로 하나님을 위대한 자판기처럼 여겨서 기도의 동전만 넣으면 답변이 튀어나오는 식으로 하나님께 접근했던 것에 대해 우리 모두는 죄책감을 가졌습니다. 하나님은 기계가 아니고 인격을 가진 분이십니다.

내 동생 캐씨는 언니 제이에게 "언니 내가 오늘밤에 언니 차를 좀 쓸 수 있을까?"라고 아무 거리낌 없이 물어볼 수 있습니다. 캐씨는 제이 언니와 가깝고 사랑하며, 좋은 관계를 유지해왔기 때문입니다. 그러나 여러분이 제이의 친구인데 2년 동안 전화 한번 한적도 없고, 우연히 찾아올 것으로 기대하지도 않았는데, 옛날의 정다운 모습으로 나타나 차를 빌려 달라고 한다면, 어떻게 하겠습니까?

인간 사이에 관계도 이런 식으로 될 수는 없겠죠. 하나님과의 관계도 마찬가지 입니다. 우리가 무엇을 원할 때나 어려움에 처했을 때만 하나님께 달려간다면 하나님이 우리 기도를 들어 주실 것으로 기대할 수는 없습니다. 우리가 주님과 가깝게 살 때 조차도, "요구하면 고쳐 주실 것" 또는 "요구하는 것은 무엇이든지 들어주실 것"으로 기대할 자격이 있는 것은 아닙니다. 우리가 하나님을 섬기기 위해 있는 것이지, 하나님이 우리를 섬기기 위해 계신 것이 아니므로, 우리는 주님이 누구이신가를 기억하면서 주님께 겸손히 요구할 뿐입니다. 그리하면, 요한 사도가 말씀한 것같이, 우리가 요구하기 때문에 받는 것이 아니라, 우리가 하나님의 계명을 순종하고 하나님을 기쁘시게 하기 때문에, 우리가 "요구하는 것은 무엇이든지 받을 것" 입니다(요일 3:22).

하나님의 뜻

하지만 여러분이 정말로 그리스도 안에 거하려고 애쓰는데도 여전히 아프다면 어찌된 일입니까? 그것이 두통 감기일수도 있고, 백혈병일수도 있습니다. 안수기도를 네 번씩이나 받고 수많은 기도와 눈물에도 불구하고 여러분이 여전히 아픕니다. 무엇이 잘못된 것입니까? 고침을 받지 못한 나의 경험을 앞 장에서 내가 피력한 것에다 여러분의 경우를 아마도 연결시킬 수 있을 것입니다. 왜냐하면 아무 일도 일어나지 않은 것에 대해 여러분도 죄책감을 느끼실 것이기 때문입니다. 아마 여러분도 더 숨겨져 있는 죄가 없나 하고 여러분의 마음을 감찰해 보셨을 것이고, 급기야는 고백할 만한 죄를 거의 새로 만들어 내기까지 해서 고침을 받고자 했을 것입니다. 성경의 어떤 부분 예컨대 하나님의 약속의 말씀 같은 곳은 여러분이 펜으로 밑줄을 긋고, 수시로 하나님께 외쳐댔을 것이기에 닳고 달았을 것입니다. 하나님이 낫게만 해 주신다면 무엇이든지 하겠다고 하나님께 여러분이 약속을 드려도, 여러분이 받는 것은 침묵 뿐입니다.

여러분이 이런 상황이라면, 여러분만이 그런 것은 아닙니다. 수많은 기독교인들이 여러분과 다를 바 없는 상황입니다. 그리고 나는 그 심정을 이해합니다.

그러나 고침을 바라는 나의 기도들이 응답되지 않은 이유를 다른 모든 곳에서 찾아본 후에 나는 하나님의 말씀으로 돌아와 좀더 면밀히 말씀을 살펴볼 수밖에 없었습니다. 신유의 고침에 대한 나의 질문에 대한 해답뿐만 아니라 기독교인들이 고통 받는 이유에 대한 해답을 내가 찾은 것은 바로 하나님의 말씀에서였습니다. 그것은 참으로 단순한 것이었습니다. 여러분이 고침을 받으려고 별 방법을 다 써보았으나 아무 소용이 없었다면, 여러분의 병이 낫지 않고 현 상태로 있는 이유가 하나님의 지혜 안에 하나님께서 그렇게 되길 원하시기 때문이라고 정말로 그렇게 번뜩 생각해보신 적이 있으십니까?

우리가 예수님의 이름으로 무엇을 구하던지 이루어지리라(요 14:13)는 하나님의 약속을 기록한 요한 사도가 또한 이 약속에 하나님이 조건을 다신다고 기록한 것을 유념해야 할 것입니다. 요한일서 5:14에서 요한 사도는 이렇게 말씀하십니다, "그를 향하여 우리의 가진바 담대한 것이 이것이니 그의 뜻대로 무엇을 구하면 들으심이라." "그의 뜻대로 무엇을 구하면"의 그 "면"은 중요한 전제입니다. 여기서 "면"이라는 것은 다음과 같은 전제들이 아닙니다: 우리가 좋을 것으로 생각하는 어떤 것이든지 우리가 구하면... 인생을 좀 쉽게 만들 것으로 여겨지는 어떤 것이든지 우리가 구하면... 심지어 하나님이 원하실 것으로 우리가 임의로 상상하는 것이면 어떤 것이든지 우리가 구하면... 등의 전제가 아닙니다. 그 전제는 실제로 "그의 뜻대로면" 어떤 것이든지 입니다. 하나님이 우리 기도를 들으시기 위해서는 우리 기도가 하나님의 뜻에 합치되어야 하는 것입니다.

그렇지만, 도대체 고침을 원하는 기독교인의 요청을 거부하는 것이 어떻게 하나님의 뜻이 될 수 있습니까? 어떻게 보면 이 책 전체가 이 문제에 관한 것입니다. 많은 성경 구절이 고통 받는 것으로부터 올 수 있는 좋은 것들을 말씀해 줍니다. 아픔과 불편은 이 세상의 일시적인 것들로부터 우리의 마음을 떠나게 합니다. 그것들은 우리로 성경 말씀을 더 면밀히 진지하게 보도록 해줍니다. 시련은 우리 자만심의 근거를 무너뜨리고 하나님을 의지하게 합니다(고후 1:9). 이렇게 되면, 우리는 하나님을 더 잘 알게 됩니다. 왜냐하면 우리가 누군가를 의지하여 그가 항상 우리를 인도하게 하면, 우리는 그를 정말로 잘 알게 되기 때문입니다. 우리의 문제들은 어려운 상황에서도 주님을 찬양할 수 있는 기회를 우리에게 줍니다. 우리의 이런 충성심은 주님을 기쁘게 하고, 주님의 위대하심을 영적인 세계에 입증시킵니다.

때로는 질병이 우리의 죄에서 깨어나도록 하는 하나님의 채찍으로 작용합니다(고전 11:29-30; 벧전 4:1). 이것은 우리에 대한 하나님의 사랑을 입증하는 것입니다. 왜냐하면 모든 훌륭한 아버지는 자식을 훈계하시기 때문입니다(히 12:5-8). 때로는 고통을 받고 있는 다른 사람들을 우리가 이해할 수 있도록 하기 위해 하나님께서 우리에게 고통을 사용하시기도 합니다(고후 1:3-4). 고통의 이유를 나열하면 끝이 없습니다. 다른 특별한 이유가 없다면, 예수님이 이 땅에 계실 때 하나님께서 고통을 통해 예수님을 성숙시키셨다는 사실을 우리가 유념해야 할 것입니다(히 2:10). 이 사실은 과연 "내가 좀 덜한 고통을 바라야 할 것인가?" 우리 스스로에게 자문하도록 합니다.

내 목이 다치지 않았다면 나는 지금 어떤 상태에 있을까를 가끔 생각하면 몸서리가 쳐집니다. 처음에는 어떻게 하나님이 내게 이렇게 하실 수 있었는지 알 수가 없었습니다. 그러나 지금은 나는 확실히 압니다. 주님은 나의 건강한 상태에서보다 나의 전신마비를 통해 훨씬 더 많은 영광을 받으셨습니다! 그리고 여러분 이 말을 믿어 주시죠: 나의 전신마비가 참으로 나를 풍족하게 해주었습니다! 여러분의 기도에 응답하셔서 하나님이 여러분을 낫게 해주신다면, 그것은 대단히 좋은 것입니다. 고쳐주신 주님께 감사 드리세요. 그러나 하나님께서 그렇게 안 해주신다고 하더라도, 여전히 감사 드리세요. 주님께서 그렇게 하신 데에는 이유가 있다는 것을 여러분은 명심하셔야 합니다.

여러분 중에는 내게 이렇게 말씀하실 수 있습니다. "조니, 만약 우리가 그런 식으로 생각하게 된다면, 만약 하나님이 우리를 고쳐주실 것으로 우리가 기대하지 않는다면, 하나님은(진짜) 안 고쳐 주실 것 아니오! 고침을 간구하는 기도를 '아버지 당신의 뜻이라면' 하면서 끝마친다면, 그것은 실제로는 믿음이 부족함을 드러내는 것 아니오? 하나님과 접할 수 있도록 우리가 분투해야 하는 것 아니오? 그래서 모든 일에 하나님의 뜻이 무엇인지를 우리가 감지해 낼 수 있는 상태에서 온 믿음과 확신으로 기도해야 하는 것 아니오?" 그러나 이런 생각은 성경에서 보여주는 우리 하나님의 모습과 정 반대되는 것입니다! 그는 우리 위에 너무 높이 계셔서 그의 뜻이 무엇인지 결코 알아내지 못할 것입니다: "깊도다 하나님의 지혜와 지식의 부요함이여, 그의 판단은 측량치 못할 것이며 그의 길은 찾지 못할 것이로다. 누가 주의 마음을 알았느뇨? 누가 그의 모사가 되었느뇨?"(롬 11:33-34).

신약성경의 저자들은 하나님의 마음을 항상 알고 있다고 주장하지 않았습니다. 야고보 사도는 "오늘이나 내일이나 우리가 아무 도시에 가서 거기서 일년을 유하며 장사하여 이를 보리라"라고 할 것이 아니라, 오히려 "주의 뜻이면 우리가 살기도 하고 이것 저것을 하리라"라고 해야 한다고 우리에게 가르쳐 주고 있습니다(약 4:13-15). 에베소에 와서 가르치는 일을 도와줄 것을 부탁 받은 바울 사도는 자신이 하나님의 마음을 읽을 수 있는 것처럼 행세하지 않고 다만 이렇게 말했습니다. "만일 하나님의 뜻이면 너희에게 돌아가리라"(행 18:21).

"만일 하나님의 뜻이면"이라는 태도로 우리가 기도해야 하는 중요한 이유 중의 하나는 우리가 쉽게 실수하고 하나님의 뜻을 잘못 판단하기 때문입니다. 내 딴에는 하나님의 영광을 위해 기도했다고 하는데 실제로는 나를 위해 기도한 경우가 너무 많습니다. "하나님 내가 강연할 때 멍청한 실수를 하지 않게 해주세요. 내가 어이없는 실수를 하면 사람들이 기독교인들은 모두 이상한 사람들이라고 할 것이고, 그렇게 되면 하나님의 이미지가 손상을 받게 되잖아요." 이 말 그대로가 실제로 내가 의도했던 바라면, 내 기도는 문제가 없었을 것입니다. 그러나 내 마음은 깊은 곳에서 내가 의도했던 바는 이런 것이었습니다: "하나님, 내 이미지가 엉망이 되고 싶지 않으니까 나의 강연을 망치지 않게 해주세요." 정말로 하나님의 이미지를 손상시키는 것은 강연에 임하는 나의 이기적인 태도입니다. 하나님께서는 내 기도에 응답하시느니

차라리 강연을 좀 서투르게 하는 것이 오히려 하나님의 의도를 잘 수행하는 것이라고 여기셨을 것입니다.

하지만 하나님의 뜻을 잘못 파악하는 우리의 동기가 꼭 이기적이거나 죄스러운 것만은 아닙니다. 우리가 순진한 실수는 저지를 수 있습니다.[19] 한 가지 예를 들어 보겠습니다.

수십 년 전쯤으로 기억되는 어느 날 오후이었습니다. 이십대 중반으로 보이는 검은 머리의 잘 생긴 초면의 젊은이가 나를 만나보고 싶다고 우리집 대문 앞에 나타났습니다. 내 언니 제이가 그를 안으로 안내했고 서재에서 우리 둘이 만났습니다. 곧바로 대화가 어색하게 이어졌습니다. 남서부 지역에서 나를 만나고자 먼 길을 차를 몰고 온 것을 알게 되었습니다. 매우 긴장한 모습으로 그는 말을 했습니다. 하나님께서 나와 결혼할 것을 계시하셨기 때문에 나와 결혼을 해야 한다고 말했습니다. 그 청년의 마음에는 우리가 서로 결혼하는 것이 분명한 하나님의 뜻이었습니다. 매우 이상한 얘기지만 하나님께서 나와 결혼하라고 약속하셨다고 하면서 지난 이 년간 내게 청혼한 사람이 아홉 명이나 된다고 내가 그에게 이야기 해 줄 때, 그는 상당히 마음을 가누지 못했습니다. 하나님은 그 청년을 잘못 인도하셨던 것일까요? 다른 아홉 명도 잘못 인도하셨던 것일까요?

우리 둘은 한동안 토론을 한 뒤 아니라고 결론을 내렸습니다. 하나님은 혼동하시는 하나님이 아니십니다. 하나님은 우리를 잘못 인도하시지 않으십니다. 우리가 하나님을 잘못 인도합니다. 그리고는 하나님의 뜻을 발견할 수 있는 "좀 더 안전한" 방법에 대해 얘기를 계속했습니다. 하나님의 말씀으로부터 원리를 적용한다든가, 성숙한 기독교인들로부터 조언을 받는다든가, 아니면 하나님께서 어느 문을 여시고 닫으시는지 기다려본다든가. 그 청년이 우리 집을 떠날 때에는 훨씬 그의 마음이 편해 보였습니다. 하나님께서 자기에게 장난을 하신 것이 아니라는 것을 확신하며, 이 일을 통해 여러 가지를 깨닫게 되어 이번 여행이 가치 있었다고 느낀다며 그는 다시 차를 몰고 돌아갔습니다.

고침 받기를 원하는 우리의 간구를 하나님께 드리기 위해서는 진정한 겸

손과 자기 부인이 필요합니다. 그리고 나서 응답을 하나님께 기꺼이 맡겨야 합니다. 겟세마네 동산에서 예수님께서 드린 고통스런 기도에서 예수님은 이것을 아주 아름답게 드러내셨습니다. 그의 개인적인 욕망으로는 십자가의 공포를 모면하길 간절히 원했습니다. 그는 이렇게 기도했습니다. "아버지여 만일 아버지의 뜻이어든 이 잔을 내게서 옮기시옵소서" 그러나 그의 마지막 구절은 인류의 구원을 가능케 하였습니다. "그러나 내 원대로 마옵시고 아버지의 원대로 되기를 원하나이다"(눅 22:42). "예수님의 이름으로" 기도한다는 의미 중에 분명한 것 하나는 예수님께서 가장 암울했던 이 순간에 그가 기도했던 심정과 똑 같은 심정으로 기도하는 것입니다. 하나님께 우리의 요구를 기도 드리지만 결과는 하나님께 전적으로 맡기는 것입니다.

우리가 얼마큼 왔나요 — 일종의 요약

예수님은 제자들에게 놀라운 약속들을 주셨습니다. 이 땅에서 하나님의 사역이 이루어지기 위해 제자들이 필요로 하는 것은 무엇이든지 주시겠다고 했습니다. 그러나 기도에 적어도 두 가지 조건이 분명히 있었음을 알 수 있습니다. 그들이 예수님 안에 거해야만 했고, 그들의 기도가 하나님의 뜻에 합당했어야 합니다. 하나님은 자신의 모든 뜻을 기독교인들에게 드러내지는 않으시므로, 우리는 모든 것을 하나님께 맡기고 하나님이 어떤 결정을 내리시는지 기다려야만 합니다. 그리고 만약 하나님께서 우리의 요구를 거절하셨다면? 그것은 "산을 옮기는데"는 한 길만이 아니고 또 다른 길도 있다는 것입니다. 하나님은 자신의 일을 하시는데 약한 그릇들(사람들)을 사용하길 좋아하시며, 또한 사람이 아니고 하나님께서 영광을 받으신다는 것을 신약성경은 강조하고 있습니다. 그리고 질병과 고통으로부터 얻는 모든 영적인 유익의 관점에서 볼 때, 우리 앞에 놓여진 산을 움직이기 위해 하나님께서 선택하여 사용하시는 방법이 바로 우리의 질병이 된다는 것입니다.

우리의 믿음이 성장하면서, 사물을 보는 우리의 관점이 변합니다. 우리의 고통이 **제거되는** 것이 하나님이 영광 받으실 수 있는 유일한 길인 것처럼 한

때는 생각했습니다. 그런데 지금은 우리의 고통을 통하여 하나님이 영광을 받으시는 것이 분명해졌습니다.

하나님의 치유와 다른 이적들이 예수님과 그의 사도 시대에만 특별한 의미가 있었다고 해서 오늘날에는 의미가 없다는 것은 아닙니다. "하나님은 모든 자를 고쳐주시기 원하신다"는 극단적인 견해에 대한 과잉 반발로 "하나님은 누구도 고쳐주시기를 원치 않으신다"는 정반대쪽 극단으로 많은 사람들이 합류했습니다. 이런 후자의 견해를 "비감정주의"라고 칭하지만 그것은 잘못된 명칭이고, 명백한 불신을 나타내는 견해로 보는 것이 더 합당할 것입니다. 우리가 구하지 않기 때문에 우리가 갖지 못하는 것입니다.

하지만 그렇다고 고침을 받기 위해 우리가 믿음으로 구하면, 언제든지 하나님은 우리를 고쳐주실 의무가 있다는 말은 아닙니다. 하나님이 이적으로 역사하셨던 사도들의 시대에도 신실한 기독교인들이 종종 질병을 감내해야만 했습니다. 여행을 하는 동안 사도 바울은 여러 사람을 고쳐주도록 하나님이 그를 이용하셨음에도 그의 친구 드로비모를 아픈 채로 밀레도에 두어야 했습니다(딤후 4:20). 디모데전서 5:23에는 자기 친구 디모데에게 "네 비위와 자주 나는 병을 인하여 포도주를 조금씩 쓰라"고 말합니다. 그는 "더 기도해봐라," 또는 "내게로 와라 내가 좀 살펴 봐야겠다"라고 말하지 않았습니다. "좀 무엇을 써 보라"라고 말했습니다. 기독교인들은 고침 받기를 위해 기도해야 할 것입니다. 그러나 하나님이 그들의 요구를 거절했다고 해서 무언가가 잘못된 것이라고 생각할 필요는 없습니다.

마지막으로 죄 많은 세상에서 이적만이 우리를 믿게 해주는 궁극적인 무기라는 속임에 빠지지 않도록 해야합니다. 예수님께서 생애 마지막 순간까지 모든 종류의 이적을 행하였지만, 어떤 사람은 비웃었습니다. "당신이 정말 메시아이거든, 그 십자가에서 내려 오시오 그러면 우리가 믿겠소." 예수님이 십자가를 지시기 전, 당시 많은 사람들이 수많은 이적을 보았음에도 불구하고 여전히 믿지 않았기 때문에 그 세대가 특히 죄가 많다고(요 15:24) 예수님은 제자들에게 털어 놓았습니다. 그렇습니다. 만약 사람들의 마음이 죄로 하나님에 대해 굳어져 있으면, 성령이 그의 눈을 뜨게 하시지 않는 한 어떤 이적도 그를 변화시키지 못할 것이라는 것을 우리는 확신할 수 있습니다.

앞에서 내가 읽으려고 한 책을 책상에서 떨어뜨린 이야기를 기억하십니까? 예, 아직도 나는 집어 올릴 수 없습니다. 내가 손을 다시 쓸 수 있어서 집어 올릴 수 있다면 틀림없이 좋을 것입니다. 그러나, 그런 소망은 점차 사라져 가고 있습니다. 나의 전신마비가 나를 하나님께로 좀 더 가까이 가게 했고, 영적인 치유를 가져 다 주었습니다. 나는 이것을 치유된 발로 100년을 산다고 해도 맞바꾸지 않을 것입니다.

한·걸·음·더 한·걸·음·더 한·걸·음·더

제4장
고통이라는 수수께끼가 풀릴 것 같지 않을 때

한·걸·음·더 한·걸·음·더 한·걸·음·더

1 하나님이 하나님이시도록

내가 입원해 있던 첫 해 동안은 입에 막대기를 물고 종종 성경을 들척이곤 했습니다. 내가 좀 배운 것이 있었겠지만, 시간이 지나면 다 잊어버리는 TV 시청이나 라디오 청취처럼 성경을 덮고 나면 무엇을 읽었는지 기억하지 못하는 경우가 대부분이었습니다. 퇴원해서 집에 돌아와서야 하나님의 말씀을 심각하게 상고할 수 있었습니다. 내가 성경을 이렇게 보기 시작했을 때 그것은 낮과 밤처럼 확연히 달랐습니다. 사물을 내 관점이 아닌 하나님의 관점에서 보기 시작 함으로써 나의 고통에 대한 수수께끼 같은 의문 조각들이 하나 둘 끼워 맞추어지기 시작했습니다. 참 지혜의 맛을 보기 시작했습니다. 나는 생각했습니다. 내가 이 상태를 지속한다면, 나는 완전히 현명해져서 일어나는 **모든 일에 대한 하나님의 모든 뜻**을 이해할 수 있을 것이라고…

그러나 나의 신앙생활이 계속되면서 모든 것이 이런 식으로 발전되지는 않았습니다. 어떤 구체적인 시련이 나에게 유익한 것으로 작용되는 것을 종종 내 스스로 확인 할 수 있기도 했지만, 어떤 때는 그렇게 되지 않았습니다. 예컨대 내게 시련이 닥치는 것은 하나님께서 나를 일으켜 세우기 위함이라는 것을 알았지만, 시련거리가 너무 많아 나를 지치게만 하는 것처럼 보이는 날들도 많았습니다. 심지어 그 시련이 하나님께로부터 온 것이라는 것을 내가 인정한 경우에도 지쳐 넘어진 적이 한두 번이 아니었습니다. 나는 생각했습니다. 이런 시련의 날을 통해 내게 유익한 것이 있다고 하나님께서 약속하셨어. 하지만 어떻게 해서? 어떻게 그렇게 하신다는 것인지 나는 알 수가 없어!

    문제는 여기서 끝난 것이 아니었습니다. 갈피를 못 잡는 나를 더 당혹스럽게 한 것이 있었습니다. 나는 해답도 갖지 못했고 따라서 이겨내지도 못한 시련인데, 이런 시련을 이겨내는 사람들을 내가 알기 시작했던 것입니다. 성경을 펼쳐 놓고 헤아려 보려고 해도 나는 도저히 이해할 수 없는 시련을 가진 사람들이 내게 편지를 보내기 시작했습니다. 하나님께서 왜 우리로 고통 받게 하시는지 여러 가지로 설명해 준 성경 구절들을 내가 알고 있었으니까. 물론 어떤 면에서는 나도 이해할 수 있었다고 말할 수 있을 것입니다. 그러나 각각의 시련에 대해 성경 구절의 설명을 일일이 갖다 맞춘다는 것은 또 다른 이야기였습니다. 다음과 같은 사연을 보낸 소녀에게 여러분이라면 어떻게 답변하겠습니까?

    조니에게.
    ...우리 아빠는 내가 두 살이었을 때 돌아가셨고 엄마는 암으로 고생하신 지 일 년이 되어 갑니다... 하나님께서 왜 이렇게 하시는지 나는 이해하려고 애쓰고 있습니다. 어떤 때는 엄마마저 돌아가시고 나만 홀로 남게 되면 어떻게 될 것인가 하고 걱정하며 시간을 보내기도 합니다. 이런 일이 벌어졌을 때 원망하지 않으려고 나는 하나님과 가까이 지내려고 애쓰고 있습니다. 나는 이미 예수님을 나의 구주로 영접했습니다. 하지만 엄마가 아파서 고생하는 것을 보면 마음이 너무 아파서 주님의 말씀을 장시간 읽고 묵상하기가 어렵습니다. 그저 앉아서 TV나 보다 잠을 자는 것이 내가 할 수 있는 모든 일인 것 같습니다.

    하나님을 영화롭게 하는 방법으로 어떻게 하면 이 소녀가 자신의 어려움을 대처해낼 수 있는지 내가 좀 조언을 줄 수 있었을 것입니다. 그러나 이 소녀가 처한 곤경 뒤에 숨어있는 구체적인 "원인"을 설명해준다는 것? 그것은 전혀 다른 이야기입니다. 이 소녀의 시련에 대한 하나님의 뜻은 그녀가 예수님을 더 닮도록 하는 것이었을까요 아니면 그녀의 생각을 영적인 것들에 두게 하는 것이었을까요? 이 소녀가 천사의 세계에 본이 되도록 하는 것이었을까요 아니면 남을 위로할 수 있는 능력을 갖도록 하는 것이었을까요? 나는 짐작을 할 수는 있을지 모르지만, 알 수는 없습니다. 하나님께서 어떤 생각을 갖고 계신지 모르지만 적어도 표면상으로는 이해가 안 되는 것 같았습니다.
실제로, 어떤 분들이 적어 보낸 시련의 사연들은 하나님의 뜻을 손상시켜 보이기 까지 했습니다.

조니에게,
　이 글을 쓰고 있는 내가 무신론자도 아니고 특별히 자신에 대해 잘못된 느낌을 갖고 있지도 않다는 것을 먼저 이해해주시기 바랍니다. 당신의 책을 읽고 나면 나도 마침내 사물을 다르게 볼 수 있을 거라고 생각했습니다. 그러나 당신이 행하는 것을 당신 스스로 솔직하게 믿고 계시다면 나는 당신을 존경하지만, 당신의 인생과 내 동생의 인생의 비참한 일에 대해서는 여전히 나는 이해할 수 없습니다.
　내 동생은 26살이고 1965년 자동차 사고 이후로 사지마비가 되었습니다... 당신과 마찬가지로 내 동생도 사고를 당하기 전에는 한참 잘 나가는 아이였습니다. 당신도 사지마비 이시니까 내 동생이 어떤 고초를 겪었는지 잘 아실 것입니다.
　그에게 남은 것이라고는 정신뿐이니까 그것을 이용해서 무엇인가 해야겠다고 동생은 마음 먹었습니다. 동생은 집에서 심리학을 공부하면서 인디애나 주지사를 위한 보조원 일을 했으며, 심리학을 더 공부하기 위해 오하이오주에 있는 대학교에 갈 예정이었습니다. 동생은 일을 시작한지 2주만에 그만 두어야 했습니다. 일을 하고 있으면 정부에서 주는 의료비용 지원 혜택을 받을 수 없기 때문이었습니다. 동생은 일하기를 원했고, 남에게 의지해 살기를 원치 않았습니다. 당신과 마찬가지로 동정 받는 것을 원치 않았습니다.
　내가 과거 시제로 말씀드리는 이유는 내 동생이 1976년 10월에 일어난 발작 사건 이후로 혼수상태가 되어 요양원에 가 있기 때문입니다. 동생은 자신이 원했던 것처럼 정상인 같이 살았고, 항상 자기의 정신을 명료한 상태로 유지시키려 했습니다. 그런데 이제는 누군가가 그의 정신마저 빼앗아 가려고 작정한 것입니다. 이것이 공평한 것인지, 아니면 여기에도 어떤 이유가 있다고 당신께서 느끼신다면, 제발 나도 좀 이해할 수 있게 도와 주시기 바랍니다.

이 젊은 청년에게 내가 어떤 설명을 보낼 수 있었다면 진부한 이야기의 공허한 울림뿐이었을 것입니다. 그리고 솔직히 말해서 그 설명이 나의 깊은 마음에도 마찬가지로 와 닿지않았을 것입니다. 어떤 때는 한 사람의 곤경이 너무 커서 그 결과로 나타날 수 있는 어떤 유익의 가능성을 압도하는 것처럼 보입니다. 이런 느낌이 드는 경우는 다음과 같은 어느 여인의 편지를 읽을 때 입니다.

조니에게,
　나는 두 다리와 팔 하나가 마비된 22살 된 여자입니다. 1968년에 엄마가 내 머리를 친 후에 이렇게 되었습니다. 나는 쿡 병원에서 일년을 지내면서 여섯 번이나 수술을 받아야 했고, 시카고 재활병원으로 옮겨져 일년 반을 지냈습니다. 그리고는 팔 다리 수술을 위해 그랜트 병원으로 갔습니다.
　나는 그 병원에 여덟 번이나 들어가야 했습니다. 지금까지 수술만 22번을 받았는데도, 여전히 똑 같은 상태입니다. 나는 휠체어에 있습니다. 나는 가족도 없고 나 스스로 돌보아야 합니다. 당신의 책을 읽었는데 우울증에 어떻게 대처해야 하는지 알고 싶습니다. 나는 하나님을 굳게 믿지는 못하고 있습니다. 나는 이 고통을 극복할 수 있을 것으로 느껴지지 않습니다. 당신은 이런 때 어떻게 느끼시는지 말씀 좀 해주시기 바랍니다.

"내가 정말로 지혜로워져서 이 모든 것들에 대한 하나님의 뜻을 이해할 수 있을 것인가?" 나는 의심하기 시작했습니다. 내 친구 스티브가 자기 사촌 누나의 경험을 이야기해 줄 때에도 나에게는 도움이 되지 못했습니다. 이 여인은 최근까지도 우리집에서 멀지 않은 곳에 살았는데 그녀의 경험은 이런 것이었습니다:

　우리 엄마가 겨우 16살이었을 때, 그녀보다 2-3살 정도 많은 동네 알코올 중독자가 자기와 결혼하지 않으면 부모님을 죽이겠다고 하는 바람에 그녀는 결혼을 했습니다. 그는 미치광이 같았고 술만 먹으면 우리 엄마를 때려서 시퍼렇게 멍들게 했습니다. 우리는 테네시주의 한 농장에서 매우 가난하게 자랐고 끼니를 잇기 위해 엄마는 밭에 나가 열심히 일을 해야 했습니다… 한때는 엄마께서 우리 형제들을 데리고 집 뒤에 있는 언덕으로 달려갔던 일을 기억합니다. 아빠가 총을 들고 우리를 쫓아 오는 이유는 단지 그가 카우보이와 인디언 놀이를 하고 있기 때문이라고 생각할 정도로 나는 매우 어렸습니다. 그러나, 엄마 얼굴에 서린 공포를 보았을 때, 나는 그것이 장난이 아니라는 것을 알았습니다. 그날 밤 아빠가 술에 취해 곯아 떨어졌을 때 우리는 집 뒷문으로 슬며시 들어 올 수 있었습니다. 그렇게 해서 위험이 가고 평안이 찾아 올 수 있었습니다. 한번은 아빠가 술에 취해서 우리를 벽에다 세워 놓고는 총알을 장진하고 우리를 한 명 씩 죽인 다음 자기도 죽겠다고 했습니다. 만약에 이웃이 우연히 우리집에 들러 우리를 도와 주지 않았다면, 아마 우리는 그때 모두 죽었을 것입니다. 아빠는 내가 일곱 살 때 익사하셨습니다.

엄마가 재혼하고 우리가 북쪽으로 이사한 후에도, 끈경은 우리를 계속 따라 다니는 것 같습니다. 엄마는 권총 자살을 시도하시기도 했습니다. 그리고 2년 전에는 엄마가 가게에서 일하고 계실 때, 강도 세 명이 엄마를 묶어 화장실에 가두고는 목에 칼을 들이댄 채 소리치면 죽이겠다고 하는 위험에 처하기도 했습니다.

엄마는 지난 9주간 혈루장애 병으로 병원에 입원해 계셨습니다. 이 병은 손과 발을 검게 만들고 동상을 앓는 것처럼 아프게 합니다. 엄마는 고통으로 입원 내내 하루 밤도 잠을 잘 주무시지 못했습니다. 아픔이 너무 심해서 손가락을 살짝 건드릴 수도 없었습니다. 왼발이 회저 증세를 보였을 때는 절단을 해야 할지도 모른다고 했지만, 다행히 왼발을 구할 수 있었습니다. 하지만, 왼손의 세 손가락은 마디 끝까지 잘라야 했습니다. 우리는 모두 주님을 의지합니다. 하지만 때때로 너무 힘이 듭니다.

가장 성숙한 기독교인일지라도 이 모든 것에 대한 하나님의 뜻을 충분히 설명할 수 있겠습니까? 그러나 이것이 문제의 모두는 아닙니다! 스티브의 사촌 누나는 자기 양아버지의 심각한 건강문제와 수술들, 자동차 사고로 남동생이 왼쪽 팔을 못쓰게 된 것, 그리고 자신이 암으로 수술을 받은 것 등의 얘기를 계속하였습니다. 하지만 이 사촌 누나가 전해준 마지막 얘기는 더욱 믿어지지 않습니다. 1975년 8월 이른 아침에 그녀가 살던 농장에서 일어났던 일이었습니다.

나는 내 남편과 애들이 일하러 나가는 것을 보았습니다. 나도 일하러 나가려고 옷을 차려 입은 후 아래층으로 내려와 부엌문을 통해서 차로 가려고 했습니다. 내가 부엌에 내려 왔을 때 식기 세척기에 기대고 서있는 한 남자를 보고 깜짝 놀랐습니다. 그가 내쪽으로 다가오고 있을 때 나는 그가 1 km 쯤 떨어진 윗

마을 농장에서 온 십대 소년이라는 것을 알았습니다. 노크도 없이 그가 집안으로 들어온 것을 이상히 생각하며 "여기서 무엇을 하고 있느냐?" 하고 내가 물었습니다. 낯선 사람이 오면 개들이 짖었는데 오늘따라 짖지도 않았습니다. 그러나 그 소년은 한마디도 하지 않은 채 노려 보고만 있었습니다. 그러고는 자기 손에 칼을 보여주면서 내쪽으로 걸어오기 시작했습니다.

내가 뒤로 물러서며 소리치기 시작했습니다마는, 그는 계속 다가왔습니다. 마침내 그는 내 바로 앞에 섰습니다. 그리고는 내 몸 오른쪽을 찔렀습니다. 뜨거운 액체가 쏟아져 나오는 것을 느낀 나는 피가 흐르지 못하게 상처부위를 손으로 막았습니다. 그러나 별 소용이 없었습니다. 왜냐하면, 그가 내 온 몸을 찌르기 시작했기 때문입니다. 한동안 내가 "왜? 왜?" 하고 소리쳤습니다. 방어하기 위해 부엌칼을 찾아 나섰을 때 서랍이 빠져 바닥에 떨어졌습니다. 가장 무서웠던 것은 내 피가 온 바닥에 낭자한 것을 내 눈으로 보는 것이었습니다. 나는 바닥에 미끄러져 넘어졌고 수 백년이 지난 듯한 시간이 흐른 뒤에 그는 마침내 도망갔습니다.

그가 떠나고 난 후 나는 정신을 차리고 도움을 청하기 위해 헐떡거리며 전화기로 갔습니다. 그런데, 그가 진짜로 떠난 것이 아니고 바깥에 나가서 내가 어떻게 하는지를 지켜보고 있었다는 것을 내가 깨달은 것은 내 뒤에서 부엌문이 열리는 소리를 들었을 때였습니다. 내 심장이 철썩 가라앉았고 결코 전화를 걸지 못할 것이라는 것을 알았습니다. "이번에는 너를 죽이겠다." 그가 소리쳤습니다. 그리고는 그의 칼로 다시 나의 온 몸을 찌르기 시작했습니다. 내 팔목, 무릎 뒤를 벤 후 내 위장을 계속해서 찔렀습니다. 내가 이렇게 이야기하는 것보다 실제로는 훨씬 더 무시무시했습니다.

그는 나의 남편이 집에 있느냐고 물었습니다. 그래서 "그렇다, 그가 지금 아래층으로 내려오고 있다"고 했습니다. 그러나 아무도 내려오지 않자, 속은 것을 안 그는 다시 내게로 왔습니다. "너는 이미 나를 죽였다. 왜 나를 가만 내버려 두지 않느냐!" 나는 소리를 지를 수 있었습니다. 그러자 아무 말 없이 그는 소매로 입을 문지른 후 뒤돌아서 떠나버렸습니다.

피를 더 많이 흘리면서 나는 점점 약해졌습니다. 하지만 어떤 수를 쓰기 전에 이번에는 그가 아주 멀리 떠날 때까지 충분히 기다려야 한다는 것을 나는 알았습니다. 내가 거의 죽게 되었을 때 내게 힘을 주셔서 내 발로 일어나 전화기로 걸어가게 해주신 분은 하나님이라는 것을 나는 알았습니다. 나는 영 번을 눌렀습니다. 그리고 교환원에게 사건의 요체만 간신히 전해 주고는 의식을 잃었습니다.

내가 살았는지 죽었는지 알아내는데 이틀이 걸렸다고 합니다. 온몸을 꿰메야 했습니다. 비장을 제거해야 했고 간, 췌장, 폐 등을 고쳐야 했습니다.

가해자는 경비가 엄하지 않은 가정 구치소에서 단 한 달을 복역한 후 정신요양소로 후송되었고 주말에는 집 방문을 허락 받았다고 스티브는 내게 얘기해 주었습니다. 14달이 지난 후 그 가해자는 풀려 났다고 합니다. 하나님께서 스티브의 사촌 누나에게 가해자를 용서해주고 원망하기 않게 하는 놀라운 능력을 주시기는 했지만, 사건 후 3년이 지난 요즘까지 그 충격의 여파로 그녀는 아직도 시달리고 있다고 합니다. 깜깜한 복도를 혼자 걷기가 무서워서 밤에 화장실에 가려면 그녀는 꼭 남편을 깨운다고 합니다.

이 젊은 여인의 얘기를 내가 들었을 때, 나는 너무 놀라 입 벌린 채 침묵을 지킬 수밖에 없었습니다. 도대체 누가 어떻게 이것을 이해하겠습니까? 그녀는 평생 이 사건으로 시달림을 받을 것입니다. 이 사건으로 그녀의 가족이 좀 더 가까이 지내게 되었다고 합니다. 그리고 그녀 자신을 하나님께 더 가까이 가도록 했다고 합니다.

그러나 그녀의 가족이 하나님께 가까이 가게 됐다는 사실이 하나님께서 이 모든 일들을 일어나게 하신 이유가 된다고 말하는 것이 이야기의 전부일 수는 없었습니다. 그녀는 이전에 이미 하나님과 가까이 있었고, 그녀의 가족식구들도 평균 수준 이상의 가정생활을 하고 있었습니다. 분명히 하나님의 전체적인 뜻이 단지 그들의 가정생활과 신앙생활을 몇 단계 고양시키는 것이었을 수는 없었습니다. 이보다 훨씬 약한 시련도 이런 것을 이루어낼 수 있었을 것입니다. 도대체 하나님의 생각은 무엇이었습니까? 무슨 뜻이 계셔서 이런 고통을 겪게 하시는 겁니까? 이 질문이 너무 무거워서 어떤 생각도 압도하는 것 같습니다.

내가 고통 받는 사람들을 위한 사역에 참여 한다면, 이와 같은 질문에 대한 해답을 내가 알아야만 한다고 생각했습니다. 그러나 내 스스로도 이해하지 못하는 것을 어떻게 남들이 이해할 수 있도록 도와줄 수 있단 말입니까?

해답이 필요할 때 하나님께서 적절한 책을 보내주신다면 나는 항상 감사드릴 것입니다. 하나님께서 해답을 주신 책이라면 주저 없이 나는 읽은 책 중에서 가장 좋은 책이라고 말할 것입니다. 팩커씨가 쓴 "Knowing God"이라는 책에 "하나님의 지혜와 우리의 지혜"라는 소제목이 붙은 한 장이 있습니다. 각 사건 배후에 있는 하나님의 뜻을 우리가 이해하지 못하는 이 문제를 바로 이장에서 팩커씨는 정면으로 다루고 있습니다.

> 흔히 저질러 지는 잘못은... 한 특별한 사안에 대해 하나님이 무엇을 하셨고 왜 하셨는지, 그리고 다음으로는 무엇을 하실 것인지를 아는 것이 지혜의 선물이라고 생각하는 것이다.

이것이 잘못이라니? 무슨 말을 하고 있는 것입니까? 하나님의 생각을 항상 알아내는 능력이 지혜 아닙니까?

> 사람들이 정말로 하나님께 가까이 다가 간다면, 그래서 하나님이 자유롭게 자신의 지혜를 그들에게 주실 수 있다면... 사람들은 자신들에게 일어나는 모든 일들의 참 목적을 분간해낼 것으로 느낄 것이고, 순간순간 하나님이 모든 것을 협력시켜 선을 이루시는 것도 그들에게 분명하게 느껴질 것이다... 그러나, 만약에 이렇게 되지 못하고 반대로 그들이 실망하는 모습으로 귀결된다면, 그들은 그 실망을 자신들이 영적이지 못하기 때문인 것으로 돌려 버린다.

팩커씨는 나의 문제를 정확히 알고 있었습니다. 그는 정말로 내 생각을 읽었습니다.

> 이런 사람들은 많은 시간을 보냅니다... 왜 하나님께서 이런 저런 일이 일어나도록 하셨어야 했는지 의아해 하면서... 또는 그들이 일어난 사건으로부터 무엇을 얻어낼 수 있는지 의아해 하면서... 기독교인들은 이와 같이 소용이 없는 질문으로 자신들을 거의 미치광이로 몰고 갑니다.

이것이야말로 아멘입니다. 나는 정말 미칠 지경이었습니다. 그러면, 하나님이 무슨 생각을 하시는지 우리는 항상 이해할 수 없다는 말씀입니까? 우와, 나는 생각했습니다: 이것이 지혜가 아니라면, 그럼 무엇이 지혜란 말인가? 다음 몇 문단에는 몇 가지 해답이 있습니다. 이것들은 내 인생을 정말로 변화시킨 것들이며 내 자신 스스로의 해답을 위해 나로 성경을 찾게 한 것들입니다.

나는 욥의 이야기와 대면했습니다. 고통이란 문제에 대한 고전적인 예라고 할 수 있는 욥기에서 해답을 찾았습니다. 자신의 상태에 대한 "이유"를 이해할 필요가 있었던 사람이 있었다면 욥이었습니다. 그의 가족은 살해되었고, 그의 재산은 무너지고 강탈 당했고, 그의 몸은 부스럼으로 고통을 겪었습니다. 욥기의 마지막 다섯 장에 가서야 하나님은 욥과 그의 친구들의 질문과 도전에 응답하기 시작하십니다. 그리고 하나님이 응답하셨을 때, 그 모든 고생을 겪은 이유가 무엇 때문이라고 하나님이 욥에게 말씀 하셨는지 여러분은 아십니까? 아무것도 없었습니다. 한마디 말씀도 없었습니다! 하나님께서는 욥을 앉혀놓고 이런 식으로 말씀하시지 않았습니다: "내 말을 잘들어 봐라, 왜 내가 너에게 이 모든 고생을 하게 했는지 그 속사정을 알려 주겠다. 자 봐라, 내 계획은..." 실제로 욥의 질문들에 대해 하나님께서 이와 같이 대답하셨습니다. "일어나라, 욥아. 내가 너에게 물어볼 몇 가지 질문이 있다!"

그 다음 마지막 네 장에서 하나님은 아무 것도 하시지 않고 오직 자신이 자연에 해놓은 장엄한 것들을 자세히 기술하실 뿐입니다. 그리고는 욥에게 그도 자연에 필적할 만하냐고 물으십니다. 주님은 이 세상을 창조하신 그림을 생생하게 그리십니다. 우주의 광활함, 황소의 힘, 말의 근사함, 동물의 본능과 지구상의 모든 생명체에게 양식을 공급하는 방법의 경이로움. 하나님은 욥을 놀리십니다: "물론 네가 이것을 잘 알고 있지! 왜냐하면, 이 모든 것이 창조되기 전에 네가 태어났기 때문이니, 너의 나이가 많아 경험이 풍부하기 때문이니라!"(욥 38:21, Living Bible 역자 의역).

하나님이 욥에게 말씀하실 때 욥이 두려움으로 거의 움추러 드는 것을 나는 느낄 수 있었습니다(나 자신은 움 추러 들고 있었습니다). 왜 욥을 두고 이런 말씀을 하시나? 나는 생각했습니다. 하나님이 자연에 나타내신 지혜와 능력에 대한 이 모든 기술은 분명히 흥미롭습니다. 그러나 이것들이 욥의 시련과 도대체 무슨 관련이 있었습니까? 욥은 자기가 세상을 창조했다고 주장한 적이 결코 없었습니다. 야생동물의 습성을 설명할 수 있다고 말한 적도 결코 없었습니다. 왜 갑자기 하나님께서 이런 말씀을 하시는 것이었습니까? 욥은 기상 순환이나 탄생과 사망의 모든 신비에 대해서도 아는 척 한 적도 없었습니다. 욥은 자기 가족의 죽음, 자기 소유의 망실, 자기 온 몸의 부스럼을 이해할 수 있도록 하나님이 도와 주시길 원한 것 뿐이었습니다.

나는 욥기를 계속 읽어 내려갔습니다. 자연에 관한 이야기는 계속되었습니다. 하나님의 위대하심에 대한 부가적인 서술, 부가적인 하나님의 조롱. 예컨대, "너는 산양이 어떻게 출산하는지 아느냐?" ... 네가 구름에 소리쳐서 비가 오게 할 수 있느냐? ... 지구가 얼마나 큰지 가늠할 수 있느냐? ... 네가 알 수 있다면 내게 말해 보거라!"

여전히 혼동되게 만드는 것입니다. 그러나 내가 욥기 40장에 도달했을 때, 여명의 빛 줄기가 비치기 시작했습니다. 하나님은 마침내 자신이 지금까지 몰고 온 주제에 관하여 초점을 맞추는 듯한 질문을 욥에게 하셨습니다. "네가 여전히 전능자와 논쟁하길 원하느냐? 아니면 굴복하겠느냐? 하나님 비판자인 네가 해답을 갖고 있느냐? ... 자, 한번 일어서서 나와 겨뤄 보겠느냐. 내가 네게 한 가지 질문을 할 터이니 내게 답변해봐라. 네가 나의 정의를 손상시키고 나를 비난할 것이냐, 그래서 네가 옳다고 말할 수 있겠느냐?"(욥 40:1, 7-8, Living Bible 역자 의역).

바로 이것이었습니다! 욥이 "왜?"라는 질문을 던졌을 때 하나님께 정말로 해명을 요구한 것임을 하나님은 아셨습니다. 이런 질문은 지극히 순진해 보입니다. 그러나 하나님께 이런 답변을 요구하는 것은 자신을 하나님 위에다 올려 놓는 것입니다. 얼마나 이상합니까! 욥처럼 우리도 종종 하나님이 우리를 공평하게 대하지 않으신다고 생각합니다. 마치 하늘에 법정이 있어 거기 계신 하나님에게 소위 "공평함"이라는 문제에 대해 우리에게 해명해 주실 것을 요구하는 것처럼 우리가 행동하는 것입니다. 그러나 우리가 망각하는 것은 하나님 자신이 바로 법정이며 그가 공평함을 만드셨다는 것입니다. 우리가 어떻게 감히 하나님의 공평함에 대해 거역할 수 있겠습니까? 하나님이 하시는 것은 공평해서 우리가 받을 수 있는 모든 것이 공평합니다.[20]

하나님의 경이로운 창조물에 나타난 그의 놀라운 지혜와 능력을 보시죠. 욥같이 보잘 것 없고 하나님의 무한한 위대하심을 측량 조차 할 수 없는 죽어 없어질 인간에게 어떻게 하나님이 응답하실 수 있겠습니까? 예레미아

49:19에서 하나님이 말씀하신 것과 같이, "누가 나와 같으리요, 누가 나를 법정으로 소환하겠느뇨?" 이것은 마치 하나님께서 이렇게 말씀하시는 것 같았습니다. "욥, 내가 자연계에 하는 일마저도 네가 이해할 수 없다면, 무슨 근거로 더 이해하기 힘든 영적인 차원의 문제를 내게 물어 보느냐?"

욥이 이것을 깨달았을 때, 그가 할 수 있었던 말이라고는, "나는 아무 것도 아닙니다. 내가 어찌 해답을 알 수 있겠습니까? 나는 내 입을 틀어 막을 뿐입니다. 나는 이미 너무 말을 많이 하였습니다"(욥 40:4-5, Living Bible 역자 의역).

무엇이 욥으로 하여금 이렇게 느끼게 했습니까? 그는 처음으로 하나님이 정말로 어떤 분이신지 희미하게 알게 되었습니다. 평생동안 하나님을 경배하였지만, 처음으로 하나님을 자신의 유한한 개념의 하나님이 아닌 실체의 하나님으로 욥은 보았습니다. 욥은 이것을 이렇게 표현했습니다: "주님에 대해서 전부터 들어 왔습니다. 그러나 이제야 나는 주님을 봅니다. 그리고 내 자신을 통탄하며 먼지와 재를 쓰고 회개합니다."(욥 42:5, Living Bible 역자 의역).

이제 욥의 상황에서 내 상황으로 돌아왔습니다. 하나님의 관점에서 내가 볼 수 있었던 것들에 대해 나는 감사했습니다. 그러나 욥처럼 나는 여전히 해답을 받지 못한 의문들을 가지고 있었습니다. 하나님께서 계시하지 않으신 것들은 어떻게 합니까? 어떻게 내가 그것들을 다루었습니까?

즉시 나는 죄책감이 들었습니다. 하나님은 신실하셔서 우리가 그를 전적으로 의지해야 하고 우리의 유한한 지식에 의지해서는 안 된다고 성경은 가르쳐 주고 있습니다(잠 3:5). 하나님은 예수님을 보내 주셔서 우리를 위해 죽도록 하시므로 하나님의 사랑이 얼마나 신뢰할 수 있는 것인가를 이미 입증해 주셨습니다. 이것이면 충분하지 않은가요? 그러나 내게는 아니었습니다. 나는 항상 속에 것이 밖에 드러나기를 원했습니다. 혼동되는 땅바닥 수준에 앉아 있는 대신에, 주님과 함께 조종탑 꼭대기에 앉아 있는 것. 내가 그 꼭대기서 아래를 내려다 보게 되지 않는 한 나는 하나님을 신뢰할 수 없었습니다!

나의 주인이시오 창조주이신 분에 대해 이렇게 낮은 견해를 이제껏 내가 갖고 있었습니다! 전능하신 하나님께서 내게 해명해 주실 필요가 있다고 어떻게 감히 단정할 수 있었던가요! 내가 그렇게 생각했던 것은 기독교인이 되었다는 대견한 일을 하나님께 해드렸으니까, 하나님께서 이제 내 문제를 살펴 주셔야 한다고 생각했기 때문이었을까요? 모든 인간의 시련이 어떻게 인생에 꿰 맞추어 지는지 나에게 보여줄 의무가 우주의 하나님께 있었던 것인가요? 내가 신명기 29:29을 읽지 못했던 것인가요?: "너의 주 하나님께서 우리에게 계시하지 않으신 비밀들이 있나니"(Living Bible 역자 의역)

하나님께서 그의 모든 길을 내게 설명하시더라도 그것들을 내가 이해할 것이라고 생각케 하는 것은 무엇입니까? 그것은 마치 내 조그만 뇌에 수백만 톤의 진리를 쏟아 붓는 것과 같습니다. 왜냐구요? 위대한 바울 사도마저도 비록 절망은 안 하지만 그도 종종 당혹했었다고 고백하였기 때문입니다(고후 4:8). 하나님이 이렇게 말씀하시지 않았습니까, "왜냐하면, 땅보다 하늘이 높은 것같이, 그렇게... 너희 생각보다 내 생각이 높으니라"(이 55:9). 구약 성경의 한 저자는 이렇게 기록하지 않았던가요, "바람의 방향을 너희가 모르는 것같이, 또는 어머니의 자궁에서 어떻게 몸이 만들어 지는지 너희가 모르는 것같이, 그렇게 너희가 하나님의 일을 이해할 수 없으리라"(전 11:5). 실제로, 전도서 전체가 오직 하나님만이 인생의 수수께끼를 푸는 열쇠를 쥐고 계시고 그것을 아무에게도 대여하지 않으신다는 것을 나 같은 사람들에게 확인 시켜주기 위해 쓰여져 있습니다! "하나님께서는 또한 사람들의 마음에 영원을 설정해 놓으셨지만, 하나님께서 처음부터 마지막까지 하신 것을 그들은 헤아릴 수 없다"(전 3:11).

만일 하나님의 마음이 내가 이해할 정도로 작다고 하면, 그는 하나님이 아닐 것입니다! 내가 이제껏 얼마나 잘못 생각하고 있었던 것인가요!

나의 고통에 대한 의문 조각들에 대한 해답이 서로 아구가 맞아 가기 시작하던 성경 공부 초창기 시절을 되돌아 보았습니다. 처음 맛본 깨달음의 지혜는 얼마나 달콤하였던가요. 우리의 곤경을 하나님의 관점에서 살펴 보는 것과 견줄만한 것은 없습니다. 그러나 고통의 수수께끼 조각들 **전체**를 내가 완전히 꿰 맞출 수 있을 것이라고 생각한 것이야 말로 크나큰 잘못이었습니다. 왜냐하면 지혜는 우리의 문제들을 하나님의 시각으로 단순히 보기만 하는 것 이상의 것이기 때문입니다. 또한 조각들이 꿰 맞추어 지지 않아 보일 때 조차도 하나님을 의지하는 것이 지혜입니다.

한·걸·음·더 한·걸·음·더 한·걸·음·더

제 5 장
고통이라는 수수께끼가 풀렸을 때

한·걸·음·더·한·걸·음·더·한·걸·음·더

 1 천국

"아 저 구름들" 비행기 창 밖을 응시하며 나는 혼자 중얼대고 있었습니다.

"뭐 어—?" 쉐릴이 보던 책 너머로 넌지시 바라보며 대꾸했습니다.

"밖에 저 구름들 좀 보라고" 내가 말하자, 쉐릴은 내 어깨 너머로 아름답게 펼쳐진 뭉게구름을 내다 보았습니다. 때는 저녁 무렵이었고, 구름이 연출해낸 풍경은 좀처럼 보기 드문 아주 멋진 것이었습니다. 짙은 보라색, 엷은 핑크색, 흐린 파란색, 밝은 오렌지색; 저무는 해를 배경으로 마치 천국의 산줄기가 펼쳐진 것 같은 광경이었습니다.

"저 구름들이 뭐 같니?" 내가 물었습니다.

"산 같아. 수백만 가지 색깔을 띤 스폰지 같은 산들이라고 나 할까" 쉐릴이 대답했습니다.

"그렇지 산 같지. 네가 저 구름 속으로 뛰어들면 저 산들이 받쳐 줄 것 같지" 여전히 광경을 응시하며 내가 말했습니다.

그러나, 저 구름들이 산일 수는 없었습니다. 비록 아름답고 견고한 것처럼 보였지만, 사라져 버릴 수증기에 불과한 것이었습니다. 오늘 있다가 내일 없어질 물 안개 덩이들이었습니다.

이 지구상에 우리 삶을 비유해 주는 성경구절이 연상되었습니다. "너희 생명이 무엇이뇨 너희는 잠간 보이다가 없어지는 안개니라"(약 4:14). 나는 기내를 휙 둘러보았습니다. 여 승무원들은 음료수를 제공하고 있었습니다. 월

스트릿 저널 신문을 보고 있는 사업가들, 어머니들과 어린 아이들, 테니스 라켓을 들고 탄 여행객들, 졸고 있는 사람들, 창 밖을 내다보는 사람들, 비지니스로, 여행으로 탑승한 사람들, 어린 손자들.

나는 속으로 생각했습니다. 이 모든 것이 휙 사라지는 안개 같지가 않아. 이 세상에 종말이 있다고 우리는 정말 믿고 있는 것일까? 하나님이 우리에게 달리 말씀하여 주셨다면, 우리 인생 퍼레이드는 영원히 계속될 것이라고 우리 모두 생각하겠지.

그러나 이 세상은 끝이 있고 말 것입니다. 이 세상의 삶은 영원하지 않습니다.

또한 이 세상의 삶이 가장 좋은 것일 수도 없습니다. 이 세상의 좋은 것들은 우리가 천국에서 알게 될 더 좋은 것들의 이미지에 불과합니다. 그것은 마치 내가 그린 그림과도 같습니다. 내 주변 자연 풍경을 그리기는 하지만, 내가 보는 실상을 그저 화폭에 담아보려는 미약하고 불완전한 작업에 불과합니다. 하나님이 무한한 색깔들로 그려놓은 것을 나는 회색 연필로 흉내내고 있을 뿐입니다. 하늘 땅 온 사방에 하나님께서 끝없이 펼쳐 놓으신 자연을 결코 나는 완벽하게 묘사해 낼 수는 없습니다. 나는 그림을 즐겁게 그리지만 내 눈에 보이는 자연을 불완전하게 묘사할 뿐이듯이, 우리가 아는 이 세상이라는 것도 장차 언젠가 계시될 영광을 초보적으로 스케치해 놓은 것에 불과합니다. 실상 진짜 모습, 그 궁극적인 그림은 천국에 있습니다.

그런데 우리의 문제는 인생이라는 "현실"에 우리가 너무 얽매어 있다는 것입니다.

"한달 후면 플로리다 해변에서 레몬 쥬스를 빨 것이다" 지친 비서는 꿈꿉니다.

"3주만 있으면, 학교를 떠난다" 졸업을 앞둔 고3 학생은 기대합니다.

"그이가 이 세상에서 가장 멋진 남자 아닌가" 약혼녀는 즐거워합니다.

"이번 승진만 거머쥔다면" 출세가도를 달리는 회사원은 야심을 가져봅니다. 하지만 소원성취라는 것이 상상했던 것 만큼 그렇게 멋진 경우는 별로 많지 않습니다. 학수고대했던 휴가는 너무 짧게 끝나고, 많은 비용이 들고 맙니다. 대학 숙제는 너무 엄청나서 고등학교 숙제가 애들 장난같이 여겨질 정도입니다. 신부에게 백작 같던 신랑은 여기저기서 약점이 드러난 평범한 남편이 되고 맙니다. 회사 승진은 스트레스와 두통을 가중시킬 뿐입니다. 이 세상에서 좋다는 것들도 우리가 기대하는 만큼 그렇게 만족스럽지는 못합니다. 설사 그렇다 하더라도 결코 오래 지속되지는 못합니다.

그래서 성경은 우리의 마음을 하늘에 두어야 한다고 가르쳐 주고 있습니다(골 3:2; 벧전 1:13). 인생의 열락(悅樂)이라는 것은 결코 우리를 충족시켜 주는 법이 없습니다. 그것은 앞으로 올 것에 대한 맛보기에 불과합니다. 우리가 천국을 향해 가는 이땅의 여정에서 격려와 영감을 제공하는 것일 뿐입니다.. "하나님 아버지께서 이 여정에 좀 편안한 숙소들을 제공하셔서 우리로 기운을 차리게 하는 것일 뿐입니다. 그러므로 하나님께서는 우리가 이 편안한 휴식처를 영원한 집으로 착각하지 않기를 원하십니다."[21]

그런데, 영원한 집으로 우리가 착각하기 때문에 문제가 있습니다. 천국이 너무 멀리 있다고 느낄 때, 천국을 생각한다는 것은 어려운 일입니다. 더구나, 천국에 당도하기 위해 우리는 죽어야만 합니다. 이러니 누가 천국을 생각하겠습니까! 그래서 하나님께서는 우리로 이 세상 이후의 세계에 관심을 갖게 하려고 우리를 조금 도와주십니다. 그 도우시는 방법은 약간 특이해서 처음에는 잘 알지 못하다가 나중에야 깨닫고 그 도와 주심에 감사 드리게 됩니다. 일찍이 17세기에 사무엘 러터포드는 하나님의 이런 도우심을 그의 수필에서 다음과 같이 적고 있습니다:

> 하나님이 내 팔이나 다리를 병신으로 만들고, 일상의 즐거운 요소들을 모조리 빼앗는 것을 시작으로, 나를 이 세상에서 행복하게 해주시는 계획을 추진하실 것이라고 내게 말씀하셨다면, 하나님은 참으로 희한한 방법으로 자신의 뜻을 이루려 하신다고 나는 생각했을 것이다. 그러나, 이런 가상의 경우에도 하나님의 지혜가 얼마나 명백하게 드러나고 있는 가를 보라! 그 이유는 이러하다. 폐쇄된 방안에 갇혀 고립된 채, 방안에 놓여진 등불 몇 개의 불빛을 즐기며, 그 등불들을 우상처럼 애지중지 하고 살아가고 있는 어떤 사람을 네가 목도했다고 하자. 그리고 네가 진심으로 그를 행복하게 해주고 싶다고 하자. 너는 그 사람의 모든 등불을 꺼 버리고, 방의 셔터를 모두 열어 제쳐 하늘 빛이 방으로 환히 들어 오게 하지 않겠는가.[22]

이것이 바로 하나님께서 내게 하신 것이었습니다. 하나님께서 내 목뼈를 다치게 하신 것. 내 인생 바로 이 자리 이 순간의 내 삶을 환하게 비추던 나의 등불들을 하나님은 꺼 버리신 것입니다. 이어진 암흑은 결코 즐거운 것이 아니었습니다. 그러나 틀림없이 이 사건은 성경이 전해주는 천국의 도래를 내게 생생하게 해주었습니다. 예수님이 재림하실 때, 천국 문을 활짝 열어 제치실 것입니다. 내가 정상인이었을 때보다 불구가 된 지금 더 격정적으로 이 때를 맞이할 준비가 되어 있다고 나는 확신합니다. 결국, **고통이 우리로 천국 갈 준비태세를 완비하게 하는 것입니다.**

어떻게 해서 고통이 이것을 가능하게 하는 것입니까? **고통은 우리로 하여금 천국을 열망하게 해주기 때문입니다.** 부러진 목, 부러진 팔, 부서진 가정, 찢어진 마음, 이런 것들이 "이 세상에서 우리의 꿈이 성취될 것"이라는 우리의 환상을 무너뜨려 버립니다. 우리의 희망이 실현되지 않을 것임을 우리가 알게 될 때, 사랑하던 사람의 죽음을 이 세상에서 영원히 떠난 것으로 받아들이게 될 때, 한때 꿈꾸었던 것처럼 그렇게 미인이 되거나, 인기를 얻게 되거나, 성공적으로 되거나, 유명해 지거나 하지 않는다는 것을 깨닫게 될 때, 고통은 우리의 눈을 뜨게 합니다. 고통은 우리를 결코 만족시켜줄 수 없는 이 세상으로부터 우리의 시야를 돌려 장차 앞에 나타날 저 세상으로 향하게 합니다. 천국은 우리의 열망이 되는 것입니다.

내가 천국을 갈망할 때, 나는 릭 스퍼딩군이 생각납니다. 전신이 마비된 그는 나의 첫 번째 책을 읽은 직후, 나에게 편지를 보냈던 23살 난 청년이었습니다. 그의 편지들은 주님에 대한 기쁨과 사랑으로 가득 차 있어서 읽는 우리에게 큰 격려가 되었습니다. 나는 언젠가 그를 만나볼 수 있기를 바랐습니다. 그렇게 되면 그가 다치게 된 연유를 좀더 잘 알 수 있을 것이고, 영적인 공감도 나눌 수 있으며, 우리들의 휠체어에 관해서도 이야기를 나눌 수 있을 것으로 생각했습니다.

1976년 7월 4일, 나는 릭의 집을 방문할 수 있었습니다. 몇 곳에서 간증할 기회가 있어 2-3일 머물 계획으로 친구들이 나를 필라델피아로 데리고 갔습니다. 독립 200주년이 되는 그날에 마침 우리는 특별하게 잡힌 일정이 없었기에, 릭이 필라델피아에서 멀지 않은 휘지밸리 마을에서 가족과 함께 산다는 사실을 기억하고, 릭에게 전화를 걸어 방문해도 좋은지 물어 보았던 것입니다. 우리는 곧 방문길에 올랐습니다.

우리가 릭 집에 도착했을 때, 그의 어머니는 우리를 집안으로 맞아 들이시며, 릭의 상태에 대해 간단히 설명하시고, 대면할 준비를 해주셨습니다.

"릭이 학교에서 주먹 다툼을 한 것은 15살 때였어요. 릭이 넘어져 머리를 체육관 바닥에 부딪치면서 혼수상태가 되었죠. 의식을 차렸을 때, 이미 몸은 마비된 상태였어요" 어머니가 설명하셨습니다.

"아, 그렇게 해서 마비가 되었군요. 나도 마비된 상태죠." 내가 속으로 말을 받았습니다.

어머니는 릭이 어느 정도 마비되었는지 우리에게 계속 설명하셨습니다. 나는 그래도 두 어깨를 움직일 수 있고, 이두박근을 조금은 움직일 수 있습니다. 나는 웃을 수 있고 말할 수 있습니다. 그러나, 릭은 이런 것들 어느 하나도 할 수가 없었습니다. 그가 할 수 있는 것이라고는 고개를 돌리는 것과 두 눈을 껌벅거리는 정도 뿐이었습니다. 이것을 할 수 있게 되는 데에도 여러 달이 걸렸다고 합니다.

"우리 애가 두 눈을 껌벅거리는 동작의 의미를 알아챌 수 있어야 되요" 우리가 방으로 안내되어 들어 갈 때, 어머니는 경고를 해주셨습니다.

릭을 만나는 순간부터 우리는 그를 좋아했습니다. 음식을 씹을 수도 없고, 한 마디 말조차 할 수 없는 그는 안락 의자에 앉아 있었습니다. 그러나 그의 두 눈은 계속 말을 할 수 있었습니다! 서로가 실제로 말을 주고 받을 수는 없었기에 우리쪽의 의사를 전달할 때, 우리가 어떻게 질문을 해야 그가 가장 쉽게 대답할 수 있는지 알게 되었습니다. "예" 또는 "아니오"는 두 눈 껌벅거리는 것으로 대답할 수 있는 형태의 질문들이었습니다.

릭의 부모님들은 자신들이 고안해낸 의사표현법을 우리에게 알려 주셨습니다. 그것은 알파벳 표를 이용하는 방법으로 릭이 완전한 문장을 만들 수 있게 해주었습니다. 한 단어내의 알파벳을 하나하나 차례로 인식해 나가는 방법으로, 릭이 첫 알파벳을 전달하려고 할 때면, 언제든지 어머니는 릭의 두 눈을 응시하며 릭이 알파벳 표의 오른쪽을 쫓는지 왼쪽을 쫓는지 알아내시는 것이었습니다. 오른쪽인지 왼쪽인지 알고 난 다음에는, 릭이 위를 바라 보는지, 똑바로 바라 보는지, 아래를 바라보는지를 알아내는 것이었습니다. 이렇게 하면 알파벳 표의 어느 줄을 릭이 원하는지 알아내게 되는 것이고, 마지막 단계로 릭이 눈을 껌벅거릴 때까지 어머니가 그 줄(알아낸 줄)에 있는 알파벳을 하나씩 큰 소리로 읽는 것이었습니다. 이런 식으로 어머니가 알파벳 하나를 찾아 적고 나면, 전 과정을 다시 반복하여 그 다음 알파벳을 찾아 적는 방법으로 단어를 알아내고 의사표현을 해냈던 것입니다.

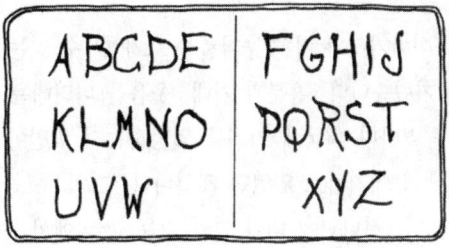

알파벳 표를 이용하여 학교 숙제도 하고 교재 테이프도 청취하면서 릭은 고등학교 과정을 마쳤고, 대학도 2년 과정까지 마칠 수 있었다고 합니다. 대학 과정에서 A와 C를 각각 하나씩 받았고 나머지는 모두 B를 받았다고 합니다! 유일하게 C를 받은 것은 첫 학기에 수강한 러시아어 과목이었는데 이 것도 나중에 B로 올릴 수 있었다고 합니다.

그날 오후에 우리는 많은 "대화"를 나눌 수 있었습니다. 주님과 천국에 대한 우리 서로의 믿음을 나누기 시작했을 때 우리는 가장 신이 났었습니다.

"릭, 우리가 천국에서 새로운 몸을 갖게 되면 얼마나 멋지게 될지 믿을 수 있니!" 릭이 표현할 수 없는 내용을 대신 표현해줄 생각으로 내가 말했습니다. 그의 눈빛이 밝아졌습니다. 나는 계속해서 말했습니다. "나는 너를 잘 모르지만, 내가 걸어 다닐 수 있었을 때, 나는 천국에 대해 많이 생각해본 적이 없어. 천국이란 사람들이 천사 옷을 입고, 구름에 발을 대고 선채, 하루 종일

금덩이에 광이나 내고 있는 아주 재미없는 곳으로 상상했을 뿐이었지" 웃음을 나타낼 수는 없었지만 릭은 웃었습니다...(웃음 짓지 못하는데 웃는다는 표현을 여러분은 상상할 수 있겠습니까?)

"하지만, 릭, 내가 내 몸을 마음대로 움직이지 못하게 된 후부터, 내 몸이 언젠가 새 것으로 바뀌게 될 것이라는 것을 알게 되었어."[23] 천사 날개가 달린 몸은 아니고! 그저 작동하고 움직일 수 있는 팔 다리면 족한 몸이지. 그런 몸을 생각해 봐. 우리들 자신의 발로 뛰고, 걷고, 일하면서 예수님과 이야기를 나눈다는 것, 어디 이런 것들 뿐이겠어? 모든 것을 다 할 수 있게 되겠지! 아마 우린 테니스를 칠 수도 있을 거야!"

내가 이렇게 이야기하자 릭은 눈꺼풀을 그가 할 수 있는 한 최대로 빠르게 위 아래로 껌벅거렸습니다. 흥분과 기대, 웃음을 나타내는 그의 표현 방식이었습니다. 그가 얼마나 천국에 가기를 열망하는지 릭만이 할 수 있는 표현 방식으로 우리에게 얘기하고 있었던 것입니다. 그의 두 눈은 빛나는 간증으로 깜박거렸습니다. 하나님에 대한 그의 믿음, 천국에서 주님과 동거하며 새로운 몸을 받으려는 그의 간절한 소망에 대한 간증이었습니다.

그날 오후 릭의 방에 앉아서 대화를 나누고 있었던 우리 모두는 (나, 동행한 나의 친구들, 릭, 그의 가족들) 천국을 열망했습니다. 그 중에서도 릭이 그날 천국을 가장 소망했을 것으로 나는 생각했습니다. 천국에 가면, 누구보다도 그가 가장 많은 상급을 받아야 할 것으로 생각했기 때문입니다. 그로부터 한달 뒤 릭은 자신의 소망을 이루었습니다. 그 해 8월에 릭은 주님과 함께 하기 위해 이 세상을 떠났습니다.

고통이 릭에게 역사(役事)한 것은 우리 모두에게도 역사할 수 있습니다. 그것은 우리의 마음을 하늘에 속한 것들로 향하게 하는 것입니다. 고통은 우리로 천국 가기를 소망하게 하는데 그치지 않습니다. 고통은 우리가 천국에 갔을 때 주님을 만나 뵐 수 있도록 우리로 준비하게 해줍니다.

잠시 이런 생각을 해봅시다. 여러분 생애에 한번도 육체적인 고통이 없었다고 해봅시다. 예수님이 천국에서 여러분을 두 손으로 맞아 주실 때, 못 박힌 흔적이 남아 있는 주님의 손길을 여러분은 어떻게 받아 드릴 수 있겠습니까? 어느 누구도 여러분의 마음을 상하게 한 적이 없었다면, 멸시와 고난을 많이 겪은 주님(이 53:3) 보좌에 가까이 갈 때, 여러분은 어떻게 감사의 표현을 할 수 있겠습니까? 여러분이 한번도 당혹해 본 적도 없고 수치심을 느껴본 적도 없다면, 주님께서 여러분을 얼마나 사랑하셨기에 여러분의 부끄러운 죄를 몸소 담당하셨는지 여러분은 결코 깨닫지 못할 것입니다.

우리가 천국에서 주님을 만나게 될 때, 주님께서 우리의 죄를 대속하기 위해 겪으셔야 했던 고초의 아주 적은 일부분을 우리에게 고통을 통해 맛보게 해준 것임을 여러분은 깨닫게 될 것입니다. 이런 깨달음으로 우리는 주님을 더 잘 알게 될 것입니다. 그리고 우리가 고통을 잘 견뎌냈을 때, 주님께 돌려드릴 무엇이 있을 것입니다. 우리가 이 세상에서 겪은 고통의 흔적이 전혀 없다면, 주님을 향한 우리의 사랑과 신실함을 입증할 증거로 무엇을 내놓을 수 있겠습니까? 우리가 기독교인의 삶을 산다는 이유로 피해를 당했거나 희생을 치룬 것이 아무것도 없다면, 우리는 얼마나 부끄러운 자들입니까? 고통은 우리로 하나님과 대면할 준비를 하게 해줍니다.

고통이 해주는 일이 하나 더 있습니다. 시련 가운데서도 우리가 믿음을 지키면 그 시련들이 천국에서 우리에서 넘치는 상급을 받게 해줄 것입니다. "우리의 잠시 받는 환난의 경(輕)한 것이 지극히 크고 영원한 영광의 중(重)한 것을 우리에게 이루게 함이니"(고후 4:17). 우리가 이 세상에서 겪는 모든 고통이 있었음에도 불구하고 천국은 멋진 곳이다 라고 하기보다는, 실제로는 고통이 있었기 때문에 천국은 멋진 곳입니다. 비록 불편한 것일지 몰라도 나의 휠체어는 나의 태도를 변화시키고 나로 하여금 주님께 좀 더 충실하게 하기 위해 하나님께서 사용하시는 도구입니다. 내가 주님께 더 충실할수록 하늘나라에 나를 위한 상급이 더 많이 쌓이게 될 것입니다. 따라서 이 세상에서 우리가 겪는 고통은 지금의 우리를 단순히 도와 주는 것일 뿐만이 아니라, 우리가 영원히 살도록 돌보아 주는 것입니다.

우리가 받을 상급과 보화가 구체적으로 어떤 것들이 될 지는 나도 모릅니다. 그렇지만 그것들은 가치 있을 것입니다. 초등학교 2학년 때로 돌아가 봅시다. 한 친구가 멋진 요요 장난감을 갖고있는 덕분에 그는 반에서 일대 선망의 대상이 됩니다. 나머지 애들도 이 세상에서 제일 갖고 싶어하는 것이 바로 이 아이가 갖고 있는 것과 똑 같은 요요 장난감이니까요. 하지만 여러분이 고등학생이 되었다고 하면, 더 이상 요요는 갖고 싶은 물건이 아니겠지요. 운동부에 든다거나, 스포츠 카를 갖게 된다거나, 아니면 어떤 그룹에서 인기 있는 학생이 되는 것 등이 관심사가 되겠죠.

마찬가지로 하나님께서 우리에게 완전한 마음을 주시게 되면, 현재 우리가 중요하게 여기는 것들이 더 이상 중요하지 않게 될 것입니다. 우리의 열망은 주님만이 우리의 찬양을 받으시도록 주님께 영광을 돌리는 것이 될 것입니다. 이 세상에서 주님께 충실하지 못해 주님의 상급을 못 받는 자들이 있다면, 아마도 그들은 상급을 받는 것까지 원하지는 않을 것입니다. 그들의 마음이 깨끗해지면, 자신들이 상급 받을 자격이 없다는 것을 기꺼이 인정할 것으로 봅니다. 하나님께서 상급을 주시는 자들의 경우는 어떻게 될까요? 그들이 원하는 것은 주님을 좀더 완전히 섬기는 것 뿐일 것입니다. 그리고 주님은 그들의 이런 소원을 들어 주실 것입니다. 그들은 주님의 전에서 주님의 정사와 지혜를 관장하는 통치자들로서(마 25:23; 계 3:12) 주님을 특별하게 섬길 영예를 갖게 될 것입니다.

하나님께서 우리에게 완전한 마음을 주실 것이라고 앞에서 언급했습니다. 내게는 이것이 천국에서 일어날 가장 놀라운 이적일 것으로 여겨집니다. 만약 우리의 내면을 변화시키지 않으신 채 하나님께서 오늘 우리를 천국으로 데려 가신다면, 천국은 우리에게 더 이상 천국이 아닐 것입니다. 청순하고 거룩한 천국이 우리를 거부할 뿐만 아니라, 우리로 죄의식을 느끼게 할 것입니다. 그리고 마치 이 세상에서 가장 신나는 놀이도 이내 지루해 하는 것처럼 곧 엄청나게 지루해 할 것입니다.

천국을 천국답게 만드는 것은 하나님께서 우리 내부를 변화시키시는데 있습니다. 다시는 더 이상 죄짓지 않고, 죄책감도 느끼지 않고, 낙심하지 않아도, 분노하지 않아도 되는 상태가 어떤 것인지 여러분은 상상할 수 있겠습니까? 낙원에 있는 것 뿐만 아니라, 낙원을 즐기기까지 할 수 있는 마음을 갖게 해주시는 하나님의 놀라운 능력을 우리는 깨닫게 될 것입니다.

천국은 마치 자기 집에 돌아온 자가 환영받는 것으로 비유될 수 있습니다. 내가 장애인이 되기 전 학교에서 필드하키 시합이 끝나고 집에 돌아오곤 했을 때, 따듯하고 아늑했던 집안 분위기가 기억납니다. 집 뒷문을 열고 집안으로 들어설 때문에서 딸랑거리던 유쾌한 종소리, 집안에 퍼져있는 포근하고 사랑스러운 모습들, 소리들, 향기들, 저녁상을 차리며 큰 웃음으로 나를 맞아 주시던 어머니, 땀에 젖은 운동복과 하키 채를 내던지고 서재로 가서 아버지께 인사 드리곤 했던 나, 책상에서 등을 돌리시며 안경을 벗어 들고 "어서 와라" 하시며 운동 시합을 잘했는지 묻곤 하시던 아버지.

기독교인들에게 천국은 바로 이와 같은 것일 겁니다. 우리 앞서 간 옛 친구들과 가족들을 우리는 만나 보게 될 것입니다. 우리의 친절한 천국의 아버지께서 두 팔을 활짝 벌리시고 사랑스럽게 우리를 맞아 주실 것입니다. 우리의 오랜 친구 예수님께서 우리를 환영하실 것입니다. 이질감도 불안감도 우리는 느끼지 못할 것입니다. 우리는 고향 집에 돌아왔다고 느끼게 될 것입니다… 우리는 본향에 돌아 가고야 말 것이기 때문입니다. 우리를 위해 예비하신 곳이라고 예수님께서 말씀하셨습니다.

우리는 새로운 육신과 정신을 갖게 될 것입니다! 나는 내 친구들에게 달려가 처음으로 그들을 껴안을 것입니다. 천국 보좌 앞에서 나의 새 팔을 펼쳐 들 것입니다. 나는 외칠 것입니다. "축복과 영광을 받으시기 위해 도살된 어린 양은 값지도다. 그가 나의 영혼을 죄와 죽음의 세력에서 해방시켜 주셨고, 나의 육신마저 자유롭게 하셨도다!"

이 땅의 과오들과 불의한 것들은 고침을 받을 것입니다. 하나님께서는 자신의 병에 담아 보관해 두신 우리의 눈물을 저울질 하실 것이며, 한 방울도 헛되이 사라지게 하지 않으실 것입니다. 이해하기 힘든 우리의 모든 고통의 이유를 알게 해주는 열쇠를 하나님께서 우리에게 주실 것입니다. 그리고 여기에서부터 모든 것이 시작될 것입니다.

218_ 한 걸음 더

주님이 모든 눈물을 그 눈에서 씻기시매 다시 사망이 없고 애통하는 것이나 곡하는 것이나 아픈 것이 다시 있지 아니하리니 처음 것들이 다 지나갔음 이러라
(계 21:4)

어서 빨리 그날이 왔으면.

이것들을 증거하신 이가 가라사대 "내가 진실로 속히 오리라" 하시거늘 아멘 주 예수여 오시옵소서(계 22:20)

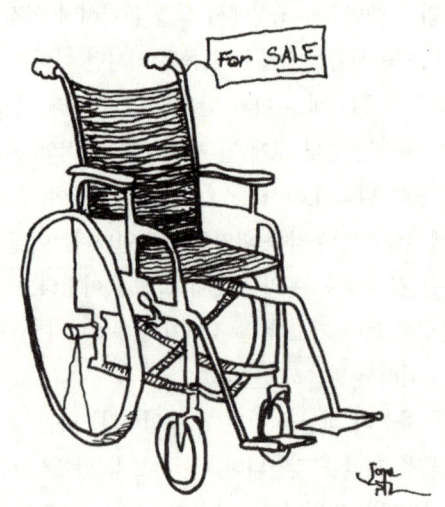

끝맺는 말

나의 글을 끝맺음 하면서 바로 앞 페이지에 내가 그린 나의 텅 빈 휠체어를 경이롭게 바라봅니다. 텅 빈 휠체어는 생각만해도 신나는 일 아닙니까! 다이빙 사고로 내 몸이 마비가 된지도 벌써 35년이 넘었습니다. 이 텅 빈 휠체어를 스케치한지도 25년이 넘었고요. 내가 천국을 갈망하는 것은 그 당시나 지금이나 변함이 없습니다. 그러나 내가 휠체어에 갇힌 신세이기 때문에 천국을 갈망하는 것만은 아닙니다. 사지마비 장애자로 지난 35년간 하나님의 말씀을 상고하며 지내는 가운데 나로 하여금 사지장애에 만족하며 지낼 수 있도록 하나님께서 은혜를 베푸셨습니다. 내가 천국을 동경하는 것은 이기심 때문만이 아닙니다. 고통 받고 있는 많은 분들이 천국에 갈 수 있기를 소망하는 것도 나의 천국 동경의 중요한 부분입니다.

1979년부터 나는 조니와 친구들이라는 선교단체를 운영하고 있습니다. 선교활동으로 각국을 방문하면서 고통과 절망 가운에 어려움을 겪고 있는 많은 분들을 만나고 있습니다. 이들은 시각장애자, 신체마비자, 온갖 질병으로 고생하는 자, 임종에 이른 자, 이혼자 등등 남녀노소 가릴 것없는 분들입니다. 이러한 분들은 볼티모어, 북경, 미네아폴리스, 모스크바, 기타 어디에서도 만날 수 있습니다. 이 분들 중에 상당수는 신앙심 좋은 분들로 예수님을 굳건히 믿고 있지만 여전히 하루하루 고통의 눈물을 닦으며 살 수밖에 없는 분들입니다. 내가 천국을 더 강렬히 소망하는 것은 바로 이렇게 아픔을 겪으면서 살아가고 있는 이런 분들 때문입니다.

오, 언젠가는 다음과 같이 될 것을 읽어 안다는 것이 얼마나 귀한 것입니까: "주님이 모든 눈물을 그 눈에서 씻기시고" "다시는 사망이 없고 애통하는 것이나 곡하는 것이나 아픈 것이 다시 있지 아니하리니 처음 것들이 다 지나갔음 이러라." 스티브 에스트씨와 내가 고통에 관한 이 글 『한 걸음 더』를 마치면서 요한계시록 22:20에 "내가 진실로 속히 오리라"라는 말씀으로 끝맺음을 한 것은 당연한 귀결입니다.

지난 25년간 한 걸음 더는 어려움 당하고 있는 전세계의 독자 분들을 위로해주고 천국을 바라보게 하였습니다. 이 작은 책은 나의 투쟁과 깨달음, 좌절과 승리 같은 내 삶의 체험을 단순히 여러분과 함께 나눈다는 차원의 『한 걸음 더』는 아니었습니다. 스티브 에스트씨와 내가 이 책을 저술하기로 했을 때, 우리는 이 책이 하나님의 선하심을 증거하는 책, 증명하는 책이 될 것을 믿고 썼습니다. 여러분의 시련에도 불구하고가 아니라 여러분의 시련 때문에 여러분도 하나님을 의지하고 순종할 수 있다는 이유를 개인적으로 확신하며 쓴 글이 『한 걸음 더』입니다. 내 자랑을 하는 것이 결코 아니라는 것을 믿어주시기 바랍니다. 감동을 주는 것은 나의 개인적인 이야기가 아니고 하나님의 말씀입니다. 고통을 둘러싸고 있는 놀라운 성경의 원리들입니다. 그것들이 우리의 삶을 바꾸어 놓는 능력을 갖고 있습니다.

잔인한 살인 사건으로 인해 자식을 잃은 한 아버지가 나에게 이런 편지를 보냈습니다. "조니, 나는 하나님께 수많은 의문을 지닌 채 아무런 해답도 갖지 못했던 사람이오. 나는 여전히 모든 해답을 갖고 있지는 않소. 그러나, 조니, 어떻게 된 일인지 아십니까? 나는 이제 더 이상 의문을 갖고 있지 않소. 하나님을 안다는 것만으로 충분하게 되었소."

가슴 아픈 일과 어려움을 당하고 있는 여러분들도 이 분과 같이 말할 수 있기를 나는 기도합니다. 여러분이 이 책을 읽어 주신 것에 대해 스티브 에스트씨와 나는 감사를 표합니다. 『한 걸음 더』에 나타난 변함없는 예지로 여러분의 영이 살아나고, 모든 해답을 쥐고 계신 하나님을 의지하게 되시길 기원합니다.

조니 에릭슨 타다, 2001년

인용 출처 및 추가언급

페이지 41
1 빌립보서 1:29.

페이지 55
2 이하 두 페이지는 고린도후서 10-13장에 언급된 바울의 주장과 관련되며, 상당 부분 다음 두 문헌에서 많은 생각을 얻었습니다: 프레드릭 브루너의 『성령의 신학』(Frederick D. Brunner, *A Theology of the Holy Spirit*), pp. 303-315; 월터 챈트리의 『사도들의 이적』(Walter J. Chantry, *Signs of the Apostles*), pp. 71-81.

페이지 72
3 C.S. 루이스의 『고통의 문제』(C.S. Lewis, *The Problem of Pain*), p. 93.

페이지 83
4 Ibid.

페이지 83
5 존 웬헴의 『하나님의 선하심』(John W. Wenham, *The Goodness of God*), p. 56.

페이지 94
6 C.S. 루이스의 『고통』(C.S. Lewis, *Pain*), pp. 43-44.

페이지 106
7 에디스 쉐퍼의 『눈을 뜨는 법』(Edith Schaeffer, *A Way of Seeing*, p. 64)에서 이 생각을 얻었습니다.

페이지 115
8 로마서 12:15.

페이지 155
9 우리가 질병을 죄의 결과라고 인식하고, 사람들이 아프거나 불구가 되었을 때마다 당사자 개개인의 어떤 구체적

인 죄 때문에 그렇게 되었다고 절대로 오해하지 마시기 바랍니다. 그것은 잘못 생각하는 것입니다. 예수님의 제자들도 한때 이렇게 잘못 오해했습니다. 나서부터 소경인 한 남자를 보고 제자들은 예수님께 이렇게 물었습니다. "랍비여, 이 사람이 소경으로 난 것이 뉘 죄로 인함이오니이까 자기오니이까 그 부모오니이까?" 하지만 예수님은 제자들의 잘못된 생각을 교정하시면서 이렇게 답변하셨습니다. "이 사람이나 그 부모가 죄를 범한 것이 아니라 그에게서 하나님의 하시는 일을 나타내고자 하심이니라" (요 9:1-3). 그리고는 예수님은 이 사람을 고쳐주셨습니다. 물론 예수님께서 이 사람과 그 부모들이 완전히 죄가 없다고 말씀하시지는 않으셨습니다. 다만 이 사람이 소경이 된 것이 어떤 죄의 직접적인 결과는 아니라는 것을 예수님은 말씀하셨을 뿐입니다. 그가 소경이 된 것은 원죄 때문에 인류가 공통적으로 겪어야 하는 하나님의 일반적인 저주의 일부분이었던 것입니다.

페이지 156

10 마가, 누가, 요한 복음에서는 "하나님 나라"(the kingdom of God)라는 표현을 사용한 반면에, 마태복음에서는 "천국(하늘)"(the kingdom of heaven)이라는 표현을 사용하고 있습니다. 많은 기독교인들이 이 두 가지를 다르게 보고 있습니다마는 나는 두 표현이 똑 같은 것을 가리키고 서로 통용해서 사용할 수 있는 표현이라고 믿습니다. 같은 사건을 기술하는 복음서들을 비교해 보면 이것을 쉽게 확인할 수 있습니다. 예컨대 마태복음 4:17과 마가복음 1:15을 비교해 보고, 마태복음 13:11을 마가복음 4:11 및 누가복음 8:10과 비교해 보시기 바랍니다.

하나님이라는 이름을 잘못 사용하지나 않을까 두려워한 나머지 하나님이라고 부르기를 꺼려했던 유대인들을 대상으로 마태복음은 기록되었습니다. 따라서 "하나님"이라는 단어대신 "하늘", "천국" 또는 다른 단어가 자주 사용되었습니다. 예컨대, 누가복음 15:21을 보면, "아버지여 내가 하늘과 아버지께 죄를 얻었사오니" 하였는데, 마태복음 21:25에는 하나님이라는 단어대신 "하늘"이라는 단어를 사용했습니다. 마가복음 14:61에는 "찬송 받을 자"라는 단어를 사용하고 있습니다. 따라서, "천국"이라는 단어는 유대인식 표현으로 "하나님 나라"라는 희랍식 표현을 달리 표현한 것일 뿐입니다.

페이지 156

11 하나님 나라(또는 천국)가 현재 부분적으로 존재하는 것으로 또는 어떤 면에서 현재 온전히 존재하는 것으로 언급하고 있는 성경말씀이 몇 군데 더 있습니다(골 1:13; 롬 14:17; 고전 4:20; 마 13:44-46; 막 12:34; 마 12:28; 눅 17:20-21).

하나님 나라에 대한 이와 같은 관점이 여러분에게 흥미를 주거나 도움을 주어서 이런 관점을 더 조사해 보고 싶으시다면, 다음 문헌들을 참고하시기 바랍니다. 조오지 래드, 『미래의 현존』(George Ladd, *The Presence of the Future*) pp. 45-119; 『하나님 나라에 대한 결정적인 질문들』(*Crucial Questions About the Kingdom of God*, Eerdmans 출판사, 1974); 『천국복음』(*The Gospel of the Kingdom*, Eerdmans 출판사, 1959); 허만 리더보스, 『다가오는 천국』(Herman Ridderbos, *The Coming of the Kingdom*).

나는 여기서 종말론에 관한 논쟁을 하려는 의도는 전혀 없습니다. 나는 하나님 나라가 부분적으로는 현존하고 부분적으로는 미래에 도래할 것이라고 봅니다. 나의 이런 관점은 하나님께서 죄와 죄의 결과들을 제거하기 위해 하실 모든 일들을 아직 완전히 끝내지 않으셨다는 점을 말씀드리는 것일 뿐입니다. 종말론에 관한 모든 교파의 기독교인들이 이런 관점에 동의할 것입니다. 하나님 나라에 대한 이런 개념을 사용하는 것이 이 문제를 대응하는데 가장 단순하고도 분명한 길로 여겨집니다.

페이지 157

12 이 구절은 "하나님 나라는 너희 속에 있느니라"라고 번역할 수도 있었을 것입니다. 어떤 번역성경에서는 "하나님 나라는 너희 중에 있느니라" 또는 "너희들 사이에 있느니라"라고 하였는데, 이렇게 번역한 의도는 예수님께서 이 말씀을 자기를 믿지 않는 자들에게 하셨다는 사실 때문이라고 볼 수 있습니다.

인용 출처 및 추가 언급 _ 223

페이지 157
13 다음 구절을 보시기 바랍니다(마 6:10; 25:31-34; 막14:25; 갈 5:21; 살후 1:5; 계 11:15).

페이지 162
14 요 14:30; 12:31; 마 28:18; 골 2:15; 히 2:14; 요일 4:4; 단 4:35; 이 40:25; 요 1:3; 욥 1:12; 2:6; 막 1:24; 5:7; 1:27; 롬 16:20; 계 20:1-3, 10.

페이지 165
15 "주께서는 눈이 정결하시므로 악을 참아 보지 못하시며 패역을 참아 보지 못하시거늘 어찌하여 궤휼한 자들을 방관하시며 악인이 자기보다 의로운 사람을 삼키되 잠잠하시나이까"(합 1:13); "사람이 시험을 받을 때에 내가 하나님께 시험을 받는다 하지 말지니 하나님은 악에게 시험을 받지도 아니하시고 친히 아무도 시험하지 아니 하시느니라"(약 1:13); "하나님은 악을 주관하는 자를 주관하는 분이시지만, 하나님은 죄 그 자체를 주관하시는 분이실 수는 없다. 왜냐하면 죄는 하나님을 거역한 결과이기 때문이다. 어떻게 하나님께서 자기 자신에게 거역하실 수 있단 말인가?"(E.J. 카넬, 기독교 변증론 입문, E. J. Carnell, *An Introduction to Christian Apologetics*, p. 302)
"모든 악은 죄이거나 죄에 대한 벌이다"(E. J. 카넬, p. 2). 죄에 대한 벌을(재앙, 지옥 등등) 내리시는 분이 하나님이라고 말할 수 있습니다. 그러나 하나님을 죄 그 자체의 주관자로 우리가 여기는 것을 성경은 허락하지 않을 것입니다. 우리가 하나님을 그런 분으로 여기도록 허락하시는 것이 하나님의 계획이라고 해도 말입니다. 우리는 이것을 이해할 수 없지만, 하나님과 죄 사이를 구분 짓는 "명확한 선"을 우리는 여전히 그을 수 없습니다.

페이지 172
16 고전 9:1-3; 고후 2:17; 11:23.

페이지 173
17 사도행전의 처음 다섯 장을 보면 사도들만이 이적을 행한 것으로 언급되어 있습니다(행 2:43; 2:6; 4:33; 5:12; 5:15-16). 사도행전 6:6에는 사도들이 7인의 신실한 자들의(모두 비 사도들) 머리 위에 손을 얹고 저희들을 위해 안수했다고 했습니다. 이들 중에는 스데반과 빌립이 있었습니다. 안수받은 즉시 스데반이 사람들에게 이적을 행한 사실을 본문은 기록하고 있습니다(6:8). 스데반의 사역을 기록한 후에(6:8; 7:60), 계속해서 빌립이 사마리아에서 이적을 행한 사실을 기록하고 있습니다. 이들 기록이 분명하게 제시해 주는 의미는 스데반과 빌립이 사도들로부터 안수 받았을 때 이런 능력을 갖게 되었다는 점입니다.
또한 사도의 도움 없이는 비 사도들이 사도로부터 받은 능력을 남에게 전해줄 수 없었던 것처럼 보입니다. 사마리아가 "하나님의 말씀을 받았다" 함을 듣고(8:14) 예루살렘에 있는 사도들이 베드로와 요한을 사마리아로 보냈습니다. 두 사도를 보낸 이유는 "아직 한 사람에게도 성령 내리신 일이 없고 오직 주 예수의 이름으로 세례만 받을 뿐"이었기 때문이었습니다(8:16). 두 사도가 사마리아인들에게 안수하였을 때 저희들이 "성령을 받았습니다"(8:17).
어떤 학자들은 베드로와 요한이 오기 전까지는 사마리아인들이 진정으로 구원받은 것은 아닌 것으로 느껴진다고 합니다. 어떻게 성령을 받지 못하고 사람이 구원받을 수 있느냐는 것이죠. 맞는 말 같이 여겨집니다. 그러나 "저희들이 성령을 받았다"라는 표현은 "저희들이 성령의 놀라운 능력을 받았다"라는 것을 의미합니다. 8:14에서는 사마리아인들이 "말씀을 받았다"라고 하였는데, 8:18에서는 점쟁이 시몬이 "사도들의 안수의 힘으로 성령 받는 것을 보고"라고 하였습니다. 같은 사안에 대해 이렇게 표현했다는 것은 사마리아인들이 내면으로 작용하는 은총을 받은 것이 아니라, 외부로 가시적으로 나타나는 이적을 받았다는 것을 의미합니다. 따라서, 비 사도였던 빌립이(열 두 사도가 아니었다는 의미에서 비 사도) 사도들의 감독 하에서 이적의 놀라운 능력을 받았던 것으로 보입니다. 또한 이런 이적의 능력을 받은 자들이 사도들의 도움 없이는 이런 능력을 남에게 전달할 수 없었던 것처럼 보입니다.

224_ 한 걸음 더

페이지 173
18 신 29:5. 헨리 프로스트의 『기적의 치유』 (Henry Frost, *Miraculous Healing*)에서 이 생각을 얻었습니다.

페이지 184
19 심지어 사도 바울도 이런 경험을 했습니다! 행 16:6-7을 참조 바랍니다.

페이지 200
20 하나님이 실제로 공평하신데도 이것을 완전하게 우리가 이해하지 못하는 것은 두 가지 이유 때문인 것같이 보입니다. 첫째로 우리는 하나님이 공평하시다는 모든 사실들을 갖고 있지 않기 때문입니다. 어떤 주어진 상황에서 하나님이 행하시는 것의 공평성 여부를 결정하려고 하는 것은 마치 어중간 한 논쟁을 하며 입장을 정리하지 못하는 것과 같습니다. 모든 배경 정보를 갖고 있지 못한 우리가 하나님의 공평성에 대해 어떤 판정을 내릴 수는 없습니다. 최후 심판의 날까지 우리는 결코 모든 정보를 갖지 못할 것입니다. 그날에 가서야 우리는 어떤 영원한 관점에서 사물을 볼 수 있게 될 것입니다.

둘째로 하나님이 하시는 것을 공평하다고 우리가 늘 생각하지는 않는 이유는 죄의 심각성과 가증성을 우리가 충분히 인식하지 못하기 때문입니다. 하나님께서 극히 배반적이고 배은망덕한 이 세상에 빚진 것이 전혀 없다는 것을 좀처럼 절실하게 내가 깨닫지 못한다는 것을 나는 압니다. 사실 하나님이 우리에게 빚진 것이 없다는 표현은 부적절하고, 실제로는 하나님이 우리에게 줄 것이 있다는 것이 오히려 맞는 표현입니다. 지옥이라는 것 말입니다. 우리 기독교인들이 스스로를 가리켜 지옥에 갈 자들이라고 하면서도, 이 세상에서 그 지옥에 대한 일말의 맛을 보기만해도 불평하기 시작한다는 것은 참으로 이상한 노릇이라고 내 육신의 아버지께서 말씀하신 적이 있습니다. 우리가 단 한번만이라도 우리 자신의 죄의 실상에 대한 선명한 사진을 가질 수 있게 된다면, 우리는 C.S. 루이스의 다음과 같은 언급에 동의할 수 있을 것이라고 나는 확신합니다. "진짜 문제는 겸손하고, 경건한 신도들이 왜 고통을 당하는가가 아니고, 왜 어떤 이들은 고통을 당하지 않는가 하는 점이다" (C.S. Lewis, *Pain*, p. 104).

종종 하나님이 공평하시다는 것에 반기를 드는 주장에 이런 것이 있습니다: "하나님이 지구상에서 일어나게 하시는 사건들 중에는 너무 하나님이 공평하게 보이지 않는 사건들이 있다(예컨대, 전쟁으로 죽는 어린이들, 등등). 하나님이 이런 사건들을 공평한 것이라고 하신다면, 우리는 하나님이 사용하는 사전과 완전히 다른 사전을 사용해야만 할 것이다. 우리에게 '검은 것'이 하나님께는 '흰 것'이라면, 더 이상 논의할 가치가 없다." C.S. 루이스는 이런 주장에 대해 설득력 있게 답변하였습니다(*Pain*, pp. 37-39). 하나님의 선하심이라는 주제와 여러분이 씨름을 하고 계시다면, C.S. 루이스의 이 훌륭한 책을 꼭 읽어 보시기 바랍니다.

페이지 210
21 Lewis, *Pain*, p. 115.

페이지 210
22 사무엘 러터포드. 『사무엘 러터포드의 서신들』 (Samuel Rutherford, *Letters of Samuel Rutherford*).

페이지 214
23 고전 15:42-44; 고후 5:1-2.

기타 도움이 될 도서들

전기와 자서전

Robertson McQuilkin. 『지켜진 약속... 잊을 수 없는 사랑이야기』 (*A Promise Kept... The Story of an Unforgettable Love.*). Wheaton, Illinois: Tyndale House, 1998. 부인의 알츠하이머 투병생활을 돕기 위해 콜럼비아 국제 대학 총장직을 사임한 맥퀼킨 박사의 감동적인 이야기로 짤막하고 읽기 편한 책.

Elizabeth Elliot. 『영광의 문 안으로』(*Through Gates of Splendor*). Old Tappan, New Jersey. Revell, 1975. 고통 중에도 하나님을 신뢰한다는 주제에 대해 이 책이 고전적인 기독교 서적이라는 데 이론의 여지가 없다. 이 책은 가슴 아픈 사별을 극복하고 하나님을 의지하는 것을 보여준다.

John Piper. 『하나님의 숨겨진 미소...죤 번연, 윌리암 코우퍼, 데이비드 브레이너드의 삶에 나타난 역경의 열매』(*The Hidden Smile of God... The Fruit of Affliction in the Lives of John Bunyan, William Cowper and David Brainerd*). Wheaton, Illinois: Crossway, 2001.

John Piper. 『하나님의 영광을 향한 열망...죠나단 에드워드가 품은 꿈을 실현하는 삶』 (*God's Passion for His Glory... Living the Vision of Jonathan Edwards*). Wheaton, Illinois: Crossway, 1998.

하나님의 선하심과 고통의 문제

Martyn Lloyd-Jones. 『왜 하나님은 고통을 허락하시는가?』(*Why Does God Allow Suffering?*). Wheaton, Illinois: Crossway, 1994.

J.I. Packer. 『하나님 바로 알기』(*Knowing God*). Downers Grove, Illinois. Inter Varsity, 1973. 하나님을 바로 알 때, 우리가 비로소 고통을 인정하고, 고통과 싸울 수 있다. 하나님이 누구이고, 그가 고통을 주관하신다는 것을 우리는 깨닫는 것이다. 이점에 대해 팩커 박사는 나에게 큰 도움을 주었고 특별히 "이 모든 내적 시련들"이라는 장에서 배운 바가 많았다.

Steve Estes and Joni Eareckson Tada. 『하나님의 눈물』(*When God Weeps*). Grand Rapids, Michigan: Zondervan, 1997.

Peter Kreeft. 『고통의 이해』(*Making Sense Out of Suffering*). Ann Arbor, Michigan: Servant, 1986. 하나님의 선하심과 고통의 문제에 대해 크리프트 박사는 심오한 철학을 제시하고 있다.

C.S. Lewis. 『아픔의 문제』(*The Problem of Pain*). San Francisco, California: Harper Collins, 2001.

Philip Yancey. 『상처 받고 있는데 하나님은 어디에 계신가요』(*Where Is God When It Hurts*). Grand Rapids, Michigan: Zondervan, 1990. 비록 하나님의 주재하심에 대해 나와 얀씨씨의 견해가 좀 다르기는 하지만, 나는 이 훌륭한 책을 흥미진진하게 읽었다. "아픔은 왜 존재하는가?" 또는 "아픔에 어떻게 대처할 것인가?" 등과 같은 우리의 관심사를 이 책은 다루고 있다. 상처 받은 사람들의 사적인 이야기들은 특별히 흥미롭다.

고통에 대처하기

Jerry Bridges. 『상처 받은 삶에서도 하나님 신뢰』(*Trusting God: Even When Life Hurts*). Colorado Springs, Colorado: Nav Press, 1998.

Dan Allender and Tremper Longman III. 『담대한 뜻... 헛된 행복을 버리고 참된 인생으로』(*Bold Purpose... Exchanging Counterfeit Happiness for the Real Meaning of Life*). Wheaton, Illinois: Tyndale House, 1998.

Dan Allender, Ph.D. 『치유의 길...아픈 경험이 인도한 풍성한 삶』(*The Healing Path... How the Hurts in Your Past Can Lead You to a More Abundant Life*). Colorado Springs, Colorado: Water Brook, 1999.

Martyn Lloyd-Jones. 『영적 침체』(*Spiritual Depression*). Grand Rapids, Michigan: Eerdmans, 1965. 영적, 정서적인 우울증과 관계된 성경 구절에 대한 설교집.

Philip Yancey. 『하나님에 대한 실망』(*Disappointment With God*). Grand Rapids,

Michigan: Zondervan, 1988.

Cheri Fuller and Louise Tucker Jones.『놀라운 아이들...특별한 보살핌으로 자녀를 챔피언으로 만들기』(*Extraordinary Kids... nurturing and championing your child with special needs*). Colorado Springs, Colorado: Focus on the Family, 1997. 이 책을 포함시킨 이유는 장애 자녀를 양육하면서 고통 받는 수많은 부모님들에게 도움을 주기 위해서다. 장애 자녀를 둔 부모님들께 이 책은 실제적이고도 귀중한 도움을 줄 것이다.

치 유

Richard Mayhue.『오늘날 신유의 치유』(*Divine Healing Today*). Chicago, Illinois: Moody, 1983.

Henry W. Frost.『치유의 기적』(*Miraculous Healing*). Great Britain: Christian Focus/OMF, 1999. 이 주제에 관해서 가장 잘 써진 책이라는 데 이의가 없다. 치유에 관해 너무나 많은 사람들이 잘못 알고 있는 대표적인 성경 구절들을 이 책은 면밀히 살피고 있다.

저자들 소개

스티브 에스트(Steve Estes)씨가 조니(Joni)를 처음 만난 것은 1968년 메릴랜드주 볼티모어시의 한 고등부 모임에서였다. 그는 콜럼비아 성서대학 및 웨스터민스터 신학대학에서 각각 신학 석사학위를 받았다. 저작으로는 살해 당한 선교사 쳇 비터만(Chet Bitterman)씨의 연대기 『죽음을 부름받음』(Called to Die)이 있고, 조니와 공동으로 저술한 『하나님의 눈물』(When God Weeps)이 있다. 『하나님의 눈물』은 고통의 문제를 하나님과 연관시키면서 왜 우리의 고통이 중요한가를 탐구하고 있다. 스티브(Steve)는 펜실바니아주 엘버슨 마을에 자유 선교 공동체 교회에서 담임목사로 시무하고 있으며, 부인 버나(Verna) 사이에 여덟 명의 자녀를 두고 있다.

조니 에릭슨 타다(Joni Eareckson Tada)씨는 남편 켄 타다씨와 캘리포니아주 남부에 살고 있다. 이 부부는 스탭 및 자원 봉사자들과 함께 기독교 선교 기관인 조니와 친구들을 운영하면서 가족수련회, 세계 휠체어 지원 프로그램 등을 통해 장애로 고통 받고 있는 가정을 교회로 인도하는 일을 수행하고 있다. 조니가 쓴 다른 책들로는 『조니』(Joni), 『진흙 속에 다이아몬드』(Diamonds), 『은보다 더 귀한 것』(More Precious Than Silver) 등이 있다.

조니나 스티브와 연락을 하고 싶으신 분은 아래 주소를 이용할 수 있다:

Joni and Friends
P.O. Box 3333
Agoura Hills, CA 91376
www.joniandfriends.org

한 걸음 씩 계속되는 선교...

조니는 강연 여행으로 여러 곳을 찾아갑니다. 그때마다 장애 자녀를 가진 어머니들, 휠체어 생활을 하는 신학자들과 십대 청소년들, 그리고 신학교 교수님들로부터 이구동성으로 듣는 이야기가 있습니다: "조니, 당신의 두 번째 책,『한 걸음 더』를 수년 전에 읽었어요. 그 책은 고통이라는 주제에 관하여 내가 읽어 본 책 중에서 가장 좋은 책이었어요!"

이때처럼 조니를 즐겁게 해주는 적도 없습니다. 선교 사역을 통해 조니는 상처 받고 절망에 빠진 수많은 사람들을 만나고 있습니다. 이들 대부분은 하나님의 선하심과 아픔이라는 모순된 문제를 앉고 씨름하고 있습니다. 조니는 이렇게 말합니다, "사람들이 하나님께 향한 근본적인 질문들에 대해 답변을 드리려고 나는 최선의 노력을 하고 있습니다. 하나님이 어떤 분인지, 우리의 고통과 하나님하고는 어떤 관계가 있는지, 이 두 가지 질문에 대하여 우리가 '올바른 생각'으로 해답을 찾아간다면, 우리 삶에 향하신 하나님의 뜻을 전적으로 수용하는 길로, 본향으로 향하는 길로 절반쯤 나선 셈이 되는 것입니다.『한 걸음 더』의 집필이 가능하도록 성서적인 통찰력을 제공해 준 나의 좋은 친구이자 영적인 스승 스티브 에스트에게 진심으로 감사를 드립니다. 내가 처음으로 하나님 말씀의 놀라운 진리들을 깨달을 수 있도록 도와준 사람이 스티브였고, 나의 삶은 말씀으로 크게 변했습니다."

『한 걸음 더』가 많은 사람들의 삶을 변화시켰습니다. 남녀노소 가릴 것 없이 모두에게 인기 있는 책인 것이 입증되었습니다.『한 걸음 더』는 스티브와 조니가 형식에 구애받지 않고 자유로운 문체로 비교적 짧게 쓴 책이지만, 이 책은 세상의 고통과 하나님과의 관계에 대하여 사람들이 생각하고 있는 가장 심각한 문제들을 정면으로 다루고 있습니다.

『조니』라는 책과 『한 걸음 더』가 70년대 후반에 처음 출판되고 나서, 조니는 수천 통의 편지를 받았습니다. 편지를 보낸 이들은 고난으로 인한 의욕상실과 우울증을 극복해보려고 안간힘을 다 하고 있는 사람들이었습니다. 이 많은 분들의 질문과 요구에 어떻게 하면 효과적으로 부응할 수 있을 것인지에 대해 조니는 기도했습니다. 여러분들의 자문과 도움을 받아 그녀는 조니와 친구들(JAF, Joni and Friends)이라는 기관을 설립했습니다. JAF는 장애자 및 그 가족들에게 그리스도의 복음을 전하는 선교기관입니다.

1982년에 조니는 켄 타다씨와 결혼을 했습니다. 타다씨는 당시 캘리포니아 버뱅크시에 한 고등학교 역사 선생님이었습니다. 이들 부부는 현재 캘리포니아 칼라바사스 마을에 살고 있으며, JAF 선교기관의 운영위원회 위원으로 봉사하고 있습니다. 조니는 29권이 넘는 책을 썼으며, 베스트 셀러가 된 책들이 다루고 있는 주제들은 장애자들 돕는 일에서부터 선교를 통해 서로를 격려하고 일으켜 세우는 일까지 다양합니다.

어려움을 겪고 있는 장애자와 그 가족들에 대한 봉사

1979년에 활동을 개시한 이래로 JAF는 주님의 사랑과 복음을 장애를 겪고 있는 분들에게 전해왔습니다. 물론, 대상은 장애 당사자 뿐만이 아니고 그의 가족과 친구들 모두를 포함하는 것이었습니다. JAF의 목적은 이 분들의 심적, 육적, 영적인 요구에 실제적으로 부응하는 것입니다.

JAF는 장애를 가진 분들을 가르치고 훈련시키는 일을 하고 있습니다. 그래서 이 훈련 받은 장애자 분들이 자신들의 교회와 지역사회에서 지도자 역할을 담당하는 새로운 세대로서 소임을 다할 수 있도록 하는 것입니다. 또한 개개 교회가 장애인 사역을 맡아 할 수 있도록 효과적인 프로그램, 교재 및 훈련 재료를 제공하는 일도 JAF는 수행하고 있습니다.

JAF의 활동영역은 세계 먼 곳까지 미치고 있으며, 하나님께서 결코 각국의 장애인들을 버리신 것이 아니라는 것을 그들에게 실감나게 입증해 주려고 애쓰고 있습니다.

조니가 전하는 메시지

"1967년 다이빙 사고로 내 손발이 모두 마비되었고, 온 몸이 철판에 꽁꽁 묶여 고정된 채 병원에 입원 중인 신세가 되었을 때, 내가 다시 웃을 수 있을 것인지, 희망이란 것이 다시 찾아 올 수 있을 것인지, 나는 매우 의심스러워 했다. 나는 늘어나는 장애자 인구의 한 사람이 되었고, 우울증에 빠진 장애자로 분류될 위기에 빠지게 되었다."

"나의 가족과 교회 친구들이 내가 처한 곤경에 대하여 긍정적인 의미와 희망을 제시하고 원기를 북돋아 주었을 때, 어둠은 사라졌다. 우리를 서로 연결된 실체로 유지시켜준 것은 교회였다. 이 연대감은 가능성의 문을 열어 주었고 나로 하여금 삶의 한 가운데로 다시 나설 수 있게 해주었다. 이것은 어둠이 빛이 되는 변화였다."

"불행하게도 내 삶의 이야기는 특별나다. 그렇기 때문에 수십 년이 흘러간 지금도 JAF에서 수고하는 유능한 동료들과 함께 일할 수 있다는 것이 기쁘다. 이들은 전세계 장애인들에게 복음을 전하는 사역을 담당하고 있다. 우리는 예수님이 누가복음 14:13-14,23에서 하신 명령에 힘입어 일하고 있다. '잔치를 베풀려거든 차라리 가난한 자들과 병신들과 저는 자들과 소경들을 청하라... 그리하면 ... 네게 복이 되리니... 사람을 강권하여 데려다가 내 집을 채우라.'"

"그렇다. 모든 종류의 장애를 가진 분들이 복을 받을 것으로 우리는 확신한다. 그러나, 앞서 본 누가복음 말씀의 핵심은 이 장애자들을 초청한 사람에게 '... 복이 되리니' 이다. 우리가 안주하는 편안한 울타리를 뛰어넘어 소외된 사람들을 우리 품에 껴 앉을 때, 우리는 복을 받는다. 우리의 부족함을 인식할 때, 우리의 부요함을 깨닫기 때문이다.

우리의 연약함을 보게 될 때, 우리의 강함을 깨닫기 때문이다. 우리에게 주님이 절실히 필요함을 느낄 때, 우리가 주님의 복을 받을 수 있음을 깨닫기 때문이다. 그렇다, JAF는 장애자에게 전심전력으로 복음을 전하는 단체이며...교회와 우리 지역 사회를 변화시키는 모임이다. JAF는 바로 당신을 변화시키는 곳이다. 왜냐하면 당신이 우리 프로그램의 파트너가 되고, 당신이 기도와 재능으로 우리를 도와줌으로써, 당신 또한 '복 받을 것'을 나는 확신하기 때문이다."

JAF 현장 사역

엄청난 규모로 숨겨진 장애인 사회의 영적 요구를 발굴해 내고, 이제까지 소홀히 취급된 이 분야의 선교 사역을 현지 교회가 효과적으로 담당할 수 있도록 훈련시킨다는 비전을 갖고 JAF 현장 사역 프로그램을 추진하고 있습니다. 우리의 각 지역 현지 사무실은 개인 접촉의 차원으로까지 장애인 선교 사역을 담당하고 있습니다. 노스캐롤라이나주 샬롯 일리노이주 시카고 텍사스주 달라스/포트워스 미네소타주 미네아폴리스/세인트 폴 오하이오주 북부 펜실바니아주 동부 아리조나주 피닉스 캘리포니아

주 쌘프란시스코, 쌔크라멘트 등이 늘어나고 있는 JAF 현장 사역 거점들입니다.

JAF 현장 사역 팀들은 현지 지역사회에 터를 잡고 뿌리를 내린 사람들입니다. 이들은 자원 봉사자들을 교육 훈련시켜서 그들이 일대 일로 장애자에게 복음을 효과적으로 전하도록 합니다. 또한 교회를 상대로 지역 사회 안에서 장애자 선교를 효과적을 하기 위한 다양한 교재, 교육과정 안내, 특별 프로젝트 등을 제공하고 있습니다.

JAF현장 사역 팀이 진행하는 가장 효과적인 사업 중에 하나는 특별 인도 프로그램입니다. 영적인 갱생을 도모하는 전도용 선물을 교회나 개인이 준비해서 장기간 입원 중이거나 재활 치료를 받고 있는 환자들에게 전달하는 것입니다. 매년 수천 명에 이르는 분들이 용기를 얻고 희망을 갖게 되는데, 이것은 이 특별 인도 프로그램에 지극한 정성으로 참여하는 각 지역교회 성도들의 헌신 덕분입니다. 또한 JAF 현장 사역 프로그램은 **가족 수련회** 및 **전세계에 휠체어를** 활동의 기획을 맡고 있기도 합니다.

라디오 및 서신을 통한 선교

라디오 프로그램 "조니와 친구들"은 5분짜리 방송으로 조니 자신이 담당하며 주중에 매일 전파를 타고 있습니다. 이 프로그램은 전세계 450개가 넘는 방송국에서 방송하고 있습니다.

"조니와 친구들"은 감동적인 프로그램으로 성경적인 관점에서 다양한 주제를 다루고 있습니다. 장애자에 대한 관심을 촉구하면서, 조니는 자신의 독특한 개인 경험과 성경에서 감화를 받은 시각으로 인생의 어려운 문제들을 통찰해 주고 있습니다. 그녀는 넘치는 기쁨과 변함없는 믿음으로 곤경에 처한 수많은 사람들에게 희망을 선사하고 있습니다.

JAF 교신 및 자료실로 접수되는 편지, 이메일, 전화 등은 매달 800건이 넘습니다. 많은 경우가 위로 받기를 기대하고 적절한 자료를 원하는 장애자들의 문의이고... 친구나 가족 중에 한 사람이 최근에 장애자가 되었기 때문에 관련 정보를 문의하는 경우도 있고... 조니의 책을 읽거나, 라디오를 청취하거나, 강연을 듣고 받은 은혜를 나누는 경우도 있습니다. 가장 신나는 사연 중에 하나는 자신의 교회나 지역사회에서 장애자 선교를 시작해보고 싶다는 경우입니다. 이렇게 다양하고 수많은 사연과 요구가 접수되기 때문에, JAF는 계속해서 자료를 확충해 나가면서, 도움이 필요한 교회 및 단체를 보살피고, 현장 사역 지역에서 인도된 개개인을 지속적으로 섬기고 있습니다.

가족수련회

통계자료에 의하면 장애자를 두고 있는 가정에서 구성원 간에 갈등이 특별히 심각하고 이혼률이 높다고 합니다. 따라서 효율적인 장애자 선교가 되려면 가족 전체를 포함시켜야 할 필요가 매우 절실해집니다. JAF는 이를 위해 매년 여름 **가족수련회** 프로그램을 진행하고 있습니다. 미국 전체 9개 지역의 쾌적한 환경에서 가족수련회가 진행되는 동안 장애로 그늘진 가정이 소외되는 것이 아니라, 환영 받고 이해 받고 있다는 느낌을 갖도록 해 주고 있습니다. 다양한 프로그램에 참여한 가정은 평온을 누릴 수 있고, 새로운 것을 경험할 수 있으며, 하나님과의 관계를 탐색할 수 있습니다. 또한 같은 역경 처한 다른 가정을 만남으로 서로 밀접한 유대관계를 형성하는 계기가 되기도 합니다.

매년 여름 수백 가정이 가족수련회를 통해 거듭남과 안식을 맛보는데, 수련회가 진행되는 일주일간 한 가족씩 전담해서 수고하는 우리 JAF 자원 봉사자들의 헌신이 여기에 큰 몫을 제공합니다. 사전 훈련을 받은 각 자원 봉사자들은 전담 맡은 가정 구성원을 도와주고, 우정을 나눔을 통해 그들에게 휴식과 오락과 명상의 기회를 제공합니다. 구체적인 도움이나 안내를 필요로 하는 가정을 위해서는 관련된 다양한 분야의 전문가를 초빙하기도 합니다.

수련회에 참석한 가족들은 일상에서 겪어야 했던 어려움으로부터 안식을 체험하고, 가족들 간에 새로운 우정과 오래 간직 될 추억을 쌓으며, 굳건한 믿음 위에 인내심을 기릅니다.

전세계에 휠체어를

전세계에 휠체어를 프로그램이 폭발적으로 성장한 것은 개발 도상국가에 휠체어를 지원하는 일이 얼마나 중요한 지를 입증해 줍니다. 이들 나라에서 휠체어 한 대 가격은 일년 치 급여와 맞먹습니다. 세계보건기구의 추산에 의하면 전세계에 필요한 휠체어 수는 1,800만 대에 이른다고 합니다. 간단한 거동 기구 없이 사회로부터 격리된 채 고립되어 살고 있는 수많은 장애자들이 현지 교회로부터도 단절된 상태에서 한번도 복음을 들어보지 못하고 예수님의 사랑을 체험도 못한다는 것은 비극이 아닐 수 없습니다.

전세계에 휠체어를 프로그램이 멋지게 운영되는 것은 바로 네크워크 체제에 있습니다: 수거한 중고 휠체어를 해외에 필요한 사람들에게 전달하여 받는 사람이 새 삶을 얻게 하는 기회로 활용하는 것입니다. 미국 전역의 교도소에서 수리기술을 배운 수감자들이 중고 휠체어를 꼼꼼하게 수선한 후 해외로 보내집니다.

해외 현지에 휠체어가 도착되면 단기 파송된 선교팀의 전문 기술자가 휠체어를 받을 장애자의 신체적인 요구 조건에 가장 잘 맞게 최종적으로 조정을 한 후 건네집니다. 휠체어를 받는 장애자 당사자 및 가족에게 사용 및 관리 요령도 숙지시킵니다. 휠체어가 건네질 때는 해당 국가의 언어로 번역된 성경도 함께 전달해서 장애자이건 비장애자이건 예수님은 우리 모두를 사랑하신다는 복음이 전해지게 합니다. 전세계에 휠체어를 프로그램이 운영되는 것은 바로 이 기쁜 소식 때문입니다.

지금까지 전세계에 휠체어를 프로그램을 통해 40개가 넘은 개발도상국가에 8,500대가 넘는 휠체어가 전달되었습니다. 현재 운영되는 수리센타의 출고 능력을 향상시키고 수리센타를 신규로 개설하는 노력을 통해 전 세계의 거대한 휠체어 수요에 적극적으로 부응하고 있습니다.

에코잉 힐스사와 협력 하에 JAF는 아프리카 가나에 국가 장애 센터를 설립하는 일을 돕고 있습니다. 이 센터 계획에는 장애자를 위한 거주시설 및 기술 훈련 시설 설립, 장애자 선교 훈련소 및 휠체어 수리소 설치 등이 포함되어 있습니다.

이 센터는 전 세계 국가에 영구적인 장애자 선교단체를 설치하기 위한 시범적인 사례가 될 것입니다.

국제선교

2000년에 JAF는 유사한 사역을 담당하는 다른 선교단체의 해외 지부를 담당하고 나섬으로써 국제선교의 영역을 확대시켰습니다. JAF가 수행하는 미국내의 선교 사역과 마찬가지로 외국의 교회와 지역사회에서도 우리의 활동 목적은 장애자 인식 제고, 사역을 담당할 지도자 양성, 선교 사역 수행을 위한 협조 제공 등입니다.

냉전이 종식되고 유럽이 통합된 이후로, 동유럽의 정치적 인종적 불안정으로 유럽의 장애자 인구에 대한 관심이 크게 부각되었습니다. 코소보같이 전쟁으로 폐허가 된 지역에서 장애자 수는 꾸준히 늘고 있는데도, 전쟁과 부상의 후유증으로 삶과 육신이 만신창이가 된 이들에 대한 정치적 행정적 관심은 부재한 상태입니다.

JAF가 지부를 맡은 영국의 지붕을 통하여 같은 단체는 장애자 사회에 기독교 사역을 담당하는 첨병으로 인정 받고 있습니다. 선교 사역 프로그램으로는 장애자 인식 세미나 후원, 지도자 훈련 총회, 가족수련회, 전세계에 휠체어를 등이 있습니다. 휠체어 수리소는 네델란드와 영국에 있습니다. 현재까지 JAF는 20개의 유럽 국가에 활동 거점을 유지하며 현지의 장애자 단체를 돕고 있습니다. 인도와 남미의 사역은 현지 선교사들을 통해 진행되고 있으며, 중국에서는 현지 정부 단체들의 협조 하에 장애자의 교육을 돕고 있습니다. 우리의 향후 계획은 기도하는 가운데 정부 단체와 선교단체 간에 유대관계를 도모하기 위해 지속적으로 노력하여 세계적으로 엄청난 규모인 장애자의 요구에 부응하는 것입니다.

일종의 모험을 해보실 의향은?
혹시 여러분께서 단기 선교의 신나는 체험을 원하신다면, 우리가 그런 기회를 제공해 드릴 수 있습니다! 몇 가지 예를 소개 드립니다.

가족수련회: 매년 여름, 수백명의 자원봉사자가 필요합니다. 미국 내 여러 곳에서 실시되는 이 수련회에 장애자를 돕는 스탭으로 활동하실 분이 필요합니다. **봉사팀의** 멤버는 장애자 가족들을 보살피는 도우미로 배정됩니다. 사전 교육을 받으신 후에 여러분이 갖고 계신 기술에 잘 부합되는 가족과 짝을 지어 드립니다. 또한 장애자 가정에 실제적인 도움을 줄 수 있는 다양한 분야에 경험이 있는 지도자나 선생님을 원합니다. 자원봉사자로 수고하셨던 분들은 봉사를 통해 상상을 초월하는 놀라운 축복을 받았다고 하는 간증을 자주 듣습니다.
전화: 818-707-5664
이메일: **famret@joniandfriends.org**

전세계에 휠체어를: 혹시 여러분께서 가나, 루마니아, 쿠바, 중국 같은 나라를 탐험하고 싶으시다면, 전세계에 휠체어를이 해결해 줄 것입니다. 우리는 장애자 전문가를 찾고 있습니다. 물리치료사 또는 휠체어 수리사 같은 경우입니다. 또한 보조 인력으로 장애자 선교 강사나 건축 기술을 가지신 분도 필요합니다. 이 분들은 모두 함께 **전세계에 휠체어를** 팀을 구성하여 세계 각 나라에 파송되며, 인생의 전기를 맞이하는 경험을 하게 됩니다. 고된 수고를 자임하시고 넘치는 은혜를 받으시기 바랍니다.
전화: 818-707-5664
이메일: **wftw@joniandfriends.org**

여러분의 탐험에 반드시 필요한 도움을 우리는 상세히 알려드릴 수 있고 탐험에 필요한 도구도 드릴 수 있습니다!
장애자 관련 자료 JAF 교신 및 자료실은 장애로 고생하는 개개인과 가족들을 실제적으로 돕고 격려해주기 위해 존재하는 부서입니다. 우리가 제공하는 자료는 육체적/정신적 질환과 장애자 보호에 관한 것까지 다양하며, 새로운 최신 정보들을 계속해서 확보하고 있습니다. 자료 구성을 보면 한 종류의 질환에 대해서 평균 15개의 전담 기관이 소개되어 있고, 구체적인 도움을 받기 위해 어디서부터 출발해야 하는 지를 소개하고 있습니다. 우리의 모든 자료는 JAF 웹사이트 www.joniandfriend.org 로 들어 오셔서 "Helpful Disability Links and Resources" 사이트를 클릭하시면 접할 수 있습니다. 몇 가지 예를 나열하면 다음과 같습니다.

취업
교도소 선교
재정보조
척추부상
봉사와 독립적인 삶
장애자 선교 자료
장애 어린이의 부모
보이지 않는 장애
다발성 경화증
건물 접근성

우리는 계속해서 각 지역별로 장애자 선교와 관련된 교회와 기관을 웹사이트에 기재하고 있습니다. 이와 같은 자료는 해당 지역에서 장애자 선교와 관련된 교회나 기관을 찾는 분들에게 도움을 줄 것입니다. 장애 관련 활동을 하고 있는 몇몇 기관을 소개 드리면 다음과 같습니다.

ABLEDATA
전화: 800-227-0216
웹사이트: www.abledata.com

We Media Inc.
전화: 646-769-2722
웹사이트: www.wemedia.com

National Council on Disability, NCD

전화: 202-272-2004
웹사이트: www.ncd.gov

Cornucopia of Disability Information, CODI
웹사이트: http://codi.buffalo.edu

Family Village
이메일: familyvillage@waisman.wisc.edu
웹사이트: www.familyvillage.wisc.edu

Disability Resources Inc.
웹사이트: www.disabilityresources.org

계속 접수되는 여러분들의 요구에 근거해서 우리 자료실은 끊임없이 최신 자료와 정보를 확보하고 있습니다. JAF의 교신 및 자료실은 지역 및 전국의 선교기관, 단체 등과 연결되는 거대한 네트워크를 갖고, 정보나 자료가 필요한 분들을 지원하고 격려하는 일을 담당하고 있습니다.

1978년에 『한 걸음 더』가 출판된 이래 세상은 많이 변했습니다. 하나님께서는 이 책의 저자는 물론이고, 작지만 소중한 이 책 자체를 사용해서 전 세계의 장애자 사회에 하나님 나라를 넓히셨습니다. 『한 걸음 더』를 친구들에게 읽어보라고 권유하신 여러분들에게 감사드립니다. 특별히 고질병으로 고생하는 분들에게 이 책을 권유하신 분들에게 감사드립니다. 또한 특별한 도움이 필요한 분들을 우리 JAF가 도울 수 있도록 우리를 위하여 기도해 주시면 감사하겠습니다. 장애로 고통 받고 있는 가족에게 어떻게 하면 그리스도의 사랑을 나눌 수 있는지 알고 싶으신 분이 계시면, 조니나 JAF팀 앞으로 연락 주시기 바랍니다.

Joni and Friends
P.O. Box 3333
Agoura Hills, CA 91376
818-707-5664
www.joniandfriends.org

번역후기

이책 한걸음 더의 주제는 고통이다.
총명하고 꿈에 부풀어 있던 꽃다운 열 일곱 살에
뜻밖의 사고로 어깨 아래 전신이 마비된 조니.
하나님 왜 내게? 도대체 왜 내게? 절규하며
하나님 차라리 죽여 달라고 애타게 소원했던 조니가
분노와 원망을 내던지고 자신의 장애를 수용하기까지는
삼년 여의 세월이 필요했다.

장애로 인해 겪는 모든 고통을 기꺼이 감내하며,
고통 덕분에 이 세상에 연연해 하지 않고,
천국을 더욱 갈망하게 된다고
당당히 선언하는 조니의 참 자유, 참 소망!
장애인이 안 되었으면 자신이 지금 어떻게 되었을까 우려하며,
전신이 마비되게 해주신 것을 오히려 감사하게 여기는 데까지 이른
조니의 신앙 경지. 이런 감사가 가능할 수 있다는 것이
우리를 탄복하게 하고, 살아계신 하나님을 다시 알게 해준다.

고통을 겪는 사람은 조니 같은 장애인만이 아니다.
우리 모두는 크고 작은 다양한 고통을 겪는다.
고통에 대응하는 우리의 모습이 절망, 분노, 불평, 불만이 될지
아니면 소망, 인내, 평화, 감사가 될지는
전적으로 우리의 태도에 달렸다.

조니의 놀라운 믿음과 인내, 진정한 감사는
전 지구인의 심금을 울려 주었다.
조니가 세운 당찬 세계 선교기관 **조니와 친구들은**
(JAF: Joni and Friends; www.joniandfriends.org)
엄청난 복음의 열매를 거두고 있다.
조니가 휠체어에 갇혀 산지 어언 35년!
우리는 조니를 통해 산을 옮기시는 하나님의 역사를 보았고,
장애를 치유하는 기적이 이렇게 나타난 것을 알았다.

번역자 한명우

CHRISTIAN LITERATURE CRUSADE

사단법인 기독교문서선교회는 청교도적 복음주의신학과 신앙을 선포하는 국제적, 초교파적, 비영리 문서선교기관입니다.

사단법인 기독교문서선교회는 한국교회를 위한 교육, 전도, 교화에 힘쓰고 있습니다.

만일 당신이 예수 그리스도와 그리스도인의 생활에 대하여 알기를 원하시면 지체 말고 서신 연락을 주십시오. 주 안에서 기쁜 마음으로 도움을 드리겠습니다.

서울시 서초구 방배동 983-2
Tel. (02)586-8761~3

사단법인 기독교문서선교회

한 걸음 더
A STEP FURTHER

저　　자 ·	조니 에릭슨 타다 · 스티브 에스트
역　　자 ·	한 명 우
초판발행 ·	2002년 12월 15일
발 행 처 ·	기독교문서선교회
주　　소 ·	서울시 서초구 방배동 983-2
전　　화 ·	(02)586-8761~3
	(031)923-8762~3(영업부)
E-mail ·	clc@clckor.com
홈페이지 ·	www.clckor.com
F A X ·	(02)523-0131
	(031)923-8761(영업부)
온 라 인 ·	국민은행 043-01-0379-646
	기업은행 073-021367-06-023
등　　록 ·	1980년 1월 18일 제16~25호

〈낙장·파본은 교환해 드립니다〉
ISBN 89-341-0749-9(03230)
ISBN 89-341-0749-9(세트)

기독교문서선교회
Christian Literature Crusade
983-2, PANGBAE-DONG SOCHO-KU SEOUL, KOREA